인류문명, 자연과 공존하다

국립제주박물관 문화총서 11

인류문명, 자연과 공존하다

국립제주박물관 편

서경문화사

국립제주박물관 문화총서 제11권

『인류문명, 자연과 공존하다』를 발간하며

- 인류문명(人類文明)의 발전은
자연(自然)과 인간(人間)의 조화를 통해서만 가능하다 -

국어사전에서의 '자연(Nature, 自然)'의 정의를 살펴보면 다음과 같습니다. 첫째, 사람의 힘이 더해지지 아니하고 스스로 존재하거나 우주에 저절로 이루어지는 모든 존재나 상태를 말합니다. 둘째, 사람의 힘이 더해지지 아니하고 저절로 생겨난 산, 강, 바다, 식물, 동물, 바람, 구름 따위의 존재 또는 그것들이 이루는 지리 · 지질적 환경 등을 의미합니다.

우리 인간은 지구의 역사가 시작된 이후부터 현재에 이르기까지 자연과 밀접한 관계 속에서 살아왔습니다. 인간은 누구나 태어나면 언젠가는 죽게 되고, 자연으로 돌아가는 것이 정해진 이치입니다. 그리고 우리가 묻힌 그 흙을 통해 또 다른 생명이 살아갈 수 있게 되는 것이 자연의 순리(順理)입니다.

인류는 자연(Nature, 自然)을 통해 생존을 위한 공기뿐만 아니라 의 · 식 · 주(衣 · 食 · 住) 등 생활에 필요한 모든 자원을 얻을 수 있었습니다. 그리고 자연에서 얻어지는 천연자원 및 기후, 지형 등 여러 가지 요소들을 활용하여 오늘날의 위대한 인류문명(人類文明)을 이룩할 수 있었습니다. 우리의 주변을 살펴보면 어느 것 하나 자연에서 얻어지지 않은 것이 없다는 점이 이러한 사실을 뒷받침 해주고 있습니다. 따라서 자연과 인간은 직·간접적으로 상호작용을 할 수 밖에 없으며, 인간은 자연환경의 지배를 받을 수밖에 없는 존재라는 사실을 부정할 수 없습니다. 그러므로 자연은 인간이 존재하기 위한 삶의 근원이자 보금자리이며, 어머니의 품이라 해도 과언이 아닐 것입니다. 인간이 존재하고, 살아가기 위해서는 과거, 현재, 그리고 다가오는 미래에도 인간이 자연의 일부라는 변함없는 사실을 우리는 결코 잊어서는 안 될 것입니다.

그러나 인류는 근대사회로 들어서면서 산업화와 과학기술의 발전과 함께 인간중심적 사고로 변화하게 되었고, 무분별 하게 자연을 이용하고 훼손하게 됩니다. 그 결과 전 세계가 이상기온으로 인한 오존층 파괴, 집중호우, 쓰나미, 남극의 빙하가 녹는 등 자연재해가 끊임없이 일어나고 있는 것이 현실입니다. 따라서 이 시점에서 우리 인간은 자연의 일부이며 자연과 공존하면서 살아가야 하는 존재임을 다시 한 번 상기해야 할 것입니다.

제주박물관 아카데미는 2002년 '제1회 박물관 문화강좌' 를 개설한 이래 매년 우리나라를 비롯하여 주변국과 세계의 다양한 역사·문화 등 폭넓은 주제로 확대하여 제주도민들의 큰 사랑을 받아왔습니다. 이에 금번 문화총서는 국립제주박물관이 열한 번째로 발간하는 책으로서 일반인들에게 자연에 대한 이해와 우리의 선조들이 어떻게 자연과의 조화를 이루며 살아왔는가에 대해 살펴보기 위해 '제11회 박물관 아카데미' 의 개설과 함께『인류문명, 자연과 공존하다』라는 주제로 정하게 되었습니다. 그리고 '우주 · 지구 · 바다 · 기후 · 고대생물 · 극지방의 자연 · 다윈과 진화 · 하늘을 통해보는 우리의 역사 · 기후변화와 해양 생태계의 변화 · 한국의 풍수사상 · 자연과 한국건축' 등 각 분야 전문연구자들의 깊이 있는 논고를 수록하였습니다.

또한 제주도는 유네스코 생물권보전지역, 세계자연유산, 세계지질공원으로서 오는 9월 세계자연보전총회(WCC)의 개최를 앞두고 있습니다. 따라서 이번 박물관 아카데미와 문화총서를 통해 앞으로 인류가 어떻게 자연을 활용하고, 자연과 인간이 함께 공존해 나아갈 것인가에 대해 새로운 시각으로 미래를 바라볼 수 있는 계기가 되기를 바랍니다.

끝으로 바쁘신 중에도 원고를 집필해 주신 여러 선생님들과 출판을 맡아주신 서경문화사에 감사드립니다.

2012년 봄

국립제주박물관장　권상열

목 차

인류문명, 자연과 공존하다

끝없는 세계 우주

- 우주탐사를 위한 우리의 도전 -

이주희 한국항공우주연구원 우주과학연구팀장

▲ 우주실험 및 우주활용의 전초기지 ISS

끝없는 세계 우주
- 우주탐사를 위한 우리의 도전 -

Ⅰ. 서론

　과학기술이 발전함에 따라 인류의 지적 호기심은 아름다운 우리의 지구를 넘어서 우주로 나아가고 있다. 현재 세계의 우주 선진국들은 인공위성 개발은 물론 달 및 행성 탐사 우주선, 그리고 인간의 우주탐사를 위한 유인 우주기술 개발에 박차를 가하고 있다. 유인 우주기술은 우주개발 및 탐사 분야의 꽃이라고 할 수 있다. 이는 정보기술(IT), 생명공학기술(BT), 나노기술(NT), 환경공학기술(ET), 우주항공기술(ST), 문화컨텐츠기술(CT) 등 과학 및 문화 전 분야에 걸친 미래기술과 연결되며, 궁극적으로 인류가 우주에서 거주하며 우주환경을 이용한 기술개발 분야와 필수불가결한 관계를 갖는다. 초진공, 마이크로 중력(micro-gravity) 조건을 갖춘 우주환경은 물리, 화학, 재료, 신소재, 연소, 의학, 생명과학, 우주 및 지구과학 등 과학 전반에 걸쳐 유리한 실험조건을 제공한다. 또한 우주에서 활용 가능한 실험과 그 결과는 과학적 성과와 더불어 향후 지구를 보존하고 지상의 산업발전과 생활에 활용이 가능하다. 이러한 우주공간의 특성을 이용하여 얻어진 산업적, 경제적 부가가치의 파급력은 향후 양적인 측면과 질적으로 더 증가할 전망이다. 우주선진국의 경우, 우주인 양성과 임무개발을 통해 우주의 특성을 이용한 실험과 그에 따른 과학기술적 연구가 오래 전부터 이루어져왔다. 미국 항공우주국(NASA)의 경우에는 우주 실험 결과에 따른 개발상품이 지상의 생활과 산업에서 활용이 가능할 정도로 발전하였다. 이런 점을 고려하여 볼 때 유인 우주탐사와 실험은 미래의 우주 시대를 이끌어 나가기 위한 선택이 아닌 필수사항이 되었다. 과학 및 산업적인 목적 외에도 우주에서의 실험은 우주공간이 갖는 특성에 의한 결과를 보여줌으로서 국민, 특히 미래의 주인이 될 청소년들에게 우주에 대한 관심과 희망을 심어줄 수 있다. 지상 환경에서와 다른 실험결과는 청소년들의 지적 호기심을 채워줄 것이며, 향후 우주개발 인재 양성의 밑거름이 될 것임을 예상해 볼 때 교육적 효과가 아주 크다고 할 수 있다. 이러한 필요성을 갖는 우주인의 우주탐사와 실험을 위한 개발전략은 현재의 국내외 상황과 국제관계를 고려하여 계획 하여야 한다. 우리나라는 인력과 자원이 한정되어 있고, 세계의 열강에 둘러싸여 있는 지정학적 특징을 가지고 있다. 이에 따라, 유인 우주탐사 기반 연구를 위한 유인 우주실험에 있어 우리나라는 필수적이고 시급한 핵심 분야들을 선정, 집중함으로써 비교우위를 갖추고 산업과 국가 발전에 기여하도록 해야 할 것이다. 또한 과학기술개발에 초점이 맞춰져야 하며 장기적인 우주개발 전략과의 연계도 필요할 것이다. 기존의 우주선, 우주왕복선(space shuttle), 우주정거장(샬루트, 스카이 랩, 미르, ISS 등) 체류 우주인들이 수행한 과학실험 등의 외국사례를 분석하여 우리에게 적합한 틈새를 찾아 국제협력을 통해 개발하는 것도 바람직 할 것이다. 유인 우주실험을 성공적으로 추진하기 위해서는 현재 운용중인 국제우주정거장(ISS)과 같은 우주공간의 실험시설과 이를 직접 활용하여 실험을 할 수 있는 우주인이 함께 필요하다.[1)]

　　따라서 여기에서는 기존의 한국우주인배출사업과 해외현황 분석을 통해 유인 우주실험 분야의 핵심시설인 ISS와 이를 활용한 세계적인 동향을 알아보고 향후 우리가 우주공간을 효과적으로 활용하기 위한 유인 우주기술 분야에 대해 소개해 보고자 한다.

Ⅱ. 해외의 유인우주 프로그램 현황

1. 해외의 유인우주 프로그램[2]

러시아(옛 소련)는 '유리 가가린(Yuri Gagarin)'이 보스토크(Vostok) 우주선에 탑승하여 세계 최초로 유인 우주비행에 성공한 이후, 1980년대와 1990년대초 공산권 국가의 우주인들을 미르(Mir) 우주정거장으로 초청하는데 이르기까지 자국의 힘으로 꾸준히 유인 우주기술을 발전시켜 나가기 위한 노력을 지속하였다. 오늘날 러시아는 1950년대 말부터 독자적으로 개발 및 개선시켜온 자국의 소유즈(Soyuz) 우주선을 통해 미국, 일본, 유럽연합국가(프랑스, 독일, 영국, 이탈리아, 벨기에, 스페인 등), 남아프리카 공화국 등 많은 국가의 우주인(과학연구 및 관광)을 국제우주정거장으로 보내는 프로젝트를 수행하고 있다. 러시아의 우주인 훈련은 러시아 연방우주청(FSA) 산하의 '가가린 우주인 훈련센터(GCTC: Gagarin Cosmonaut Training Center)'에서 이루어진다. 1961년 인류 역사상 최초로 우주를 비행한 유리 가가린 우주인의 이름을 따서 1968년부터 가가린 우주인 훈련센터로 이름을 붙였

---

1) 이주희·김연규 외, 유인 우주실험 기술동향, 항공우주기술산업동향 제3권 제2호, 2005, pp.79~91.
2) 최기혁·이주희·김연규 외, 한국우주인배출사업 보고서, 한국항공우주연구원, 2008.

다. 별의 도시(star city)란 이름으로 알려진 기지 안에 위치한 가가린 우주인 훈련센터는 여러 동의 건물이 있고, 내부에는 비행 시뮬레이터 장치, 실물 크기의 우주선 및 우주정거장 모형, 중력가속도 훈련장치, 연구실 등 우주인의 훈련에 필요한 모든 시설을 갖추고 있다. 우주선의 발사는 중앙아시아에 있는 카자흐스탄의 '바이코누르 우주기지'에서 많이 이루어지지만, 우주인의 훈련은 이곳에서 행해진다. 과학적인 방법과 기술에 기초한 우주인의 이론 교육, 시뮬레이터를 기초로 한 다양한 현대적 훈련시설, 경험이 풍부하고 전문적으로 훈련된 전문가들, 우주인의 국제적 공동 훈련 등에 필요한 모든 것을 갖추고 있다.

러시아가 세계 최초의 유인우주비행을 성공한 이후 미국의 '앨런 셰퍼드(Allen Shepherd)'가 머큐리(Mercury) 우주선에 탑승하여 우주비행을 수행함으로써 미국은 러시아와 치열하게 경쟁하며 유인우주 개발과 우주인 양성 프로그램을 추진하였다. 이후 미국은 항공우주국(NASA)을 중심으로 인류의 달 착륙에 최초로 성공하고 지속적으로 유인우주왕복선으로 지구 궤도에서 과학실험을 성공적으로 추진함으로써 독자적인 우주인 양성 기술을 보유하고 있으며 선발, 관리, 임무 등의 관련 연구를 수행하고 있다. NASA는 대통령 직속기관으로 비군사적인 우주개발을 모두 관할하고 종합적인 우주계획을 추진하며, 항공우주 활동 기획 · 지도 · 실시, 항공우주 비행체를 이용한 과학적 측정과 관측 준비 및 실시, 과학홍보 등의 임무를 수행하고 있다. 미국의 우주인 후보자들은 '존슨우주센터(Johnson Space Center)'에서 훈련과 관리를 받는다. 존슨우주센터는 1961년에 설립되었고 과거의 아폴로(Apollo), 스카이랩(Skylab) 등의 프로젝트에서 오늘날의 우주왕복선과 ISS 프로그램에 이르기까지 인간의 우주탐사에 대한 연구를 주도해오고 있다. 존슨우주센터는 임무관제센터(MCC: Mission Control

Center)이며, 우주인의 우주비행을 조정하고 관리하는 조정 기관이다. 존슨우주센터는 모든 우주왕복선(2011년 운행 임무 종료) 임무와 ISS에서의 활동을 지시한다. 또한 미국과 ISS 협력 국가의 우주탐사를 위한 훈련을 책임지며 우주왕복선과 ISS의 승무원 훈련을 위한 중요한 곳이다.

일본은 20세기에 들어서 항공우주와 관련된 기관을 3개나 설립할 만큼 적극적으로 우주탐사 분야를 발전시켜 왔으며, 3개의 기관은 2003년에 일본우주항공연구개발기구(JAXA)라는 통합 기구를 출범시켜 개발 추진 체계를 갖추었다. 과학도시 쯔쿠바에 위치한 JAXA(Japan Aerospace Exploration Agency)의 쯔쿠바우주센터(TKSC ; Tsukuba Space Center)는 1972년에 설립되었다. 쯔쿠바 우주센터는 아름다운 주변 환경과 더불어 세계적인 훈련, 실험 장비 및 시험 기능을 갖춘 통합 운영시설이다. 쯔쿠바 우주센터는 일본의 우주 네트워크 센터로서 우주선, 인공위성, 로켓 또는 인공위성 통제 및 항로 등의 연구와 개발에 있어 중요한 역할을 담당하고 있다. 일본은 1985년 일본 최초의 우주인 '모리(Mohri)' 박사를 배출시켰으며, 이를 바탕으로 국제우주정거장의 일본 실험모듈 '키보(Kibo=JEM: Japan Experiment Module)' 의 제작과 운영에 기여하여 2008년에 '키보' 모듈을 국제우주정거장에 합류시켰다.

유럽우주청(ESA)의 우주인 선발은 1978년 처음 실시되었으며 1983년 유럽인이 최초로 우주왕복선에 탑승하여 임무를 수행하였다. 유럽 우주인의 훈련을 담당하고 있는 유럽 우주인 훈련센터(EAC: European Astronaut Center)는 독일의 쾰른에 위치해 있다. 유럽 우주인 훈련센터는 단일 유럽 우주인 기관으로 행정, 계획 및 일정수립 등의 업무를 수행한다. 또한 EAC는 ISS 내에서의 활동에 있어 다양한 임무수행과 우주인 훈련에 있어 ESA와 기타 파트너

간의 조화로운 협력을 포함한 우주인 훈련 프로그램의 규정, 준비 및 방법 등을 담당한다. 1990년 3월 유럽 내 단일한 우주인 기관 창설 이래, 유럽 우주인 훈련 센터의 역할은 날로 확장되어가고 있다. 우주인 훈련 센터는 우주인부, 우주인 훈련부, 의료지원부, 관리 및 지원부 등 총 4개의 부서로 조직되어 있으며 현재 다수의 우주인들을 보유하고 있다.

2003년 10월 첫 유인 우주선 선저우 5호 발사로 세상을 놀라게 한 중국의 우주개발은 러시아의 유인우주 기술을 기반으로 한 우주인 양성 기술을 보유하고 있다. 이는 1992년 '유인 우주선 개발 계획 수립'에 따른 성과로서 이때부터 자체 기술로 우주인을 배출하기 위해 우주인 훈련, 유인우주선 제작, 발사 로켓, 발사장, 귀환장, 관제수신, 우주선의 과학적 이용 분야 등 7개 분야의 연구개발에 매달렸다. 그 결과 드디어 선저우 5호(2003년 10월), 6호(2005년 10월)를 통해 중국 우주인이 직접 우주비행에 나서는 개가를 올렸다.

캐나다의 우주인 양성 프로그램은 미국의 우주왕복선 탑승에 캐나다를 초청한 이후인 1983년부터 시작되었으며 1989년에 캐나다 우주국(CSA: Canada Space Agency)이 설립되었다. 그 후로 캐나다는 미국의 9개 우주왕복선 프로그램 중 8명의 우주인을 배출하였으며 이러한 노력으로 캐나다 우주국 자체적으로 우주인 훈련 프로그램을 보유하게 되었다.

2. 해외의 마이크로중력 환경 활용 우주실험[3]

유인 우주실험기술은 국가의 유인우주기술 개발에 있어 핵심 기술로써 세계 각국은 향후 유인 우주탐사를 위해 지속적으로 추

01 | 우주실험 및 우주활용의 전초기지 ISS
자료 출처 : NASA

진하고 있다. 이러한 마이크로중력 환경을 활용한 우주실험의 중심에는 그림 1과 같은 국제우주정거장(ISS)이 있다.

1998년 11월 러시아에서 첫 발사를 시작으로 건설을 시작한 이래, 2011년 ISS의 건설이 거의 완성됨에 따라 우주실험을 위한 공간으로 활발히 활용되고 있다. 현재, 미국, 러시아, 일본, 유럽연합 11개국, 캐나다 등이 국제협력을 통해 ISS를 활용한 우주실험 임무 등을 수행하고 있다. 자체적인 유인우주선을 보유하고 독자적으로 유인 우주실험을 수행할 수 있는 미국, 러시아와는 달리 유럽연합 ESA, 일본 JAXA, 캐나다 CSA 등은 독자적인 유인우주선은

---

3) 이주희 · 김연규 외, 한국형 유인우주프로그램 개발사업 보고서, 한국항공우주연구원, 2011.

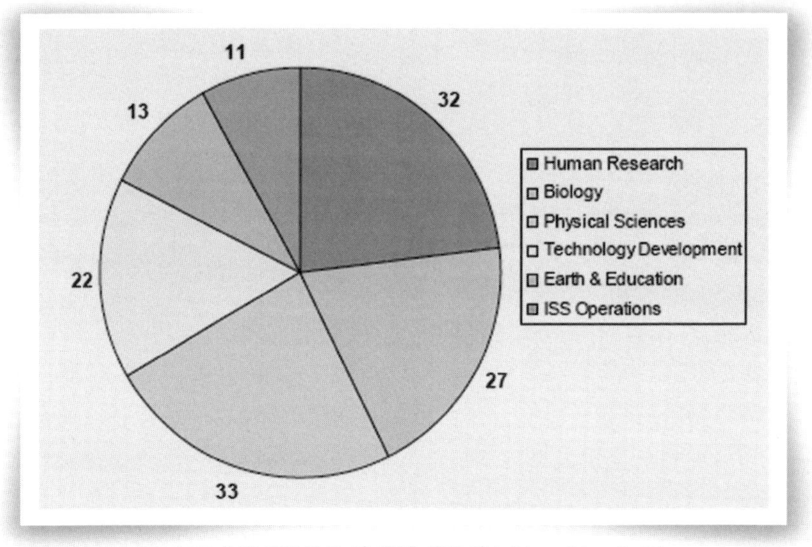

02 | ISS 우주실험 분야 및 관련 실험 건수(Expedition 1~15)

없지만 국제협력(자국의 우주실험 개발＋국제협력 ISS 활용)을 통해 우주실험을 수행 중이다.

현재 ISS 건설이 거의 마무리되고 본격적인 운영에 따라 각국은 ISS의 활용 쪽으로 그 관심을 바꾸어가는 추세이다. 당초 2016년까지 운영 예정이었던 ISS는 건설의 지연으로 인해 그 운영과 활용이 2020년까지로 연장되었다. 미국의 경우 오바마 정부의 오거스틴 보고서를 통해 유인 달탐사 프로그램은 취소되었으나 과학, 기술, 교육 목적의 ISS의 활용은 보다 강화되는 추세에 있다. 주요 ISS 실험모듈로는 데스티니(Destiny) 모듈(미국), 키보(Kibo) 모듈(일본), 콜럼버스(Columbus) 모듈(유럽연합) 등이 있다. 각각의 실험모듈은 가압모듈(PM: Pressurized Module)로 지상의 실험실과 동일한 기압, 온도, 습도 등의 환경을 제공하며 마이크로중력 환경을 활용하여 다양한 실험을 진행하고 있다. 그림 2에는 ISS 승무원 교체시기로 구분되는 Expedition 1부터 15까지를 통해 ISS에서 실시된 우주실험분야와 관련 실험 건수를 도시한 그래프이다. 그림에서 볼 수 있는 것처럼 인간의 우주공간 장기체류 및 영향에 관한 연구, 생물학, 기초물리과학(재료과학 포함), 우주기술개발, 지구관측 및 ISS 운영에 관한 실험들이 활발하게 이루어지고 있다. 이처럼 PM을 이용한 우주실험기술은 ISS에서 마이크로중력을 이용한 우주산업개발 및 과학분야 활용실험에 핵심적으로 활용되고 있다. 따라서 현재 PM을 제작하여 우주실험을 실행하고 있는 미국, 일본, 유럽연합의 우주실험기술현황을 살펴보고자 한다.

1) 미국(NASA)의 유인 우주실험

미국은 최초 우주실험 가압모듈인 데스티니 조립 후부터 지속적으로 우주왕복선, 러시아의 소유즈 우주선 등을 이용하여 우주인을 상주시키며 마이크로중력을 활용한 우주실험을 지속적으로 수행하고 있다. 2001년 2월 우주왕복선 아틀란티스(Atlantis)에 의해 ISS로 옮겨져 설치된 데스티니는 내부에 24개의 랙(rack)을 설치할 수 있도록 설비가 되어 있다. 이 중에서 13개는 ISPR 연구 랙이며, 나머지 11개는 ISS 시스템 제어와 같은 용도로 사용한다. 또한 데스티니 모듈에는 지구관측을 위해 매우 높은 광학적 성능을 가진 'Window Observational Research Facility(WORF)' 라는 원형 창과 랙도 설치되어 있다. 그림 2는 데스티니 모듈과 ISPR랙의 설치모습을 보여준다. 미국의 NASA가 수행하는 PM 실험의 경우 대부분 인간을 비롯한 생물체와 우주환경(마이크로중력, 우주방사선 등)과의 상호관계에 대한 의학 및 물리화학적 연구(재료과학, 연소, 바이오기술, 기초물리, 유체물리 등)에 초점을 맞추고 실험을 수행하고 있다.

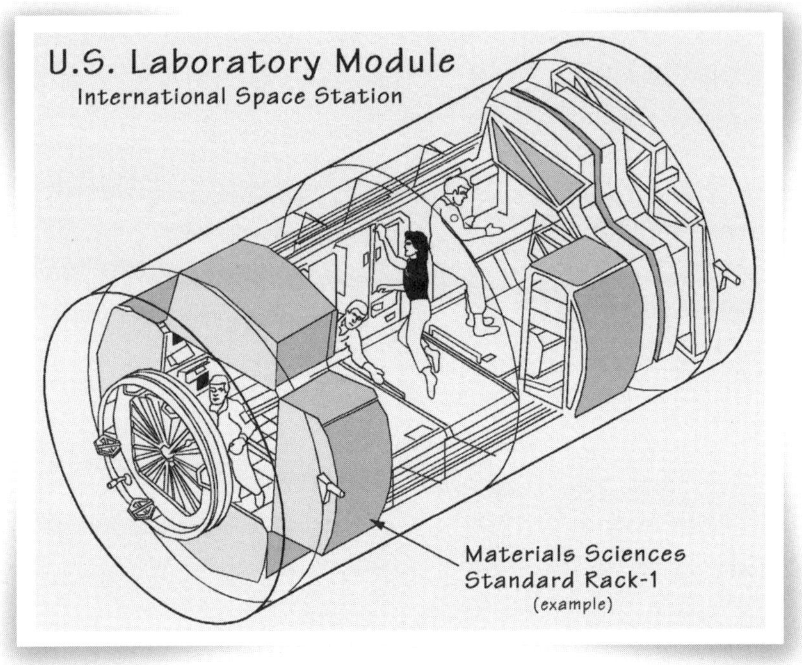

03 | ISS에 설치된 데스티니(Destiny) 실험 모듈
자료 출처 : NASA

2) 러시아(FSA)의 유인 우주실험

러시아(옛 소련)는 1961년 4월 12일, 세계 최초 우주인 '유리 가가린'이 보스토크 우주선에 탑승하여 세계 최초로 유인 우주비행에 성공한 이후 1980년대와 1990년대초 공산권 국가의 우주인들을 샬루트(Salyut) 및 미르(Mir) 우주정거장에 참여시키는데 이르기까지 자국의 힘으로 꾸준히 유인 우주기술을 발전시켜 나가기 위한 노력을 지속하고 있다. 오늘날에는 국제협력으로 ISS 등의 개발·운용을 통해 유인 우주기술 및 마이크로중력 활용 우주실험 기술을 확보하고 있으며, 아울러 위성 발사 서비스, 우주인 등을 통한 우주 산업화를 실천하고 있다. 최근 들어 경제적인 여건, 우주개발 인력의 노쇠화 등으로 향후 세계 선두 우주강국의 자

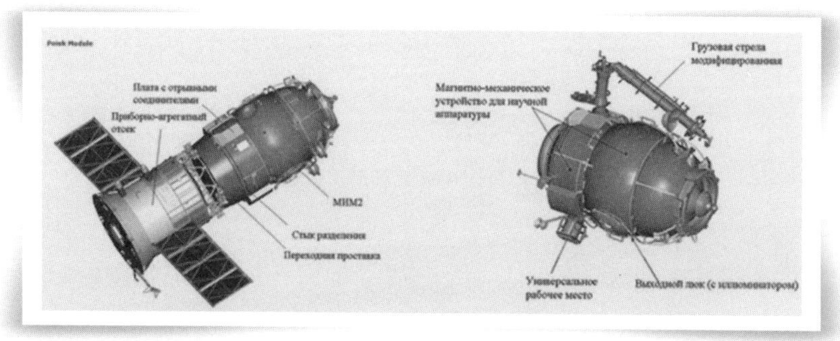

04 | ISS에 설치된 Mini Research Module1(왼쪽)과 2(오른쪽)
자료 출처 : FSA

리를 유럽, 일본, 중국 등에 내줘야 할 위기에 있지만 2009년 연구 모듈인 'Mini-Research Module(MRM)1과 2'를 러시아 ISS의 제어 모듈인 자르야에 연결하여 우주실험을 지속하고 있다. 이 모듈에는 러시아 연구자들에 의해 연구용 탑재체가 설치되었으며, ISS의 다른 부분과는 별도의 전력, 데이터 전송 시스템을 갖추고 있다. ISS 상에 건설되는 다른 나라들의 연구 시설과 크게 다르지 않지만 소유즈 우주선과 같은 모습으로 일반적인 ISPR을 설치되지 않았다. 그림 4에는 ISS에 설치된 MRM1과 2의 모습을 보여준다.

3) 유럽연합의 유럽우주청(ESA)의 유인 우주실험

ESA에서는 2008년 2월 ISS에 유럽연합의 콜럼버스 모듈을 설치한 후 우주실험을 지속적으로 수행하고 있다. 이 모듈은 내부에는 총 16개의 랙을 설치할 수 있으며, 연구 탑재체를 위한 10개의 ISPR을 제공하며 10개의 랙 중에서 NASA-ESA 협약에 따라 5개를 NASA에 제공하고 있다. Columbus 모듈에서는 재료과학, 유체과학, 생명과학, 지구관측, 신기술 개발 등 ESA에서 결정한 과학적 목적의 실험을 수행하고 있다.

ESA가 사용할 수 있는 연구용 ISPR에는 5종류의 실험 장비

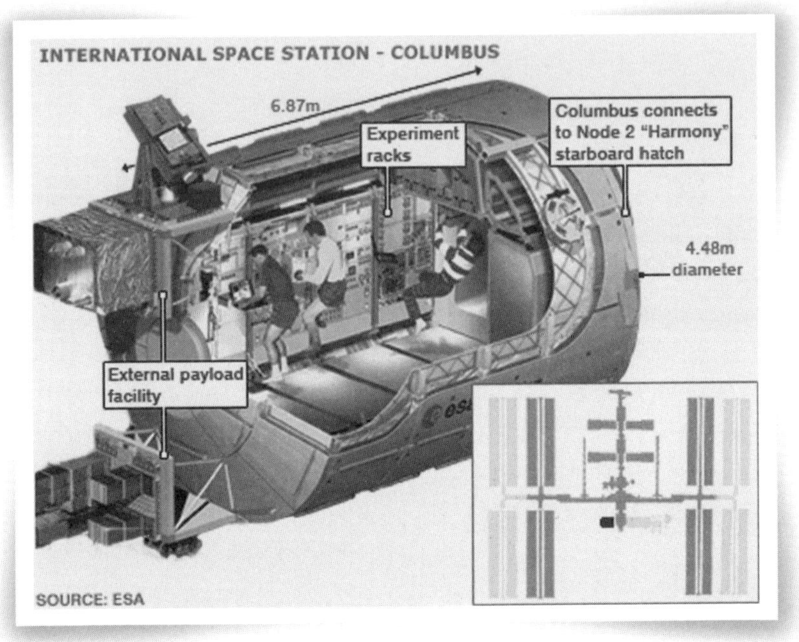

05 | ISS에 설치된 Columbus Module
자료출처 : ESA

(Biolab, Fluid Science Laboratory, European Physiology Modules, European Drawer Rack, European Stowage Rack)를 실험모듈 내에 설치하고 관련 실험을 수행하고 있다. 이와 같이 유럽 ESA의 경우는 PM을 활용한 연구 분야로 생명 과학과 유체물리 분야에 연구의 초점을 맞추고 있으며, 이에 필요한 지원 장비도 ISPR 서브 랙(sub-rack)형태로 개발하고 있다. 또한 미국 우주왕복선의 퇴역을 대비하여 물자수송 우주선인 ATV(Automated Transfer Vehicle)의 개발을 통해 ISS에 일조하고 있을 뿐만 아니라 이를 통해 우주기술 발전에 기여하고 있다.

4) 일본(JAXA)의 유인 우주실험

JAXA는 2008년 6월 일본실험모듈(JEM=Kibo)을 설치한 후

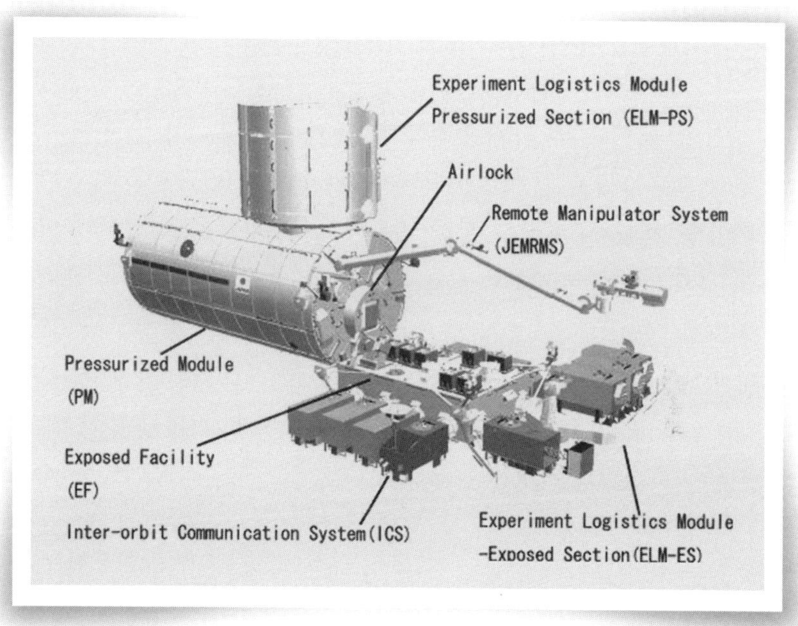

06 | ISS에 설치된 JEM의 모습
자료출처 : JAXA

2008년 12월부터 지속적으로 우주실험을 수행하고 있다. 일본실
험모듈인 키보는 일본어로 희망이라는 뜻으로 최대 4명의 우주인
이 오랜 시간동안 체류하며 연구를 수행할 수 있도록 실린더 형태
로 제작한 일본 최초의 유인급 우주시설이다. JEM은 가압모듈 실
험실인 JEM-PM, 외부 탑재체 부착 실험 시설인 JEM-Exposed
Facility(EF), 가압모듈 실험 물품 보관 모듈(ELM-PS), 외부 랙탑재
실험 모듈(ELM-ES), 로봇 팔(JEM-RMS) 등 5개 부분으로 구성되어
있다. JEM은 외부로부터 장비를 들여올 때 실험실 내부를 감압시
키지 않고도 Airlock Chamber를 통하여 들여올 수 있는 기능을 가
지고 있다. JEM에는 총 23개의 랙을 설치할 수 있으며, 연구용 탑
재체를 위한 10개의 ISPR을 제공한다.

또한 그림 6에서 볼 수 있는 것처럼 JEM에는 실험 장치를 수납

하는 랙, 실험 재료를 저온 냉동저장 하는 랙이 있으며, 로봇 팔을 내부에서 조작하기 위한 장치도 갖추고 있다. 일본의 JEM 내에서의 주요 연구 분야로는 재료과학 및 생명과학 분야가 대표적이다. 재료과학 분야에서는 새로운 재료의 창출을 위하여 마이크로중력을 활용한 새로운 재료의 실험, 정보기술 고도화에 기여하는 반도체 기반재료의 창출 및 반도체 결정의 제조 실험, 새로운 재료의 입자결정 실험(마이크로중력 환경에서 미립자의 패턴형성, 미립자에서 Nano 구조체 구성 입자 결정 실험 등), 재료의 물성 데이터 취득 및 데이터베이스 작성 등에 관한 실험을 수행하고 있다. 또한 생명과학 분야에서는 우주환경을 이용한 생명의 본질현상을 탐구하고 생명 및 바이오 기술에 대한 연구를 위하여 마이크로중력을 이용한 우주의학 연구 실험, 마이크로중력 환경에서 생체고

07 | 중국이 설치한 천궁(Tengon) 우주정거장 실험실의 상상도
자료출처 : CSA

분자(단백질, 핵산) 상호작용의 연구 실험, 마이크로중력을 이용한 고품질 단백질 결정 생성 등의 연구 실험을 수행하고 있다. 또한 국제협력의 일환으로 아시아의 우주 관련 기관들과 국제공동실험을 추진 중이다.

5) 중국(CNSA)의 유인 우주실험

2003년 10월 첫 유인 우주선 선저우 5호 발사한 중국의 우주개발은 러시아의 유인 우주기술을 기반으로 2020년 유인 우주실험실을 궤도에 쏘아 올리는 것을 목표로 하고 있다. 2016년에 우주실험실의 일부를 발사하고, 2020년에 실험실 나머지와 우주인들이 머물 선실 등을 쏘아 올려 이를 우주에서 조립할 예정이다. 중국의 유인 우주정거장은 국제우주정거장과 크기면에서 비교가 되지 않지만 중국의 우주기술 능력을 보여줄 것으로 기대된다.

Ⅲ. 한국 우주인 배출과 우주실험

1. 한국 최초 우주인의 배출

우주기술은 장기간의 투자와 연구를 통해서만 기술을 축적해 갈 수 있는 분야이며, 향후 독자적인 유인 우주탐사를 위해서는 발사체 기술, 유인우주선 기술, 우주인 양성기술, 우주과학실험 개발 기술 등이 동시에 충족되어야 한다. 그러나 모든 것을 동시에 추진할 수 없는 여건 하에서 우리나라는 효율적인 기술개발을 위해 우주과학실험 분야에 초점을 맞추고 2005년 11월 한국우주인배출 사업에 착수하여 국제협력을 통해 2008년 4월 한국 최초 우주인의

08 | '08년 4월 한국 최초 우주인(이소연/사진 맨위)과 우주비행에 나서는 러시아 우주인들(세르게이 볼코프/사진 맨아래, 올레그 코노넨코/사진 중앙)

09 | 소유즈(Soyuz) 우주선을 탑재하고 발사하는 러시아의 소유즈 발사체

10 | 우주인이 탑승한 소유즈 우주선이 국제우주정거장과 도킹한 장면

성공적인 우주비행을 하는 성과를 올렸다.

한국 최초 우주인은 2006년 12월 25일, 36,206명의 지원자 중에서 선발되었다. 2007년 3월부터 러시아의 '가가린우주인훈련센터'에서 우주비행과 우주실험 수행을 위한 기초 및 임무 훈련을 일년 여 동안 받고, 2008년 4월 8일 카자흐스탄의 바이코누르 우주기지에서 소유즈 TMA-12 우주선에 탑승해 지구와 약 350km 떨어진 국제우주정거장에서 약 10일간 머물며 18가지 우주실험과 다양한 우주활동을 수행한 뒤 4월 19일 지구로 귀환하였다.

대한민국 최초 우주인의 우주비행은 우리나라 우주개발 역사에 한 획을 그은 새로운 도전이자 유인 우주기술 시대의 서막을 여는 첫걸음으로서 유인 우주실험개발 기술 확보와 함께 국민, 특히 청소년들에게 우주와 과학에 대한 꿈과 희망을 안겨 주었다. 한국 우주인배출사업 이후, 현재는 당시 습득한 기술을 바탕으로 과학·산업적 성과를 이루기 위해 마이크로중력 환경을 이용한 우주과학실험 분야의 연구개발을 수행하고 있다. 한국 우주인 탄생 과정은 선발, 훈련, 임무수행을 위한 우주비행, 귀환 등의 유인 우주기술로 요약할 수 있다.

11 | 한국 우주인 선발 과정

12 | 한국 우주인 훈련 과정

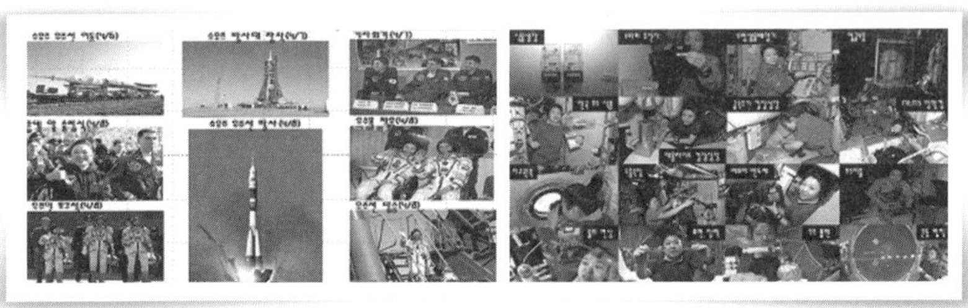

13 | 우주인의 탑승 · 발사 및 우주비행 임무수행

2. 국제우주정거장에서 우리의 우주실험

2008년 4월, 한국 우주인이 ISS에서 수행한 우주실험 및 임무 개발은 다음과 같은 일련의 과정을 통해 수행되었다. 첫 번째로 한국 우주인이 수행할 실험 및 임무선정 업무를 수행하였는데, 이러한 실험을 선정하는 과정 속에는 우주라는 특별한 환경을 이용하여 유용한 결과를 얻을 수 있는 실험이 고려되었지만 특히, ISS라는 공간적, 물리적 제한 사항이 있기 때문에 실험 가능성, 실험 장비의 규모, 전력, 안전성 등의 사항이 우선 고려되는 사항이었다. 그 후, 선정된 임무 및 실험의 장비를 ISS 요구조건에 부합하도록 제작, 개발되었다. 이렇게 개발된 장비는 ISS 및 소유즈(Soyuz), 프로그레스(Progress) 우주선의 요구사항에 부합하는지 검증하는 인증시험(Qualification Test, QT)을 수행하고, 2번의 인수시험(Acceptance Test)을 한국과 러시아에서 수행하였다. 그리고 최종적으로 카자흐스탄 바이코누르 발사장에서 장비를 우주선에 싣기 전에 정밀 검사를 거친 후 우주선에 탑재하였다. 한국우주인배출사업에서 우주실험 장비는 두번에 나누어서 수송되었다. 2008년 2월 5일 무인 우주선인 프로그레스 우주선을 통해 전체장비의 일부 장비가 먼저 수송되었고, 2008년 4월 8일 소유즈 우주선을 통해 나머지 장비가 ISS로 수송되었다. 이렇게 수송된 장비를 이용하여 한국 우주인 이소연 박사가 2008년 4월 10일에서 19일까지 약 10일 동안 ISS에서 체류하면서 우주실험과 임무를 성공적으로 수행하였다. 우주에서 수행했던 실험장비 대부분은 우주 공간에서 태워져 없어지고, 수행된 실험 결과 데이터 등이 지구로 귀환되었다. 귀환된 실험 결과는 실험 책임자들에게 인계되어 과학적 결과를 분석하였다. 다음과 같이 총 21가지 실험을 진행하였는데 국내 실험 18종(기초과학실험 13가지, 교육실험 5가지)과 해외협력 3종을 성공적으로 수행하였다.

표 1. 우주실험 내용과 장비

실험명 / 내용	개발기관	실험장비
① 미세중력에서의 식물발아 생장 및 변이 관찰실험 식물체(종자)를 우주환경에 노출시킨 후, 식물체(종자)의 생장 실험 수행(벼, 콩, 무, 유채, 난, 애기장대, 들깨, 고추, 무궁화, 코스모스, 민들레 총 11종)	원자력(연)	
② 우주환경에 초파리를 이용한 중력반응 및 노화유전자의 탐색 우주환경에서 초파리를 이용하여 중력반응 인자와 노화 촉진 과정 규명	건국대	
③ 미세중력 환경을 위한 소형생물배양기 개발 및 세포 배양 우주환경에서 3차원의 생물 세포 조직 배양을 통해 조직 배양의 기술적 개선 도모	(주) 바이오트론	
④ 우주환경이 안구압과 심장에 미치는 영향 연구 우주환경에서 심장 변화와 세계 최초 안압 변화를 분석하여 우주인의 의학 자료로 활용	공군항공 우주의료원	
⑤ 미세중력에서의 우주인 신체(얼굴) 형상 변화 연구 지상과 우주에서의 우주인의 외형적인 신체변화를 표면 형상 측정하여, 우주환경에서의 부종적 영향을 계량화를 통해 분석	한남대	
⑥ 한국 우주식품 개발 ISS에서 한국 전통음식을 이용하여 우주식품을 개발	식품(연) / 원자력(연)	

실험	기관	
⑦ 미세중력에서 제올라이트 합성과 결정성장 실험 무중력 환경을 이용하여 균일한 크기, 모양, 두께를 가진 제올라이트 결정성장 연구	서강대	
⑧ 미세중력에서 금속 - 유기 다공성 물질의 결정성장실험 무중력 환경을 통해 효율이 높은 무결점 금속 - 유기 다공성 물질의 결정성장을 연구	포항공대	
⑨ 기술을 이용한 망원경 개발 및 극한 대기 현상 관측 대기의 TLE(블루젯, 스프릿, 엘프 등) 현상을 관측할 수 있는 망원경을 개발	이화여대	
⑩ 한반도 촬영 및 기상관측 연구 한반도 상공의 황사현상 등 기상 대기와 해양상황을 관측하고 촬영	기상(연)	
⑪ 국제우주정거장 소음 환경 문제 파악 및 개선 연구 국제우주정거장 러시아 모듈내의 소음환경 문제를 개선하기 위한 소음원을 파악	KAIST	
⑫ 차세대 메모리 소자 실증 실험 우주환경에서 다양한 종류의 메모리 소자의 성능 및 변화 특성의 분석 이해 시도	전자부품 (연)	
⑬ 미세중력에서의 소질량 무게측정장비 개발 무중력환경에서 소질량(5kg 이하) 무게를 측정하는 장비를 개발 및 연구	항우(연)	
⑭ 지구와 우주에서의 물의 현상 비교 지구와 우주에서 물의 구성 및 성질 등의 현상에 대한 차이점 비교 ⑮ 지구와 우주에서의 회전운동 및 뉴턴 법칙 비교 뉴턴의 운동 법칙 및 회전 운동에 대해서 지구와 우주에서의 차이점 비교 ⑯ 지구와 우주에서의 표면장력 차이점 비교 물 등 무해한 액체를 이용하여 지구와 우주에서 표면장력의 차이점을 관찰 ⑰ 지구와 우주에서의 펜이 써지는 차이점을 비교 지구와 우주에서 펜이 써지는 차이점을 중력의 영향으로 설명하고 우주에서 사용 가능한 펜 제작	한국교원대	
⑱ 지구와 우주에서의 식물 생장 비교 지구와 우주에서 식물생장의 차이점을 관찰(학생과학 임무팀 모집을 통해 수행)	원자력(연)	

실험명 / 내용	협력기관	실험장비
⑲ Sleep-Wake Actigraphy & Light Exposure during Space Flight 한국 우주인의 비행전 / 중 / 후 수면 패턴 연구	미국 NASA	Actiwatch
⑳ PADLES 우주 방사선 측정연구	일본 JAXA	
㉑ HDTV 일본 비디오 카메라를 이용하여 우주인의 우주생활, 지구 / 우주 영상 취득	일본 JAXA	

Ⅳ. 맺음말

1. 우주인 매출 및 우주실험의 의미

유인 우주탐사 분야에서 한국우주인배출사업을 통해 첫발을 내디딘 우리나라의 경우, 사업의 의미와 파급효과는 크게 유인 우주기술 개발과 대국민 대상 과학기술문화 확산 두 가지로 요약할 수 있으며, 국제협력 강화 등과 같은 부수적인 효과도 있었다.

●유인 우주기술(1) : 우주인 선발 기술

한국 우주인의 의미 및 파급효과는 우선 우주인 선발, 훈련, 우주비행, 우주인 관리 경험 축적을 들 수 있다. 총 3만 6천여 명의 지원자 가운데, 서류전형, 면접, 체력, 의학, 어학, 사회성, 심리 등을 평가하기 위한 국내외 전문가를 확보하였고 계량화된 평가기준을 개발하여 평가하는 기술을 국내전문 산업체와 공동으로 개발하여 수행하였다. 이 선발과정에서의 경험과, 자료, 전문가 네트워크 등은 향후 우리나라의 제2의 우주인 배출에 매우 유용하게 사용될 수 있을 것이다.

●유인 우주기술(2) : 마이크로중력 환경 활용 우주실험 기술

총 18가지의 국내 우주실험을 선정, 개념설계, 개발, 시험검증, 우주실험, 우주활동 일정, 자료 분석 등을 통해 유인 우주실험분야 우주기술을 축적할 수 있었다. 우주실험의 선정과 개념설계를 통하여 국내외 우주실험장비 개발 관련 전문가들의 네트워크를 구축할 수 있었으며, 특히 러시아 에네르기야 전문가들과의 수차례 기술회의를 통해 장비개발과 안전에 대한 기술과 경험을 축적할 수 있었는데, 러시아 측의 경험과 안전에 대한 전문가 의견이 개념설계에 많은 도움이 되었다. 우주실험장비의 개발은 국내 대학과 중소업체가 맡았는데, 항우(연)과 연구책임기관이 협동하여 개발과 제작을 수행하였다. 개발된 장비의 시험검증(verification)은 항우(연)이 담당하였는데 러시아측이 보유한 경험과 국내 관련 기관의 노하우가 많은 도움이 되었다. 무엇보다 귀중한 경험은 한국 우주인이 직접 우주공간에서 국내에서 개발된 실험 장비를 가지고 실험을 직접 수행하였다는데 있다. 이로부터 나온 잘된 점, 불편한 점, 모자란 점 등은 차후 우주실험 장비 개발에 귀중한 경험기술로 쓰일 수 있을 것이다.

●대국민 과학기술 저변확대

한국우주인배출사업이 2006년 출정식부터 2008년 4월 우주비행, 그리고 현재까지 국민과 언론의 지대한 관심을 받는 주지의 사실이다. 예를 들면 2006년 한 해만 신문보도 1,500여건, TV 방송 100회 이상을 기록하였으며, 2008년 발사와 귀국 전후는 국내 모

든 언론의 헤드라인을 장식하였었다. 따라서 국민에 대한 우주개발과 과학기술 홍보 효과는 성공적이었다고 볼 수 있다. 그 계량적인 성과는 우주인 귀환직후인 6월 12일 (주)한국리서치가 실시한 성인과 청소년 각 500명에 대한 설문조사에 의하면 한국 최초 우주인의 우주비행사실에 대한 인지도는 99.9%, 우주에 대한 관심도는 82.2%가 높아졌음을, 청소년은 59.5%가 이공계 선택 의향이 높아졌음을 알 수 있다. 이렇게 볼 때 한국우주인배출사업의 대국민 과학기술 저변확대 효과는 최근의 그 어떤 과학적 발견이나 행사보다 컸음을 알 수 있다.

●한국의 국제위상 제고와 국제협력 강화

한국이 우주인을 배출함으로써 국제적으로 선진국의 전유물이었던 우주인 배출 및 우주실험 수행국 대열에 들게 되었으며, 이로 인해 한국은 실질적으로 확고하게 우주에 대한 국가적 투자를 할 능력과 의지가 있는 국가로 자리매김하게 되었다. 이러한 위상의 변화는 한국에 대한 우주분야 협력에서 잘 나타나고 있다고 본다. 우선 2008년 4월 한국 우주인이 우주 비행시 TV 중계에 미국 NASA와 일본 JAXA가 적극적으로 협력하여 전 국민이 매일 우주인의 활동 모습을 볼 수가 있었다. 또한 일본 JAXA는 한국과의 ISS 일본 모듈 JEM에서의 공동 실험의 제안하고 있으며, 미국은 한국과 달탐사 등에서의 협력을 희망하고 있다. 이는 높아진 한국의 우주분야 위상에 힘입은 것으로 판단된다.

2. 향후 우주탐사를 위한 제안

우주인의 우주실험은 주로 향후 인간이 우주에서 장기간 머물며 우주를 탐사하기 위한 생명과학 분야의 실험이 주로 많이 이루어지는 것을 알 수 있다. 이와 더불어 물리, 화학, 재료, 연소 분야뿐만 아니라 유인 우주실험을 통하여 교육 분야에도 활용하기 위한 많은 투자가 이루어지고 있다. 어느 국가든 처음의 우주실험을 통해서 많은 것을 얻기는 사실상 어렵다. 따라서 앞의 우주실험 기술 선진국이 수행했던 실험들을 참고하고 우리의 아이디어를 모아 새로운 아이템을 지속적으로 개발하여야 할 것이다. 이러한 것들이 미래 우주탐사를 위한 밑거름이 될 것이라 생각한다.

　아직 우리 인류가 직접 탐사할 수 있는 영역은 아직은 우리의 아름답고 소중한 지구주변과 달 정도지만 우주를 향한 우리의 연구의지와 희망이 있다면 달을 넘어 화성, 더 나아가 태양계 내의 다른 행성까지 우리의 활동 영역이 넓어질 날이 올 것이라고 생각한다. 이러한 활동의 주인공은 바로 여러분들일 것이다. 필자 또한 이러한 것을 꿈꾸며, 아래와 같은 기고문을 썼던 기억이 난다.

시골에서 자란 꿈 많은 소년은 녹음이 푸르러지는 계절이 시작되면 소에게 마음껏 풀을 뜯도록 하기 위해 방과후나, 주말의 저녁때면 어김없이 소를 끌고 산으로 향했다. 그 시간 소년은 푸른 하늘을 바라보며 우주에 대한 상상의 나래를 펼쳤다. 그 시절 즐겨보던 로봇 태권브이, 마징가 제트, 은하철도 999같은 텔레비전 프로그램의 주인공이 되어 소년은 끝없이 펼쳐진 우주로 향했다. 약 25년이 지난 지금, 소년은 그 시절 꿈꾸던 우주 개발을 위해 한국 최초의 우주인 탄생 업무를 담당하고 있다.

지난 4월 21일 '국가우주개발중장기기본계획'에 따라 한국 최초의 우주인 선발이 시작됐다. 1996년 우주개발의 장기 비전을 제시하는 기본 계획이 수립된 후 10여년 만에 유인우주개발 프로그램이 시작된 것이다. 우주개발과 활용을 위해서는 크게 무인과 유인 우주개발로 나뉜다. 지금까지 국내서는 아리랑위성, 우리별 등 무인 인공위성의 개발과 활용이 주를 이뤘다. 그러나 이제는 사람이 중심이 되는 우주개발의 새로운 한 축이 탄생, 우주개발에 대한 조화를 이루고 우리 실생활에 더욱 접근할 수 있게 됐다.

한국우주인배출사업의 목적은 한국 최초의 우주인 탄생을 통해 국민, 특히 청소년의 과학기술에 대한 관심을 이끌어내며 우주인 선발·훈련·관리 과정에 대한 유인우주기술을 습득하는데 있다. 또한 선발된 우주인이 지상과 다른 우주공간의 무중력 환경을 이용해 우주과학실험을 수행함으로써 우주의 산업 활용과 과학의 영역을 확대하는데 있다.

비록 한국 우주인 탄생이 우리가 개발한 유인 우주선을 이용하거나 투자비용이 적지는 않더라도, 그 옛날에 소년이 경험했던 것처럼 향후 많은 청소년들이 한국의 미래를 이끌어갈 우주개발과 과학 분야에 입문을 할 수 있게 해주는 촉매제가 된다면 수식으로 나오지 않는 무형의 파급효과가 매우 클 것이다. 우주인 양성을 통해 유인우주 프로그램을 수행하는 미국, 러시아, 일본 등이 우주개발에서 청소년들의 교육 분야에 많은 투자를 하는 이유가 바로 그 예를 보여주는 것이다.

한국 우주인의 탄생은 유인우주기술 확보, 국민의 과학기술에 대한 이해 증진과 더불어 한국의 미래를 이끌 청소년들에게 꿈과 희망을 심어주는 투자인 것이다.

(2006. 6. 25, 디지털타임스)

| 참고문헌 |

김연규 · 이주희 · 최기혁 외, 한국우주인 배출과 우주실험, 항공우주산업기술동향 제6권 제2호, 2008, pp.99~108.

이주희 · 최기혁 외, 우주의 실험실-국제우주정거장 가압모듈, 항공우주산업기술동향지, 제1권 제1호, 2003, pp.109~116.

최기혁 · 이주희 외, 한국우주인배출 기획연구 보고서, 한국항공우주연구원, 2007.

가가린우주인훈련센터 홈페이지(GCTC), http://www.gctc.ru

러시아 연방우주청 홈페이지(Roskosmos), http://www.roscosmos.ru

미국 ISS 홈페이지, http://www.spaceflight.nasa.gov/station/science/experiments

미국 NASA 홈페이지, http://scipoc.msfc.nasa.gov

유럽 ESA 홈페이지, http://www.esa.int

에네르기아 홈페이지(RSC-Energia), http://www.energia.ru

일본 JAXA 홈페이지, http://www.jaxa.jp

인류문명, 자연과 공존하다

살아 숨 쉬는 지구

강태섭 부경대학교 지구환경과학과 교수

▲ 화산

살아 숨 쉬는 지구

　　기원전 3세기에 이미 고대 그리스의 에라토스테네스(BC 276~BC 195)는 오늘날 우리가 알고 있는 것과 거의 비슷하게 지구의 크기—반지름 약 6,371km—를 계산하였다. 그러나 이 행성의 내부가 표면으로부터 지각과 맨틀, 그리고 핵이라는 세 개의 층으로 구성되어 있다는 것을 알게 된 것은 이제 겨우 100여년에 지나지 않는다. 이러한 지구의 층상구조를 삶은 달걀과 비교하여 설명할 수 있다. 달걀껍질에 해당하는 지각은 다른 두 층을 구성하는 물질에 비하여 얇고 딱딱하여 깨지기 쉽다. 지각은 위치에 따라 두께가 조금씩 다르다. 바다 아래에 있는 해양지각은 두께 변화가 별로 없으며, 대략 5km 정도이다. 반면에 육지의 대부분을 이루는 대륙지각의 두께는 훨씬 다양하지만 평균 약 30km로 해양지각보다 두꺼우며, 히말라야나 알프스와 같은 커다란 산맥에서는 지각의 바닥이 100km 깊이에 이르기도 한다.

　　지각 아래에 있는 맨틀은 약 2,900km의 두께로 달걀의 흰자에 해당한다. 맨틀을 구성하는 암석은 지구 내부에서 온도와 압력이 깊이에 따라 증가하기 때문에 지각보다 더 뜨겁고 밀도가 높으며 철, 마그네슘 및 칼슘 성분이 풍부하다. 지구의 중심에는 달걀의 노른자에 해당하는 핵이 자리 잡고 있으며, 철과 니켈을 주성분으로 하는 금속성의 물질이기 때문에 맨틀보다 밀도가 거의 두 배 정도 높다. 하지만 지구의 핵은 노른자와 달리 서로 특징이 구별되는 두 부분으로 나뉜다. 이 두 부분 가운데 바깥쪽에는 맨틀과의 경계로부터 약 5,100km까지 액체 상태의 외핵이 있고 안쪽으로 지구 중심까지 고체 상태의 내핵이 있다. 한편 액체 상태의 외핵은 지구가 자전함에 따라 함께 회전하면서 지구 자기장을 생성한다. 이렇게 형성된 자기장은 지각을 구성하는 차가운 암석의 구성물질 가운데 자성을 띠는 광물의 자기장 방향을 결정한다.

원시 지구가 형성될 당시에 중력의 증가와 주위의 운석 및 소행성과의 충돌이 가속화되면서 지구 내부에는 많은 열에너지가 축적되었다. 또한 지구 내부를 구성하는 방사성 동위원소의 붕괴 과정에서 많은 에너지가 열의 형태로 방출된다. 이러한 지구 내부의 뜨거운 열은 끊임없이 지구 표면을 향하여 서서히 이동한다. 한편, 주위의 운석 및 소행성과의 충돌이 잦아들면서 지구표면은 식어가며 딱딱하게 굳어졌다. 지각과 맨틀의 윗부분은 이렇게 지구의 딱딱한 껍질을 형성하는 암석층을 이루고 있으며, 이 층을 암권이라고 부른다. 암권은 퍼즐 조각과도 같은 십여 개의 크고 작은 판들로 나뉘어져 있으며, 이 판들은 서로 부딪히거나 멀어지고 어긋나는 등의 상대운동을 하고 있다. 암권 아래에는 약권이라고 하는 비교적 좁고 유동적인 영역이 있는 것으로 알려져 있다. 이 영역은 비교적 부드러우며 높은 온도와 압력상태에서 지질학적으로 매우 긴 시간에 걸쳐 유동성을 띠는 반고체물질로 구성되어 있다. 지구 내부의 열이 지표면을 향하여 전달되는 과정에서 약권에는 열적 평형상태에 도달하기 위한 수직적인 물질교환을 일으키는 대류가 발생할 수 있다. 강성이 높은 상부의 암권은 천천히 유동하는 약권위를 마치 떠다니는 것처럼 이동한다.

지구내부의 열에너지를 외부로 발산하는 과정에서 수반되는 판의 움직임은 지구 표면에서 대륙과 해양의 위치와 형상을 끊임없이 변화시킨다. 이러한 과정과 수반되는 현상을 과학적으로 체계화한 이론을 판구조론이라고 일컫는다. 판구조론은 약 40여 년 전에 소개된 비교적 새로운 과학적 개념이지만, 우리가 살고 있는 이 살아 숨 쉬는 행성에 대한 이해를 혁명적으로 뒤바꿔놓았다. 이 이론은 화석을 연구하는 고생물학에서부터 땅의 흔들림을 연구하는 지진학에 이르기까지 매우 다양한 지구과학의 영역을 포괄함으로써 지구를 대상으로 하는 학문에 대한 통일장이론이 되었다. 오랫동안 지진과 화산의 분포와 히말라야와 같은 거대한 산맥의 형성 등에 대하여 과학자들이 품었던 의문을 판구조론은 일거에 해소하였다.

판구조론이 태동한 20세기보다 훨씬 이전에도 오랫동안 대륙이 항상 같은 자리에만 머물러 있지 않았을 것이라는 생각이 이어져 왔다. 예를 들어 1596년 독일의 지도 제작자였던 아브라함 오르텔리우스는 아메리카 대륙이 지진과 홍수로 유럽과 아프리카에서 찢겨져서 떨어져 나왔으며, 세계 지도에서 이 세 개 대륙의 해안선을 비교하면 그 흔적을 찾을 수 있다고 하였다. 하지만 대륙이 움직이고 있다는 생각이 완전한 과학 이론으로 자리매김한 것은 1912년 독일의 기상학자인 알프레드 베게너가 대륙이동설을 제시한 두 편의 논문을 발표하면서부터이다. 베게너가 과학계에 가장 크게 기여한 바는 이전에는 단편적으로만 머물러 있던 다양한 추측과 관찰 결과들을 한데 엮어서 설명할 수 있었다는 것이다. 베게너와 그의 동료는 약 2억년 전에 하나의 초대륙 판게아가 둘로 갈라지기 시작하여 북반구에 로라시아와 남반구에 곤드와나 대륙이 형성되고, 이들이 다시 갈라져서 오늘날과 같이 다양한 더 작은 대륙을 형성하였다고 주장하였다.

베게너의 이론은 부분적으로 3세기 전 오르텔리우스가 지적한 것과 마찬가지로 남아메리카 대륙과 아프리카 대륙의 해안선이 잘 맞아떨어지는 것에 바탕을 두고 있다. 더 나아가 베게너는 지금은 대서양을 사이에 두고 넓게 갈라진 두 대륙의 해안에서 공통적으로 발견된 동·식물화석과 지질구조에 매우 큰 자극을 받았으며, 화석으로 발견된 이 생물들이 거대한 대양을 가로질러서 헤엄치거나 운반되는 것은 물리적으로 불가능하다고 추론하였다. 두 대륙의 해안선을 따라 동등한 화석 종이 존재한다는 것은 베게너에게 과거에 두 대륙이 한데 붙어 있었다는 사실을 입증하는 가장 강력한 증거가 되었다. 판게아가 나뉜 이후에 대륙이 이동하였다는 것은 같은 종의 화석이 갈라진 두 대륙에서 발견되었다는 것 이외에도 하나의 대륙에서 과거에 일어났던 급격한 기후변화의 원인을 설명하기 위하여 사용되었다. 예를 들어, 남극대륙에서 발견된 열대식물 화석은 이 얼어붙은 땅이 예전에는 적도 가까운 곳에 위치하였을 것이라는 추론을 가능하게 한다.

대륙이동설은 지구를 바라보는 새로운 방식의 도화선이 되었다. 하지만 다른 모든 분야에서의 혁명적인 변화가 그러하듯이, 베게너의 이론이 소개되었을 당시에 과학계는 이러한 주장을 쉽게 받아들이지 않았다. 당시 베게너의 이론이 갖는 가장 치명적인 약점은 대륙이라는 거대한 암석 덩어리를 그렇게 먼 거리까지 이동시키는 힘의 원천에 대하여 만족스러운 답을 가지고 있지 않다는 것이었다. 1930년 베게너가 그린란드의 빙하 탐험 도중에 사망한 이후에도 그가 제기한 논란은 수그러들지 않았다. 그러나 그의 사망 이후에 대양저 탐사를 비롯하여 많은 다양한 연구 결과들로부터 새로운 증거가 발견됨에 따라서 베게너의 이론은 새로운 조명을 받게 되었고, 결국 판구조론으로 발전하기에 이르렀다. 새로운 증거들은 뜻밖의 계기로부터 비롯되었다.

제2차 세계대전을 거치면서 주요 강대국들은 핵무기와 잠수함 같은 강력한 무기를 보유하게 되었다. 이들 무기의 개발과 운용 과정에서 육지와 해양에 대한 새로운 관측활동과 정보 수집이 필요하게 되었다. 군사적 목적에서 비롯된 해양탐사는 해저에 대한 새로운 사실들을 발견하는 것으로 이어졌다. 이러한 연구 결과 가운데 해저 암석이 다른 육지 암석에 비하여 비교적 높은 자성을 띠고 있으며 특정한 방향으로 대칭적인 자기강도의 극성변화를 나타낸다는 것을 알게 되었다. 또한 당시에 방사성 동위원소의 반감기를 이용하여 암석의 연령을 측정하는 기술이 개발되었고, 이 방법을 해저 암석에 적용하였다. 그 결과 자기 띠의 축을 기준으로 대칭성을 보이는 암석의 연령이 축에서부터 멀어질수록 오래된 것이라는 사실을 알게 되었다. 전쟁 기간 동안에 미국 해군은 음향반사법을 이용하여 태평양의 해저지형을 탐사하였다. 완성된 해저지형도는 악어의 등에서 볼 수 있는 무늬와 같이 바다 한복판에 길게 드리운 대칭적인 해저산맥과 그 사이의 계곡 및 바다 주변부에서 다른 어느 곳보다도 깊은 골짜기를 보여주었다. 이러한 해저지형의 양상은 현재 중앙해령과 해구와 같은 명칭으로 나타내지며, 중앙해령을 기준으로 대칭적인 형태를 띠고 있다. 이들 발견으로부터 해령을 기준으로 해저가 확장되고 있다는 추론에 이르렀다.

20세기에 이르러 지진계가 발달하고 전 세계적으로 널리 분포하게 되면서 지진학자들은 지진이 해구와 해령 등과 같은 특정한 지역에 집중하여 발생한다는 것을 알게 되었다. 1920년대 후반까지 지진학자들은 지진이 수평적으로 해구에 나란하게 발생하며 수직적으로 깊이 수백 km까지 40~60°의 경사를 갖는 좁은 영역에서 발생한다는 것을 발견하였다. 이 영역은 나중에 와다티-베니오프 지진대로 일컬어졌으며 해양지각이 맨틀 속으로 섭입하는 과정에서 발생하는 지진의 공간적인 분포를 의미한다. 제2차 세계대전 이후 미국과 소련을 중심으로 냉전체제를 유지하면서 핵무기 개발 경쟁이 일어났고, 이에 따른 공멸의 위기감으로 핵무기의 지상 시험을 금지하는 조약을 맺게 되었다. 1960년대에 이 조약의 준수 여부를 감시하기 위하여 세계 표준 지진계 네트워크를 설립하였고, 전 지구적인 지진활동을 감시하게 되었다. 이를 계기로 지진학자들은 풍부한 양질의 개선된 지진관측 자료를 이용하여 전 세계적인 지진발생 분포를 지도상에 표시할 수 있게 되었다. 그 결과 작성된 세계 지진발생 분포는 거의 대부분 지구 표면을 여러 개의 조각으로 나눈 경계를 따라 좁고 길게 위치하며, 이러한 지진발생의 선형적인 분포는 판의 경계와 일치함을 알 수 있었다. 특히 중앙해령을 따라 천발지진이 발생하고, 해구와 나란하게 심발지진이 발생한다는 사실은 중앙해령에서 멀어질수록 오래된 암석이 분포한다는 사실과 함께 중앙해령에서 새로운 지각이 생성되고 해구를 따라 지각이 섭입하면서 소멸되는 과정을 설명하는 해저확장설을 뒷받침하는 중요한 단서가 되었다.

과학자들은 이제 판이 어떻게 움직이고 이러한 움직임이 지진활동과 어떻게 연관되는지에 대하여 어느 정도 인식할 수 있게 되었다. 대부분의 움직임은 판구조 운동을 일으키는 힘이 작용한 결과가 가장 뚜렷하게 나타날 수 있는 판과 판 사이의 좁은 경계를 따라 발생한다. 이러한 판 경계는 발산경계와 수렴경계 및 변환경계 세 가지 종류로 구분할 수 있다. 발산경계에서는 판과 판이 서로 멀어지면서 그 사이에서 새로운 지각이 생겨난다. 수렴경계에서는 하나의 판이 다른 판 아래로 섭입하여 소멸한다. 변환경계에서는 판과 판이 서로 수평적으로 빗겨서 지나가며 지각이 새로 생기거나 소멸하지 않는다.

발산경계는 판이 서로 멀어지는 해령 축을 따라서 형성된다. 해령 축에서는 맨틀로부터 밀고 올라온 마그마가 분출하여 새로운 지각을 형성하게 된다. 서로 반대 방향으로 움직이는 두 개의 거대한 컨베이어벨트가 연이어 놓여 있다고 가정할 때, 두 컨베이

어벨트 사이에서 올라온 마그마가 냉각되어 새로운 지각이 형성되고 시간이 지남에 따라 서로 멀어져 가는 상황과 유사하다. 발산경계의 대표적인 예는 대서양의 중앙해령이다. 이 해저산맥은 북극해에서부터 아프리카 최남단을 넘어서까지 연장되어 지구의 절반을 남북으로 둘러싸는 거대한 한 줄기의 중앙해령을 형성한다. 대서양 중앙해령을 따라 판이 확장하는 속도는 연간 약 2.5cm이며 이는 백만 년에 25km에 해당한다. 이 속도는 인간의 시간개념으로 보면 매우 느린 것처럼 보인다. 하지만 이러한 과정이 수억 년에 걸쳐서 지속되기 때문에, 이 기간 동안 판이 수천 km를 이동하는 결과를 초래한다. 과거 1~2억년에 걸친 해저확장으로 유럽과 아프리카 및 아메리카 대륙 사이의 작은 물줄기가 오늘날의 거대한 대서양으로 성장한 것은 대표적인 예이다. 육지에서 확인할 수 있는 발산경계로는 아이슬란드의 화산활동, 동아프리카의 홍해와 아덴만 및 동아프리카 열곡대를 따라 발생하는 마그마 분출을 예로 들 수 있다. 특히 동아프리카에서 발생하는 판구조운동이 앞으로 수천만 년 이상 지속되면 지금의 좁다란 열곡은 대서양과 같은 거대한 대양으로 성장할 것이다.

과학자들은 지구가 형성된 45억년 전 이후부터 지금까지 지구의 크기가 크게 변하지 않았다고 한다. 지구의 크기가 변하지 않았다는 것은 지각이 생성되는 것과 같은 속도로 똑같이 소멸해야 한다는 것을 의미한다. 이러한 지각의 소멸은 판과 판이 서로를 향해 움직이는 수렴경계에서 일어난다. 수렴경계에서 만나는 두 판은 해양판 또는 대륙판일 수 있으며, 이러한 종류에 따라서 해양판과 대륙판의 수렴, 해양판과 해양판의 수렴, 대륙판과 대륙판의 수렴으로 구분할 수 있다. 일반적으로 해양판의 밀도는 대륙판의 밀도보다 크다. 따라서 해양판과 대륙판이 만나는 경우에는 해양판이 대륙판 아래로 가라앉아서 대륙판 하부의 맨틀로 섭입하게 된다. 한편 중앙해령 축을 따라 새롭게 생성된 해양 지각은 시간이 지남에 따라 식어서 밀도가 높아진다. 따라서 해양판의 밀도는 생성된 이후 지난 시간과 관계되므로 지역에 따라 그 크기가 서로 다르다. 이러한 해양판의 밀도 차이에 의하여 해양판과 해양판이 만나는 경우, 보다 밀도가 높은 해양판이 밀도가 낮은 해양판 아래로 섭입한다. 대륙판과 대륙판이 만나는 경우에는 섭입운동이 일어날 정도로 대륙판의 밀도가 충분히 높지 않다. 따라서 수평적으로 매우 느린 충돌이 일어나고, 이 운동이 수천만 년 동안 지속되면서 히말라야와 같은 거대한 산맥을 형성한다.

두 판 사이의 발산경계 또는 수렴경계가 서로를 빗겨 지나가는 경계를 변환단층 또는 변환경계라고 한다. 변환단층의 대부분은 발산경계를 따라 발생한다. 발산경계를 이루는 해령 축이 수평적으로 어긋나면서 두 개의 해령 축으로 분리되고, 이 두 해령 축을 포함하는 판과 판 사이를 연결하는 변환단층이 발달한다. 대부분의 변환단층은 해저면에서 발견된다. 그러나 때때로 변환단층이 육지로 연장하여 발달하기도 하는데, 미국 서부의 산안드레아스 단층대가 대표적이다.

오랜 지질학적 시간에 걸쳐서 판구조 운동은 자연의 가장 아름다운 경치를 만들어 왔다. 히말라야, 알프스, 안데스 산맥 등은 판구조 운동이 빚어낸 거대한 작품의 예이다. 그러나 판구조 운동과 관련된 격렬한 지진과 화산폭발 등은 끔찍한 재앙을 일으키기도 한다. 2011년 3월 11일 일본 동부 해안에서 발생한 규모9의 지진으로 지진해일이 발생하여 수많은 인명피해가 발생하고 원자력발전소가 파괴되는 등의 큰 재난이 발생하였다. 대부분의 지진과 화산폭발은 무작위로 발생하지만 판 경계와 같이 특정한 지역에서 주로 발생한다. 이러한 대표적인 지역이 '불의 고리'라고 불리는 환태평양 지진대이다. 태평양판은 주변의 많은 판들과 마주하고 있으며, 태평양판을 둘러싼 불의 고리는 세계에서 지진과 화산활동이 가장 활발한 지역이다. 또한 지구상에서 수많은 도시가 산안드레아스 단층과 같은 활성단층대 주변에 위치하고 있기 때문에, 수백만의 사람들이 파괴적인 지진의 결과로 인명과 경제적 손실을 겪고 있다.

20세기 초까지 지진학자들은 지진이 발생하기 전과 후에 암권에서 어떤 일이 일어나는가에 대하여 정확하게 설명하지 못했다. 지진이 단층을 일으키는지 또는 단층이 지진을 일으키는지와 같이 원인과 결과를 명확하게 파악하지 못하였다. 1906년 미국 서부에서 산안드레아스 단층대를 따라 발생한 샌프란시스코 지진으로 많은 피해가 발생하였고, 미국 정부가 주도하여 최초로 지진현상에 대한 과학적인 규명을 시도하였다. 1910년 헨리 라이드는 지진이 발생하기 전에 조구조적인 응력을 받고 있는 암석은 점점 휘어지고 변형된다고 주장하였다. 즉, 암석에 탄성변형이 이루어지며, 지속적으로 축적된 응력으로 인하여 암석이 견딜 수 있는 한계에 도달하면 더 이상 변형되지 못하고 매우 짧은 시간에 단층을 따라 파괴된다. 파괴가 일어난 직후, 단층 양쪽에 있는 암석은 탄성 반발에 의해 새로운 위치로 튕겨져서 펴지게 된다. 이 때 우리가 지진으로 경험하는 진동을 일으킨다. 이 운동은 원래 위치로부터 단층의 맞은 편에 있는 암석의 위치를 이동시킨다. 어떤 단층에서 암석이 허용할 수 있을 때까지 응력을 받아 탄성 변형 축적이 이루어지고 파괴에 이르는 과정이 반복될 수 있다.

두 개의 스티로폼 조각을 함께 붙잡고 서로 반대 방향으로 움직임으로써 단층이 움직이는 양상을 실험해볼 수도 있다. 일정한 힘으로 양쪽의 스티로폼을 당기면, 어느 정도 짧은 시간 동안에는 스티로폼 사이에 작용하는 마찰로 인하여 움직이지 않는다. 마찰 허용 한계 이상으로 힘이 지속되면 두 스티로폼 조각은 다른 새로운 위치로 빠르게 이동하게 된다. 이처럼 단층면은 고르지 못한 표면을 가지고 있어서 양쪽의 암석이 쉽게 어긋나기가 어렵다. 이러한 불규칙한 단층 표면은 지진 발생이 반복되는 가운데 단층이 움직이지 못하거나 잠긴 상태를 유지할 수 있도록 한다. 일반적으로 탄성 변형은 단층을 따라 고르게 분포하지 않아서, 서로 미끄러져 지진이 발생할 때 균등하게 축적된 변형이 해소되지 않는다. 이러한 단층 파열은 단층면의 특정한 지점에서 시작하여 단층을 따라 퍼져 나간다. 파열되는 암석의 면적이 클수록 더 많은 지진 에너지가 방출되며 진동이 더 길게 지속된다.

태평양판의 둘레를 따라 형성된 환태평양 지진대와 같이 대부분의 지진은 판의 경계에서 집중적으로 발생한다. 그러나 이보다 훨씬 낮은 빈도로 판의 내부에서 발생하는 판내부 지진이 큰 피해를 일으키기도 한다. 2008년 규모8의 중국 사천성에서 발생한 지진으로 많은 인명과 재산피해가 발생한 것은 판내부 지진의 대표적인 사례이다. 한반도 역시 유라시아 판의 내부에 위치하고 있으며, 중국의 대부분의 지역과 마찬가지로 판내부 지진 환경에 속한다고 할 수 있다. 한반도에는 인도판과 유라시아 판의 충돌 및 일본 열도를 따라 태평양판과 필리핀해판이 유라시아판과 충돌로 비롯한 응력장이 영향을 미치고 있다. 그러나 이러한 판내부 환경에서 발생하는 지진의 원인에 대하여 판 경계에서 발생하는 지진만큼 명확한 이해가 부족하다.

지진과 마찬가지로 화산 활동은 판구조 운동 과정과 밀접하게 연관되어 있다. 대부분의 육상 화산은 섭입이 발생하는 수렴경계 부근에 위치하고 있다. 그러나 이보다 훨씬 더 많은 화산활동이 주로 발산경계인 중앙해령을 따라서 해저에서 발생하고 있다. 이와는 대조적으로 두 개의 판이 서로 수평적으로 빗겨가는 변환경계에서는 보통 화산활동이 발생하지 않는다. 화산은 판내부에서 발생하기도 하는데, 이런 지역에서의 지각은 보통 양쪽으로 당겨져서 두께가 얇아지게 된다. 예를 들어, 동아프리카 열곡대의 화산활동은 이러한 얇아진 지각의 열곡을 따라 하부의 마그마가 상승하여 발생하고 있다. 이러한 경우는 발산경계에서 발생하는 화산활동에 해당한다. 한편 판 경계로부터 먼 곳에서 발생하는 화산을 맨틀 열기둥에 기인한 것으로 설명하기도 한다. 이러한 화산을 열점이라고 부르며, 과학자들은 깊이 약 2,900km의 외핵과 맨틀의 경계에서 비롯한 심부기원의 마그마가 상승하여 지표면을 뚫고 분출하는 것으로 가정한다. 열점의 대표적인 예로써, 하와이섬의 화산활동은 판 경계로부터 아주 먼 태평양판의 한복판에 자리하고 있다.

지구내부의 활발한 활동으로 인한 영향이 지진이나 화산폭발과 같이 인류에게 큰 위협으로만 다가오는 것은 아니다. 에너지, 광물, 비옥한 토양 등과 같이 수많은 지구의 천연 자원이 그 예이며, 이러한 자원의 대부분은 과거 또는 현재의 판 경계부 지역에 대부분 집중되어 있다. 이렇게 바로 활용 가능한 자원은 먼 과거로부터 현재까지 인류 문명을 지속시키는 원천이 되고 있다.

화산은 분명 큰 피해와 파괴를 일으킬 수 있지만, 장기적으로 화산활동의 결과물은 인류에게 크게 이롭다. 수억 년에 걸쳐서 화산암의 물리적, 화학적 풍화는 지구상에서 가장 비옥한 토양을 형성하여 풍부한 농작물을 수확하는데 결정적인 기여를 하고 있다. 석유와 천연가스는 판구조운동 과정에서 형성된 산맥의 측면에 발달하는 퇴적분지에 함께 축적된 유기물질의 잔해이다. 화산활동으로 인한 뜨거운 열이나 지질학적으로 최근에 활동을 멈춘 화산의 심부에서 잔류열이 방출되는 과정으로부터 열을 회수하여 사용하는 지열에너지 또한 판구조운동의 직접적인 산물이다.

세계적으로 금속광상의 대부분은 섭입대 위의 소멸한 화산의 깊은 뿌리에서 발견되는 마그마와 깊은 관련이 있다. 상승하는 마그마가 모두 지표면에 도달하여 분출하는 것은 아니다. 그 대신에 지표면 아래에서 서서히 냉각되고 굳어져서 화산아래에 다양한 결정질 암석을 형성한다. 마그마의 뜨거운 열은 금속광물을 함유한 유체를 순환시키며 적당한 온도와 압력 조건에서 이들이 침전되어 농집된 광물암맥을 형성하게 한다. 대부분의 광물암맥이 지하 심부에서 냉각되어 형성된 심성암 주변에 발달하고 있으며, 오랜 시간에 걸친 상부 암석의 풍화로 지표면에 노출되어 채굴이 가능한 광상을 형성한다. 또한 중앙해령의 화산분출 지역 주변에서도 광물을 함유한 유체의 순환과정에서 광물질이 침전되어 열수 광상을 형성한다.

세계적인 인구 증가와 더 많은 국가들이 산업화됨에 따라서, 광물 및 에너지 자원에 대한 세계적 수요는 계속 증가할 것이다. 사람들이 과거 천년 넘게 천연 자원을 이용해왔기 때문에, 대부분의 손쉬운 접근이 가능한 광물, 화석 연료 및 지열자원은 거의 고갈되고 있다. 이제 세계는 더 멀고 접근하기 어려운 대양저나 극지방 및 보다 심부에 있는 자원을 개발하고자 노력하고 있다. 환경에 영향을 주지 않으면서 이러한 자원을 찾아 개발하려는 과정에서 앞으로 수십 년 동안 상당히 많은 어려운 과제에 직면하게 될 것이다. 따라서 판구조 운동과 천연자원의 관계에 대하여 보다 나은 지식을 축적하는 것이 이러한 과제들을 해결하는데 필수적이다. 21세기를 살고 있는 지금, 우리는 살아 숨 쉬는 지구를 더 잘 이해하기 위하여 보다 더 노력해야만 한다. 지진이나 화산폭발과 같은 단기적인 부정적 영향에 대처하면서, 판구조 운동의 장기적인 이득을 활용할 줄 아는 지혜가 필요한 시점이다.

우리를 둘러싼 바다

- 바다와 지구환경, 인류의 미래와 해양자원 -

박용안 서울대학교 지구환경과학부 명예교수

▲ 시화호발전소의 조감도

우리를 둘러싼 바다
- 바다와 지구환경, 인류의 미래와 해양자원 -

Ⅰ. 지구(地球)를 수구(水球)로 보아야한다.

1. 태평양의 면적 : 181.34(백만 평방km), 평균수심 : 3940m, 최대수심 : 11022m
2. 대서양의 면적 : 94.31(백만 평방km), 평균수심 : 3575m, 최대수심 : 8605m
3. 인도양의 면적 : 74.12(백만 평방km), 평균수심 : 3840m, 최대수심 : 7450m
4. 북극해의 면적 : 12.26(백만 평방km), 평균수심 : 1117m, 최대수심 : 4600m
5. 대양의 전체면적(3억6200백만 평방km)은 지구표면적의 71%, 대양의 평균수심 : 3800m

Ⅱ. 바다(해양)의 생성과 생물기원

1. 지구의 바다는 약 40억년 전후하여 생성되었다. 즉, 47억년 전의 바다 없는 삭막한 지구에 약 40억년과 38억년 전후하여

바다가 생성되었고 존재하기 시작하였다는 증거가 발견되고 연구되었다.

2. 지구 최초의 생물기원 또는 흔적은 화석으로 증명되었고, 약 34억6천5백만 년의 시아노박테리아(Cyano bacteria, 남조류)화석이 후주 아펙스처어트 층(Apex chert formation)에서 발견 연구되었다.

3. 해양지각과 대륙지각의 최고기 연령(나이)

   1) 해양지각의 최고기 연령 : 1억8000만년

   2) 대륙지각의 최고기 연령 : 39억6000만년

   3) 달 암석의 최고기 연령 : 44억6000만년

   4) 지구에서 발견된 운석의 최고기 연령 : 44억6000만년

   5) 지구의 나이 : 47억년

III. 해양과학(해양학, Oceanography, Marine Science)은 기초과학의 중심이며 거대과학(Big Science)으로서 인류 미래의 생존과 번영에 직결된다.

1. 해양과학(해양학, Oceanography)은 바다를 대상으로 하는 기초과학(수학, 생물학, 지질학, 물리학, 화학)으로서 기초과학의 중심이다. 21세기의 해양질서를 법제화한 제3차 유엔(UN)해양법협약이 1970년대부터 활발한 해양과학의 혁신적 연구결과에 영향 받아 성안되고 발효(1994년 11월 16일)된 사실은 단적으로 해양과학의 연구 중요성을 분명히 시사한다. 즉, 해양(바다)을 연구하는 근본적인 기초과학적 이유

는 지구의 탄생, 생명의 기원 및 지구진화의 과정을 밝혀내는데 있으며, 해양자원의 개발·해양환경보존 및 해양영토의 확보를 위한 기초과학적 기본 자료와 성질을 분석하고 해석하기 위한 응용적 활용에 그 이유가 있다. 해양(바다)은 기초과학(수학, 물리, 화학, 지질학, 생물학)의 연구 중심 대상이며, 수산과학, 대기과학, 오염, 해양공학 등이 연계되는 과학적 자연현상의 대규모 실험장이다. 바다(해양)의 과학은 해양의 모든 기초과학의 연구결과를 체계적으로 해석함으로써 해양 분활화, 청색혁명, 해저자원 확보의 기본 자료를 축적하고 활용 가능하게 한다. 해양개발의 국가정책수립은 이러한 기본 자료와 경제사회적 thinking의 합리적 결론에 근거하여야 한다. 결론적으로 바다는 과학이며, 해양학적으로 충분히 연구하여야하며, 이에 따른 결과에 근거한 정책과 전략이 성공적으로 수립되고 성취될 때 인류의 미래가 약속된다.

2. 해양학의 정규적인 발달 시기는 HMS Challenger호의 4년 여동안의 전 세계 해양탐사시기(1872~76)부터이다. Challenger의 해양탐사는 정규적인 해양관측을 수행하였으며, 엄청난 신비적인 해양의 비밀을 밝혀 냈다. 해양 과학적 탐사의 중요 관측을 총괄하고 127000km의 역사적인 탐사항해를 총괄했던 과학자는 Charles Wyville Thomson 박사였다. 362개 중요 관측 장소에서의 관측내용은 1)수심측정, 2)해저퇴적물 채취, 3)표층수에서의 동물과 식물채취와 그물(towing net)을 이용한 중층수에서의 생물채취, 4)해저에서의 저서생물 채취, 5)표층수와 여러 깊이의 수심에서의 수온측청, 6)표층수와 저층수의 해수채취, 7)표층해류의 방향과 속도측정과 선택한 수심에서의 해류방향과 속도측정, 8)기상관측 등

현대 해양탐사에서 실시하는 기본적 관측을 이미 실시하였다. 4700개의 새로운 생물 종(species)을 발견하였고, 8180m의 수심을 제일 깊은 수심으로 측정하면서 태평양의 마리아나해구라고 보고하였다. 관측조사 보고서는 29,500쪽에 달하였고, 23년의 오랜 기간 동안에 완전한 보고서를 완료하고 인쇄하였다. 그 당시 망간단괴를 태평양에서 채취하였다. 근대 해양학의 발달과 높은 수준의 연구방법과 결과는 결국 Challenger의 해양탐사에 근원한다고 평가해도 과언이 아니다.

IV. 바다와 기후

1. 해류 (한류와 난류)의 흐름은 기후를 조절하는 중요한 인자로서 인간의 삶에 크게 영향을 준다. 즉, 해수의 태양열의 흡수와 반사는 사계절별 기온변화의 근원이다.

   사실상, 해수는 태양에너지의 80%를 흡수하여 급격한 기온변화를 조정하고, 열에너지 저장고로서 기능을 유지한다. 따라서, 기후는 바다의 물리적 현상에 직접적으로 영향 받고 조정되는 대자연 현상이다. 지구의 기후변화와 변천과정에 바다는 직접적인 원인 요소이다.

2. 엘니뇨(El Nino)현상은 페루(Peru) 어부들에게 반복되는 큰 생계위협을 안겨주는 현상으로 즉, 고기잡이(엔초비)에 큰 방해를 일으키는 것이다. 엘니뇨현상은 성탄절 연휴에 즈음하여 페루해안해역을 따라 비정상적으로 높은 수온과 낮은 함량의 영양염을 함유한 해수 해류가 남하하는 현상을 의미

한다. 엘니뇨현상이 발생하면, 용승(upwelling)에 의하여 좋은 어장이 형성되는 태평양의 동쪽 연안 해역(페루)에 높은 수온의 해수수괴에 의하여 용존산소와 영양염류가 풍부한 심층해수의 용승이 차단되어 이에 따른 해안 표층수의 영양염이 고갈되어 앤초비(멸치와 비슷한 어류)와 같은 수산업의 근거되는 생물자원이 대폭 감소하거나 사라지는 것이다. 사실상, 엘니뇨는 바다와 공기(대기)의 협주곡 중의 한 부분이며, 불규칙 또는 규칙적으로 반복되는 무심한 대자연현상일 따름인데 어떤 때는 강하게 어떤 때는 약하게 그 재앙의 규모가 변하는 것이다. 우리나라의 경우, 1998년 8월 초에 10여 일 동안 70년 만의 대 집중호우가 내려 약 1조원 이상의 재산피해와 10여 명 이상의 사상자가 있었던 자연재해는 경기도, 서울, 충청남도 등 여러 곳에서 예상치 않게 발생하였었다. 외국의 경우, 1983년 초에 브라질 북동부에는 극심한 가뭄이 있었고, 1983년 11월부터 1984년 6월까지 브라질 동북부에는 평균보다 2배 이상의 강우가 많은 피해를 주었으며, 아프리카 서부의 사하라 사막에서는 반대로 사막화가 촉진되었다. 결국, 이러한 대자연의 재앙을 해양과학과 해양기상학적으로 자료를 측정, 분석하고 해석하여 큰 피해를 대비하는 방법은 인간이 할 수 있는 최상의 방책이고 수단이라고 인식하여야 한다. 왜냐하면, 끊임없이 바다와 대기(공기)의 협주곡은 계속될 것이기 때문이다.

3. 바다는 지구에 산소를 공급하고, 대량의 이산화탄소를 흡수하여 대기의 산소 농도를 안정적으로 유지한다. 산소 없는 원시대기에 바다는 산소를 38억년부터 대기에 공급하기 시작하였다. 즉, 지구 산소의 75%(나머지 25%는 육상)를 공급하며, 이산화탄소의 50%를 흡수하고 정화한다.

4. 기후에 큰 영향을 미치는 바다는 한편으로 오염 물질의 정화 능력과 기능을 보유하여 지구 생태계의 건강성을 유지 가능하게 한다. 예를 들면, 갯벌바다 10km²의 면적은 인구 10만 명의 도시가 배출하는 오염물질을 정화하는 하수처리장의 오염 정화능력의 효력을 보유한다.

V. 해양자원

1. 해양자원은 해양(바다)으로부터 개발되고 사용될 수 있는 여러 종류의 무생물 자원과 생물자원 모두를 의미한다. 근대적인 과학 기술의 급속한 발전과 집중투자의 큰 규모의 국가적인 해양자원 개발정책에 따라 21세기의 중반에 이르러 대륙붕(continental shelf)의 자원과 대륙사면(continental slope)의 자원 뿐만아니라 더 깊은 수심의 심해저의 망간단괴, 망간각, 심해 열수구의 주변금속광물 부존층, 심해 열수구의 주변 생물자원이 매우 중요한 개발-이용대상의 자원이 될 것으로 평가되고 있다. 요약된 해양자원의 종류는 다음과 같다.

해수자원	해수, 해양심층수 등 * 해수 담수화, 용존 물질 추출 등을 통해 활용
해양생물자원	해조류, 어류, 갑각류, 연체동물, 포유동물 등 * 식량자원, 해양생명공학을 이용한 유용물질 추출 등에 활용
해양광물자원	대륙붕 자원, 심해저 자원 등 * 구리·망간·니켈 등 금속, 석유·석탄, 모래·자갈 등을 추출
해양에너지자원	조력, 조류, 파력, 온도차, 염분차 등 * 신 재생 에너지로 활용

<table>
<tr><td>해양공간자원</td><td>해상 · 해중 · 해저의 모든 공간
* 해상운송, 생산, 주거, 관광 · 레저 공간으로 활용</td></tr>
</table>

2. 구리, 망간, 니켈 등 전략금속의 육상지층의 매장량은 이용 가능 연수로 환산될 경우, 약 40년 또는 110년 가량으로 추산되나, 해양의 해저 매장량의 경우는 약 200년에서 1만년으로 추산되고 있다.

3. 바다는 조석에너지, 파랑에너지, 해류에너지, 해수 온도차 에너지 등 막대한 양의 에너지를 보유하고 있다고 평가된다.

4. 바다는 조석에너지, 파랑에너지, 해류에너지, 해수 온도차 에너지 등 막대한 양의 에너지를 보유하고 있다. 물리해양학적인 현상으로서 해수의 흐름(운동)현상을 이용한 에너지 생산은 이른바, 청정에너지로서 인간의 쾌적한 자연환경 조성에 중요한 요인이다. 우리나라의 경우를 이해하면 다음과 같다.

서해안 경기도 시화호 조력발전소는 세계 최대 규모(시설용량 25만4천kW)로서 2004년 12월 착공 이후, 7년간의 공사기간을 거쳐 완료했다.

국토해양부와 K-water는 지난 2월19일부로 시화호 조력발전소의 발전생산량이 1억kWh(전기판매액 약141억원)를 넘어섰다고 밝혔다. 시화호 조력발전소는 2011년 8월 여름철 국가 전력수급 안정에 기여하기 위하여 발전을 개시한 후 각종 성능시험 및 조력발전에 따른 해양환경 영향 모니터링 등을 위하여 단계별 운전을 진행하였으며, 2012년 1월부터 발전시설(10기) 전체를 가동하기 시작하였으며, 금년 후반기에는 3억 8,600만kWh(약 544억원)의 전력을 생산할 계획인데 이는 인구 35만 도시에서 사용할 수 있는 충분한 양이다.

조력발전의 원리는 간단하다. 바닷물이 가장 높이 올라왔을 때 물을 가두었다가 물이 빠지는 힘을 이용해 발전기를 돌리는 것이다. 수력발전소와 비슷한 원리인데 차이점은 수력발전의 낙차가 수십 미터인 데 비해 조력발전은 낙차가 보통 10m이하라는 점이다. 따라서 효율이 좋은 수차발전기를 개발하는 것이 관건이라고 할 수 있다. 밀물 때 수문

을 닫아 두었다가 문을 열면 물이 쏟아져 들어오면서 터빈을 돌려 발전
하게 된다. 썰물 때는 터빈의 날개가 반대 방향으로 돌면서 다시 발전
하게 된다.

만조 때 이 저수지를 가득 메운 바닷물은 간조 때 낮아진 해면으로
떨어지면서 24개의 터빈 발전기를 돌린다. 바닷물이 저수지로 밀려들
어올 때도 발전기를 돌려 효율을 높일 수 있다. 세계적으로 조력발전을
생산단계로 성공한 첫 번째의 경우가 1967년의 프랑스 랑스발전소의
준공(240메가와트) 이다. 영국과 카나다에서도 조력발전을 가동하고
있다. 우리나라의 시화호조력발전소는 규모와 전기생산량으로 볼때
세계 최대의 것으로 평가된다.

시화조력발전소 아래의 바다 깊이 22.5m에는 지름 7.5m, 무게 약
800톤에 달하는 거대한 수차 발전기 10기가 나란히 설치돼 있다. 하루
두 차례 일어나는 밀물 때 4시간 25분 동안 발전을 한다. 발전기 1기당
1초에 500톤에 이르는 바닷물이 쏟아져 그 힘으로 전기를 만든다.

01 | 시화호조력발전소의 위치

02 | 시화호발전소의 조감도

03 | 시화호조력발전의 원리

VI. 해양과 인류의 역사

1. 바다는 문명을 창조

  1) 세계 4대문명은 강 유역에서 발생하였지만, 이후 에게해, 크레타, 미케네, 그리스, 로마 및 서부유럽 등 해양성 문명세력이 세계문명을 주도

    * 세계 4대문명 : 황하 문명, 메소포타미아 문명, 인더스 문명, 이집트 문명

  2) 바다를 접하고 있는 지역은 쾌적하고 풍요로운 정주여건을 가지고 있고, 육·해상수송의 연계지이기 때문에 문명 창조·교류를 위한 유리한 조건을 보유

  3) 현재에도, 전 세계50개 대도시의 2/3가 연안에 위치하고 있고, 해안선에서 100km이내에 세계 인구의 절반에 가까운 27억 명이 거주

VII. 한반도 한국의 해양여건

1. 동북아시아의 중심에 위치하고 천혜의 항만조건을 보유하고 있다.

2. 한반도는 중국, 러시아, 유럽 등 대륙으로 통하고, 바닷길로는 태평양과 동남아, 인도양을 연결하는 관문에 해당한다.

3. 남해안은 수심이 깊은 리아스식 해안으로 이루어져 천혜의 항만 조건을 보유한다.

4. 육지면적의 4.5배에 달하는 해양관할권을 보유한다.

5. 남한 육지면적(99천km)의 4.5배에 달하는 443천km²의 해양관할권을 가지고 있으며, 3,170개의 도서, 11,914km에 달하

는 긴 해안선을 보유한다.

6. 동해안에는 맑고 푸른 연안역과 해수욕장이 연이어져 있고, 서해안에는 세계적인 5대 갯벌이 발달하고 있으며, 남해안에는 리아스식 해안과 다도해가 발달하고 있다.

〈5대갯벌 : 한국서해, 남미 아마존하구, 미조지아주, 독일-네덜란드 연안, 캐나다 남동부〉

7. 우리의 바다에는 풍부한 수산·에너지·광물자원이 부존한다. 즉, 연간 100조원으로 추정되는 해양생태계의 생산력을 보유하고 있으며, 해양 에너지 광물자원이 기술개발의 발전 수준에 따라 개발 잠재력은 매우 큰 것으로 평가된다.

8. 개발권을 확보한 태평양 Clarion-Clipperton 심해저에는 연간 3백만 톤(1.6조원 규모)의 채광이 150년 동안 가능한 망간단괴 부존됨.

9. 해운·항만산업은 한국경제의 대동맥이자, 새로운 고부가가치를 창출하는 성장 동력산업이다.

  1) 해운·항만산업은 우리나라 수출입 물동량의 99.7%를 처리하는 기간산업.

  2) 해운산업은 조선·자동차·반도체 등과 더불어 핵심적인 외화획득 산업으로 부상된다.

10. 수산업은 안정적인 식량 공급원이며, 어촌과 어항은 도시시민의 휴식공간으로서 레저기능과 역할이 점차 증대된다.

  1) 수산물 생산량은 세계 15위 수준으로, 동물성 단백질 섭취량의 40%를 공급.

  2) 어촌과 어항은 국민들에게 해양관광과 레저공간으로서의 기능이 증대.

VIII. 제3차 유엔해양법 76조에 근거한 법적 대륙붕과 과학적 대륙붕의 올바른 이해

1. 과학적 대륙붕은 해안선(기선)에서 붕단(shelf edge)까지의 해저이다.

2. 법적 대륙붕은 대륙사면(continental slope)의 끝단 (foot of slope : FOS)에서 60해리까지의 해저지형이며, 또한 대륙사면(continental slope)의 끝단(FOS)에서 퇴적층 두께 1%에 이르는 최단거리까지의 해저지형.

| 참고 문헌 |

김성진, AMPP/SNU 13기-강의록, 서울문화사, 2012.

김영구, AMPP/SNU 13기-강의록, 서울문화사, 2012.

박용안, 바다의 과학, 서울대학교 출판원, 2011, pp.439.

A. C. Duxbury, et. al. World's Ocean, McGraw Hill, 2000.

David A. Ross, Oceanography, Harper Collins College Publisher,1995.

M. Grant Gross, Oceanography, Prentice-Hall, 1982.

United Nations's DOALOS, The Law of the Sea, 2001.

인류문명, 자연과 공존하다

기후변화의 이해와 전망

김맹기 공주대학교 대기과학과 교수

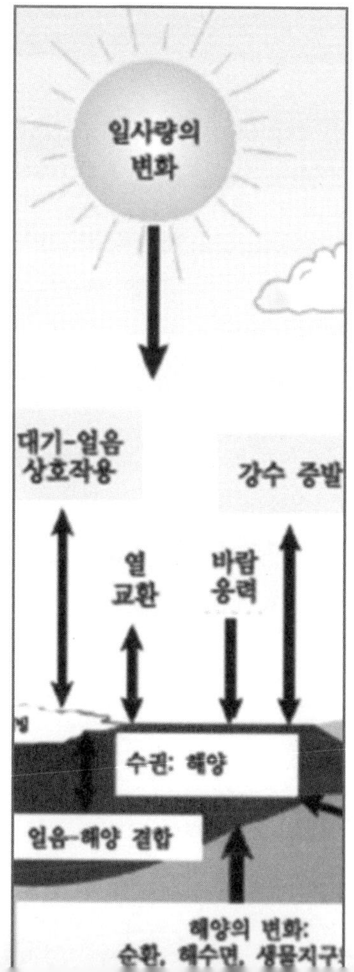

▲ 지구 기후시스템의 구성요소와 상호작용

기후변화의 이해와 전망

Ⅰ. 기후변화과학이란 무엇인가?

기후에 대한 연구는 고대 그리스 문화 만큼이나 오래전부터 시작되었으며, 사실 기후(climate)라는 말은 지구의 자전축의 경사를 의미하는 그리스어 "slope"로부터 기원되었다. 기후에 관한 첫 번째 서적은 B.C.400 히포크라테스가 쓴 『Airs, Waters, and Places』이며, 기상학(meteorology)에 대한 첫 번째 논문은 아리스토텔레스가 쓴 「Meteorologica」로 알려져 있다. 그 이후 대기에 대한 과학적인 분석은 대기상태를 측정하는 측기의 발명과 함께 17세기 들어와서 시작되었다. 온도계(갈릴레오, 1593년)와 기압계(토리첼리, 1643년)가 발명되면서 자료가 축적되기 시작하였으며, 18세기 들어와서 측기가 개선되고, 표준화되면서 폭넓은 자료가 수집되었고, 결국 지역기후에 대한 이해가 가능하게 되었다. 19세기에 들어서면서 어떤 대기 현상을 물리과정을 이용하여 설명하기 시작하였다. 오늘날 일부 지역의 자료는 300년 이상의 측기 관측 자료를 보유하고 있지만 대부분 지역에서는 100년 미만의 관측 자료를 갖고 있다. 또한 첫 번째 기상위성(Tiros Ⅰ)이 1960년에 발사된 이후 위성관측의 역사도 50년에 달하고 있다. 이렇게 장기간의 기후 자료가 축적되면서 자연스럽게 수년 또는 그 이상의 시간규모 동안에 발생하는 대기상태를 연구하는 학문인 기후학이 발달하게 되었다. 한국의 경우 1990년대 초까지도 기후변화가 크게 주목받지 못하다가 1998년 교토 의정서[1]가 채택된 후 2000년대 들어서 기후변화에 대한 연구가 본격적으로 활성화되기 시작하였다.

기후변화에 대한 정의는 학자나 기관에 따라 다소 차이가 있을 수 있으나 크게 두 가지로 볼 수 있다. IPCC(기후변화에 관한 정부간 협의체)[2]에서는 기후변화를 "수십년 또는 그 이상의 장기간에 걸친 기간 동안에 인류기원 및 자연 기원에 의해 발생하는 기후의 변화"로 정의하였으며, UNFCCC(유엔기후변화협약)[3]에서는 기후변화를 "전지구 대기의 조성을 변화시키는 인간의 활동이 원인이 되어 직접 또는 간접적으로 일어나는 기후의 변화로써 충분한 기간 동안에 관측된 자연적인 기후변동성에 추가하여 일어나는 기후의 변화"로 정의하였다.

기후변화과학은 "기후변화의 감시, 탐지, 분석, 예측을 포괄하는 과학"으로 정의된다. 기후변화의 감시는 지구 기후시스템을 구성하는 대기권, 수권, 설빙권, 생물권을 지속적으로 관측하는 것을 말하며, 기후변화의 탐지는 기후변화가 인류기원인지 자연적인 기원인지를 과학적으로 알아내는 일과 그 원인을 규명하는 것을

---

1) Kyoto Protocol은 지구 온난화의 규제 및 방지를 위한 국제 협약인 기후변화협약의 수정안이다. 이 의정서를 인준한 국가는 이산화탄소를 포함한 여섯 종류의 온실 가스의 배출량을 감축하며 배출량을 줄이지 않는 국가에 대해서는 비관세 장벽을 적용하게 된다(위키백과).

2) IPCC(Intergovernmental Panel on Climate Change)는 세계기상기구(WMO)와 유엔환경계획(UNEP)에 의해 1988년에 설립된 정부간 조직이며, 전 세계의 선도적인 기후변화 과학자와 전문가들의 네트워크이며, 3개의 실무그룹(WG I, II, III)으로 구성되어 있다. WG I은 기후변화과학, WG II는 기후변화 영향·적응·취약성, WG III는 기후변화 완화(저감)을 담당한다.

3) UNFCCC(United Nations Framework Convention on Climate Change)는 지구온난화 방지를 위해 온실가스의 인위적 방출을 규제하기 위한 협약으로써 정식명칭은 '기후변화에 관한 기본협약'이다. 흔히 '유엔기후변화협약'이라 불린다.

말한다. 반면, 기후변화의 분석은 기후시스템에 영향을 주는 원인별 복사강제력, 기후시스템내의 상호작용 및 자연변동성 등 기후변동 및 기후변화와 연관된 여러 메커니즘을 파악하는 것을 말하며, 기후변화의 예측은 기후모델 또는 지구시스템모델을 이용하여 수 십년 또는 수 백년 규모의 미래 기후변화를 전망하는 것을 말한다. 따라서 기후변화과학은 기후변화와 관련된 기후변화 영향평가, 취약성 평가, 적응, 완화 등 다양한 분야의 연구를 하기 위한 출발점으로써 매우 중요한 역할을 한다.

Ⅱ. 온실기체와 지구온난화 지수

이산화탄소와 같은 온실기체는 대기 중에 오랫동안 체류하고 비교적 잘 혼합되며 복사강제력[4]은 다른 기후 강제력에 비해 그 크기와 불확실성이 작다. 현재 WMO(세계기상기구) 회원국중 80여 개국이 지구대기감시프로그램(GAW)에 참여하고 있으며, 미국 하와이 마우나로아 관측소를 비롯한 29개 지구급 관측소와 우리나라 안면도 기후변화감시센터를 포함한 약 410개소의 지역급 관측소를 운영하고 있다(기상청, 2009). 지난 10년 동안 안면도에서 관측된 월평균 이산화탄소 최댓값은 2008년 4월의 396.6ppm으로 나타났으며, 마우나로아의 경우, 2008년 5월 388.5ppm으로 나타

---

4) 복사강제력(radiative forcing)은 이산화탄소와 같은 온실기체의 농도변화가 지구의 기후 시스템의 에너지 균형에 변화를 일으켜서 지구를 냉각시키거나 가열시킬 수 있는 강제력을 의미하며, 단위는 Wm^{-2}이다.

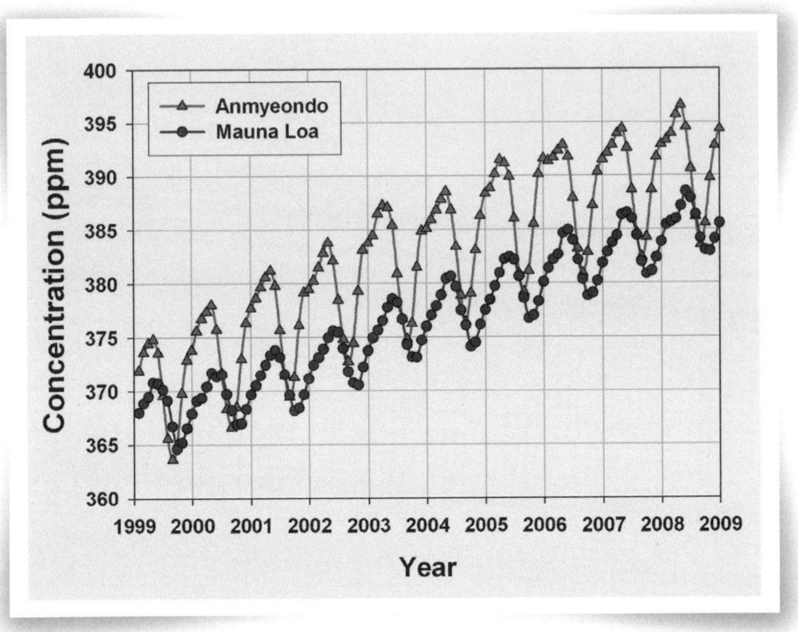

01 | 지난 10년 동안 안면도와 하와이 마우나로아에서 측정된
월평균 이산화탄소 농도 변화 경향
기상청, 2009

표 1. 온실기체의 복사효율과 지구온난화 지수

명칭	화학식	수명	복사효율[5] (Wm^{-2}/ppb)	지구온난화 지수		
				20년	100년	500년
이산화탄소	CO_2	120년[6]	1.4×10^{-5}	1	1	1
메탄	CH_4	12	3.7×10^{-4}	72	25	7.6
아산화질소	N_2O	114	3.03×10^{-3}	289	298	153
CFC-11	CCl_3F	45	0.25	6730	4750	1620

5) 온실기체 1 ppb의 농도당 지구 기후시스템이 얻는 복사 에너지의 양.
6) 불확실성이 있음.

났다(그림 1). 안면도에서 이산화탄소의 증가율이 점차 감소하고 있는데, 지난 10년(1999~2008년)동안 이산화탄소 증가율은 2.3ppmyr^{-1}로, 2007년까지의 증가율인 2.4ppmyr^{-1}보다 다소 작았다. 하지만 2007년까지 전 지구적인 이산화탄소 증가율은 1.9ppmyr^{-1}으로, 한반도 지역이 전 지구적인 이산화탄소 증가율보다 여전히 높은 것을 알 수 있다. 이산화탄소와 마찬가지로 지역급 관측소인 안면도에서 측정된 메탄의 농도가 지구급 관측소인 마우나로아의 관측 결과에 비해 상당히 높다. 2008년 측정된 안면도의 메탄 농도는 1,888ppb로 마우나로아의 1,800ppb보다 88ppb 높게 측정되었으며, 이러한 농도 차이는 배출원과 흡수원의 차이에 의한 것으로 알려져 있다.

지구온난화 지수(Global Warming Potential, GWP)는 어떤 온실기체가 방출된 후 주어진 기간 동안에 지구온난화를 일으킬 수 있는 정도를 이산화탄소에 대비하여 상대적으로 나타낸 일종의 지수로 볼 수 있으며, 아래와 같이 표현된다.

$$GWP = \frac{\int_0^n a_i c_i \, dt}{\int_0^n a_{co_2} c_{co_2} \, dt}$$

여기서 a_i는 1Kg의 i성분 온실기체가 일으키는 순간복사강제력을 나타내며, c_i는 온실기체의 농도를 나타낸다. 또한 t는 온실기체 방출 이후에 경과된 시간을, n은 기준이 되는 전체 기간을 나타낸다. GWP 식에서 분모는 이산화탄소에 대한 것이므로 만약에 분자에 있는 i성분 온실기체가 이산화탄소라면 GWP는 1이 된다. 표 1에는 여러 가지 온실기체에 대한 GWP를 보여준다. 100년을 기준으로 볼 때, 메탄의 지구온난화 지수는 이산화탄소의 25배이

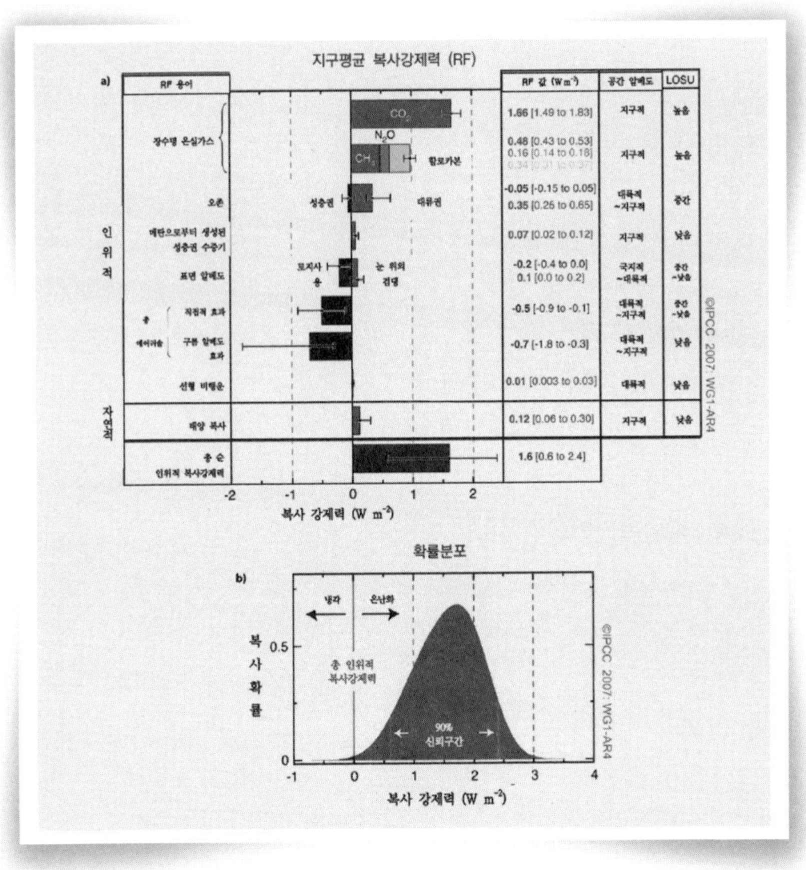

02 | a) 산업혁명이후 2005년까지의 지구평균 복사강제력과 b) 모든 인위적 복사강제력
요소를 합한 지구평균 복사강제력의 확률 분포. [ ]안의 값은 90% 신뢰구간을 나타내며,
LOSU는 과학적인 이해의 수준을 나타낸다.
IPCC, 2007

며, CFC-11는 이산화탄소보다 무려 4750배가 큰 지구온난화 지수
를 보여준다. 즉, 이산화탄소, 메탄, CFC-11이 동시에 1Kg이 대기
중으로 방출된 후 100년동안 지구를 온난화시킬 수 있는 능력을
비교해 보면 1 : 25 : 4750 의 비율이라는 것이다. 그런데 다행스
럽게도 메탄과 CFC-11은 이산화탄소에 비해 그 양이 상대적으로
매우 적고, 수명도 짧으며 반대로 이산화탄소는 그 양이 많으며,
수명도 길다. 그런 이유로 이산화탄소가 기후변화에 있어서 중요

하게 다루어지는 것이다.

그림 2는 기후변화를 일으킬 수 있는 여러 요인들에 의해 나타난 복사강제력을 보여준다. 기후변화를 일으킬 수 있는 주요 요인으로는 온실기체 및 오존량의 변화, 지면 피복의 변화에 따른 반사도 변화, 에어로솔의 영향, 태양복사량의 변화 등이 있다. 산업혁명 이후 최근까지 지구를 온난화시키는데 가장 큰 공헌을 한 요인은 이산화탄소이고, 다음으로 메탄이다. 인위적인 요인에 의한 복사강제력의 총합은 1.6 Wm^{-2} 이며, 가장 크게 기여한 온실기체는 이산화탄소로 1.66 Wm^{-2} 이다. 반면, 에어로솔에 의한 영향은 -1.2Wm^{-2} 로 음의 값이므로 지구를 냉각시키는 역할을 한다. 현재 온실기체에 대한 과학적인 이해 수준(LOSU)은 비교적 높은 반면, 에어로솔에 대한 과학적인 이해 수준은 매우 낮다. 즉, 이것은 이산화탄소와 같은 온실기체가 지구를 온난화 시킨다는 것은 상당히 확실해 보이는데, 에어로솔이 지구를 얼마나 냉각시키는지는 정확하게 알려져 있지 않다는 것을 의미한다. 따라서 향후에 불확실성이 가장 큰 에어로솔에 대한 연구가 더 집중적으로 이루어져야만 한다. 복사강제력에 대한 확률분포를 보면 중심이 대략 1.6 Wm^{-2} 이며, 양쪽으로 어느 정도 대칭의 모양을 보이고 있다. 그러나 0 Wm^{-2} 이하는 거의 나타나지 않는다. 이것은 산업혁명 이후 최근까지 인위적인 요인들이 지구를 온난화시켰다는 것이 거의 확실하다는 것을 의미한다.

Ⅲ. 지구의 기후시스템과 기후피드백

기후시스템(Climate system)이란 지구의 기후에 영향을 주는 5

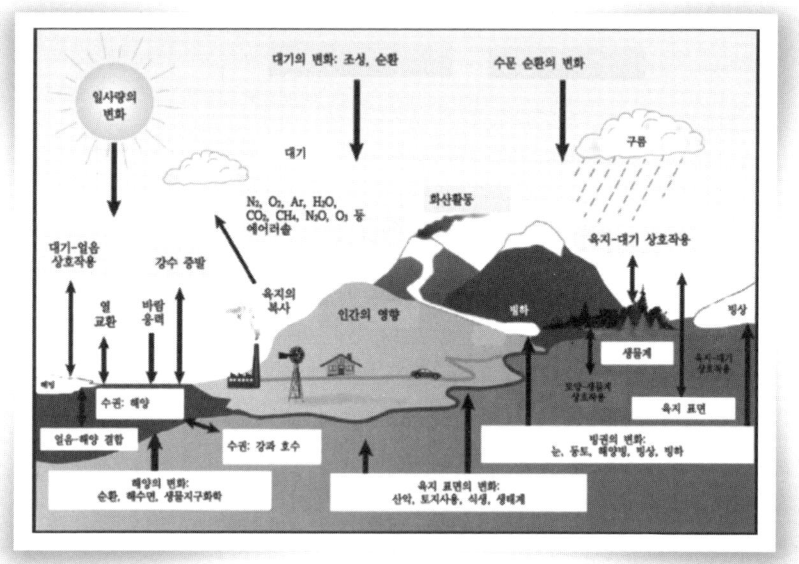

03 ｜ 지구 기후시스템의 구성요소와 상호작용
IPCC, 2007

개 권역(대기권, 수권, 지권, 설빙권, 생물권)과 각 권역간의 상호 작용을 포함하여 통칭하는 표현이며(그림 3), 여기서 상호작용 (Interaction)이란 서로 다른 두 권역사이에 열(heat), 물(water), 운 동량(momentum) 등의 에너지 교환이나 기체(이산화탄소, 해염 등) 등의 물질교환을 통하여 각 권역 상호간에 영향을 주는 작용 을 의미한다. 예를 들면, 대기-해양 상호작용(Air-sea interaction) 은 해면에서 현열, 물의 교환(증발 또는 강수), 운동량을 교환을 통하여 해양 혼합층이 형성되거나 표층해류가 발생하는 상호작용 을 말한다. 반면 기후피드백(Climate feedback)이란 처음에 주어 진 강제력이 기후시스템을 통하여 처음에 주어진 강제력을 더 강 화시키거나 약화시키는 방향으로 영향을 주는 과정을 의미한다. 강화시키면 양의 피드백, 약화시키면 음의 피드백, 영향을 주지 않 으면 피드백이 없다고 한다. 지구의 기후변화는 기후피드백이 지역에 따라 다른 방향으로 나타나기 때문에 기후변화의 양상이 지역에 따라 계절에 따라 다르게 나타나는 특성을 갖는다. 여기서는 그 중에서 몇 가지 중요한 기후피드백을 소개하기로 한다.

가장 중요한 기후피드백 중의 하나는 수증기 피드백이다. 인위적인 요인에 의해 발생한 온실기체가 대기 중으로 배출되면 지구의 기후시스템은 온실효과에 의해 기온이 상승하게 된다. 대류권의 기온이 상승하게 되면 대기는 더 많은 수증기를 가질 수 있는 능력이 생긴다. 지구 표면의 70%가 해양으로 구성되어 있어서 해면상의 증발이 쉽기 때문에 대기 중의 수증기는 기온의 증가에 따라 매우 빠르게 증가한다. 증가한 수증기는 지구의 장파복사를 흡수하여 지구의 기온을 더욱 더 상승시키도록 작용한다. 따라서 수증기 피드백은 지구의 온난화를 더욱 가속시키는 방향으로 작용하는 양의 기후피드백 역할을 한다. 또 다른 피드백으로 눈·얼음이 덮혀 있는 지역에서 작용하는 알베도[7] 피드백이다. 눈·얼음이 덮혀 있는 지표면은 그렇지 않은 지표면보다 알베도가 높기 때문에 지구표면에 도달한 태양복사에너지의 대부분을 반사시킨다. 그런데 이산화탄소에 의한 온실효과에 의해 지구표면 근처의 기온이 상승하게 되면 눈·얼음이 녹게 되고, 결국 눈·얼음으로 덮힌 면적이 감소하게 된다. 따라서 지표면의 반사도는 전보다 감소하게 되어 지표면이 더 많은 태양복사에너지를 흡수할 수 있게 된다. 이것은 결국 지표면과 지표면 근처의 기온을 더 증가하게 한다. 즉, 눈·얼음 알베도 피드백도 양의 피드백 역할을 한다. 한편, 아직 정확하게 알려져 있지 않은 기후피드백이 있는데 그것은 구

---

7) 알베도(albedo) : 반사도라고도 하며, 지구표면에 도달한 태양복사에너지 중에서 투과되거나 흡수되지 않고 반사되는 비율을 의미한다.

름 피드백이다. 구름은 지구의 장파복사를 흡수하여 지구를 덥히는 역할을 하는 동시에 태양복사를 차단하여 지구를 냉각시키는 역할을 한다. 지구온난화는 구름의 유형과 구름의 분포, 고도 등을 변화시키게 되기 때문에 지구온난화가 구름을 어떻게 변화시키느냐에 따라 지구에 미치는 영향이 결정된다. 현재 구름 피드백에 대해서는 아직 충분히 알려져 있지 않으며, 세계 여러 유수의 모델들 사이에 일치된 결과를 보여주지 않는다.

Ⅳ. 기후변화의 전망

전구 평균 지표 기온은 지난 100년간(1906~2005년) 동안 0.74℃

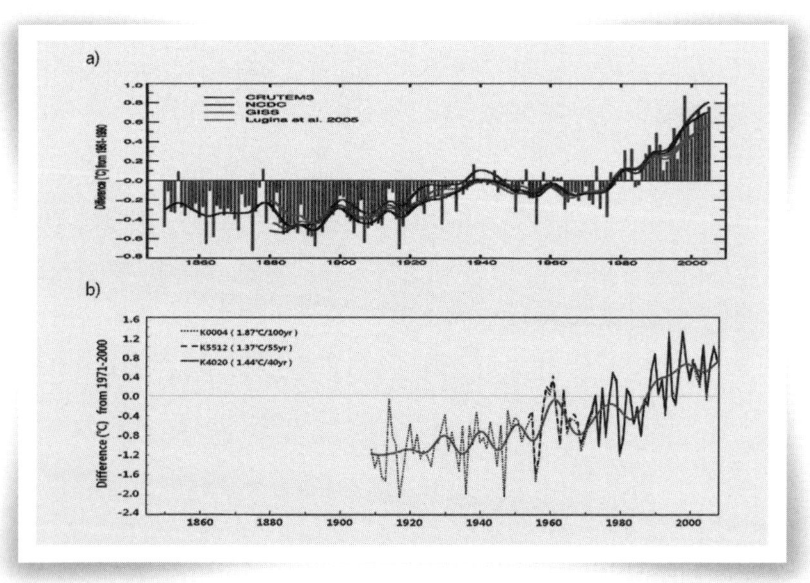

04 ㅣ a) 전지구 평균기온과 b)한국 연평균기온의 편차 시계열
굵은 실선은 10년의 이상의 주기만을 표시한 것임

±0.18℃ 상승하였으며, 과거 50년간의 온난화 속도는 과거 100년간 온난화 속도의 거의 두 배이다. 한국의 온난화는 지난 100년간 1.8℃로 지구평균 온난화의 두 배 이상으로 빠르게 진행되고 있으며, 최근에 더 빠르게 증가하고 있다(그림 4). 한국의 온난화가 지구평균보다 훨씬 빠른 원인 중의 하나는 한국의 빠른 도시화이다. 현재 학계에서는 도시화에 의한 기온 상승이 전체 기온 증가량의 일정부분에 기여한 것으로 보고 있으나 온실기체에 의한 영향보다는 작은 것으로 보고 있다(한국기후변화평가보고서 2010, 2011).

05 | 여름철 해빙이 최소가 될 때의 면적변화
Hidore et al., 2010

지구온난화에 따라 고위도와 북극의 온난화도 진행되고 있으며, 그에 따라 해빙의 면적이 지속적으로 감소하는 것으로 관측되고 있다(그림 5). 북극의 해빙에 대한 위성 영상은 1970년대부터 가용한데 최근에 여름철 해빙면적이 급격히 감소한 것을 볼 수 있다. 해빙은 태양복사의 80% 또는 그 이상 반사시키지만 해빙이 녹아 없어져서 해양이 노출되는 경우에는 해양이 태양복사량의 최대 90% 까지도 흡수하는 것으로 알려져 있다. 따라서 앞서 설명한 기후피드백의 하나인 눈·얼음 알베도 피드백에 의해 해빙은 더욱더 빨리 녹고, 해양도 더 빨리 가열된다. 북극 온난화에 대한 기후 모델링 예측에 의하면, 2100년 이전에 북극 여름철의 해빙은 거의 사라지게 될 것으로 보인다. 놀랍게도 2007년 여름철 해빙이 녹는 시기에 대서양으로부터 태평양으로의 북서항로가 열렸었다. 이것은 해빙이 없는 북극이 더 빨리 올 가능성도 있다는 것을 의미한다. 최근 극지연구소의 연구에 의하면 극지의 온난화로 인하여 북극을 둘러싸고 흐르는 제트기류가 약화되고, 이로 인하여 북극의 차가운 공기가 중위도로 강하게 유입되어 극한 한파가 발생할 수 있음을 제시하였다. 현재 학계에서는 지구온난화로 인하여 평균기온이 증가하는 것은 물론 극한 기후가 더 빈발할 것으로 보고 있다.

한반도와 같은 지역규모의 기후변화 전망은 기후변화의 영향, 적응 및 취약성 평가에 중요하다. 지역기후 전망은 지역기후모델(RCM)[8]을 이용하여 산출되며, 이때 경계조건은 전지구 대기대순환모델(GCM)[9]의 기후변화 전망 자료를 사용한다. 지역기후모델

---

8) Regional Climate Model을 의미하며, 동아시아와 같이 제한된 지역을 격자모양으로 세분화하여 기후를 예측하는 수치모델

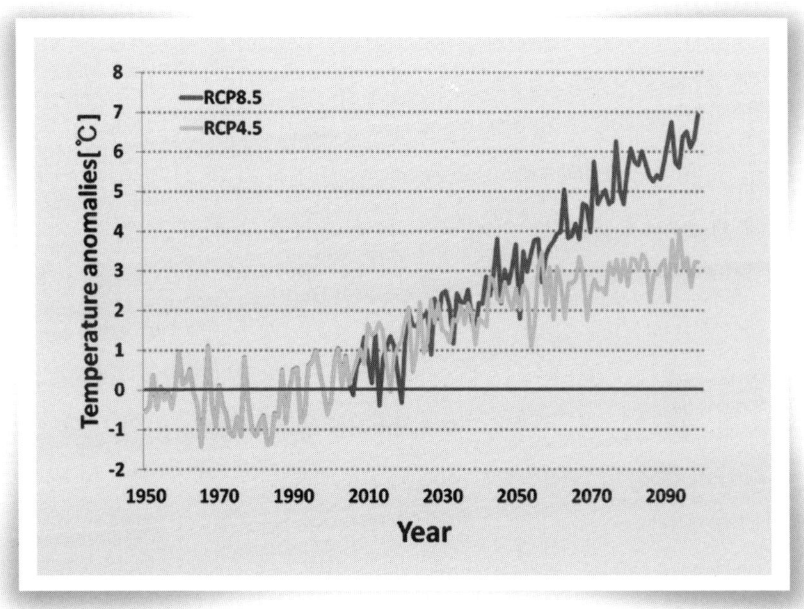

06 | 1980~2009년 대비 우리나라 연평균 기온(℃)의 전망. 파란색, 분홍색은 각각
RCP4.5 시나리오, RCP8.5 시나리오 실험을 나타냄.
국립기상연구소, 2011

은 전지구 기후모델에 비하여 높은 해상도와 정교한 물리과정을
갖기 때문에 전지구 기후모델이 현실적으로 모의하지 못하는 더
작은 공간규모의 대기현상을 보다 정확하게 모의할 수 있고, 복잡
한 지형고도와 해안선의 영향을 기후모의에 반영할 수 있다. 따라
서 지역기후모델을 이용한다면 다양한 규모의 대기현상이 발생하
고 복잡한 지형을 갖는 한반도의 상세한 기후 정보를 얻을 수 있
다. 그러나 지역기후 모형은 비교적 최근에 개발되었고 방대한 컴
퓨터 용량으로 인하여 고해상도 시나리오를 생산하는데 있어서 많

---

9) General Climate Model을 의미하며, 전지구를 격자모양으로 세분화하여 지구의 기후를
　예측하는 수치모델. 기후모델이라고도 한다.

은 제약을 받아왔다. 사실 가장 이상적인 방법은 전지구 기후모델을 원하는 지역규모의 해상도로 수치 적분하여 기후변화 전망 자료를 생산하는 것이지만 아직까지는 슈퍼컴퓨터 자원의 한계 등에 의해 저해상도의 전지구 기후모델과 고해상도의 지역기후모델을 병행 활용하여 전구 및 지역기후 전망 자료를 생산하고 있다.

최근 국립기상연구소에서는 IPCC AR5[10]의 새로운 온실가스 배출 시나리오인 대표농도경로(Representative Concentration Pathway, RCP) 시나리오에 근거하여 기후변화 전망을 산출하였다(국립기상연구소, 2011). 전지구 기후변화 시나리오의 경우, 영국기상청과의 협력에 의해 도입된 HadGEM2 모델을 활용하여 생

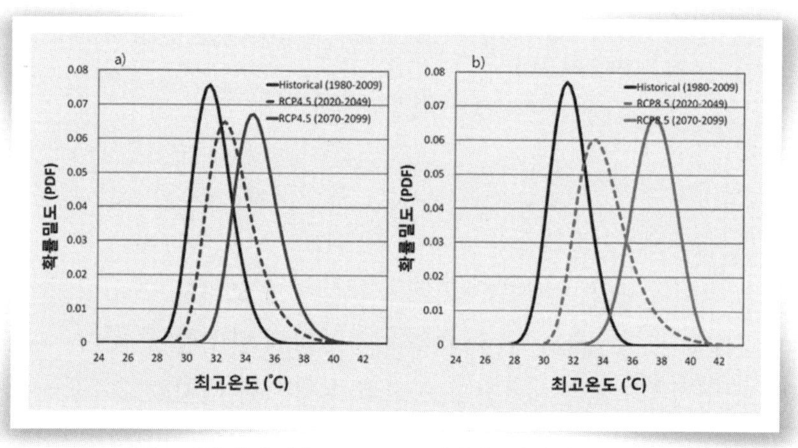

07 | 기후모델이 모의한 현재 기후(1980~2009, 검정색), 미래 전반기(2020~2049, 파선) 및 후반기(2070-2099, 청색실선)의 일최고 기온의 확률분포. a)와 b)는 각각 RCP4.5와 RCP8.5에 대한 결과임
국립기상연구소, 2011

10) AR5(Fifth Assessment Report) : 제 5차 평가보고서란 의미이며, IPCC에서는 2013년 /2014년에 제 5차 기후변화평가보고서를 발간할 계획을 갖고 있다.

산하였으며, 지역기후 전망은 HadGEM3-RA을 이용하여 생산한다. 전구모델의 해상도는 약 135km이며, 지역기후모델의 해상도는 약 12.5km이다.

그림 6은 현재 기후(1980~2009년)를 기준으로 상대적으로 나타낸 우리나라 연평균기온의 변화를 나타낸다. RCP 4.5[11]와 8.5[12] 모두 기온 증가 경향이 뚜렷하게 나타난다. RCP 4.5 시나리오의 경우 현재 대비 21세기 후반(2070~2099)에 약 3.0℃ 상승할 것으로 전망되며, RCP 8.5의 경우에는 무려 약 5.6℃까지 상승할 것으로 전망된다. 반면 강수량의 경우는 증가추세가 약하게 나타나며, 21세기 후반에는 두 시나리오에서 각각 현재 대비 약 15.5%, 18.7%가 상승할 것으로 전망된다.

폭염, 열대야, 집중호우, 가뭄 등과 같은 극한 기후는 그 파괴력이 크기 때문에 기후변화의 적응 또는 대응에 매우 중요하다. 따라서 극한 기후의 발생빈도, 강도, 발생 원인 등을 체계적으로 연구하고 사전에 탐지할 수 있는 수치모델 성능을 향상시키는 것이 중요하다. 일 최고기온에 대한 확률분포의 PDF[13]는 일 최대 강수량의 PDF와는 다르다(그림 7). 최빈값의 빈도가 감소하기도 하지만 PDF 전체가 오른쪽으로 이동하는 특성을 보여준다. 따라서 21세기 전반기와 후반기에는 폭염의 발생빈도가 뚜렷하게 증가할 것으로 보인다. 국립기상연구소(2011)에 따르면, 폭염일은 일 최고기온 33℃ 이상인 날로 정의되며, 현재(1980~2009년) 연평균

---

11) 온실기체 감축정책을 어느정도 이행되는 경우를 의미하며, 4.5는 2100년에 복사강제력이 4.5Wm^{2}임을 의미한다.
12) 온실기체 감축정책을 이행하고 않는 경로로써 현재의 추세대로 온실기체를 배출하는 경우를 의미한다.
13) 확률밀도함수

9.0일이다. 그러나 기온의 상승으로 21세기 전반(2020~2049년)에는 RCP4.5 시나리오에 의하면 연평균 폭염일수가 16.5일, RCP8.5 시나리오에 의하면 23.0일로 각각 7.5일, 14.0일 증가할 것으로 전망된다. 또한 21세기 후반(2070~2099년)에는 RCP4.5 시나리오에 의하면 연평균 폭염일수가 29.6일, RCP8.5 시나리오에 의하면 64.7일로 각각 현재보다 20.6일, 55.7일 증가할 것으로 전망된다.

일최대 강수량에 대한 분포를 보면, RCP 4.5의 경우 현재에 비해서 21세기 전반기로 갈수록 최빈값이 증가할 뿐 만 아니라 PDF의 모양이 오른쪽으로 더 긴 꼬리를 보여준다. 긴 꼬리를 갖는다는 것은 집중호우의 발생빈도가 증가한다는 것을 의미한다. 이러한 특성은 21세기 후반으로 갈수록 더 심화된다. RCP 8.5의 경우도 전반적인 특성은 RCP 4.5와 다르지 않지만 PDF의 모양이 전반적으로 더 오른쪽으로 이동한 것을 알 수 있다. 이것은 RCP 4.5에 비해 RCP 8.5에서 집중호우가 더 빈발한다는 것을 의미한다.

| 참고문헌 |

국립기상연구소, 『기후변화시나리오보고서』, 2011, pp.117.
국립환경과학원, 『한국기후변화평가보고서 2010』, 2011, pp.623.
기상청, 『2008 지구대기감시보고서』, 기상청, 2009, pp.174.
Hidore, J., J. Oliver, M. Snow, and R. Snow, 『Climatology』, Pearson Education Inc., 2010, pp.385.
IPCC, 『기후변화 2007(과학적 근거)』, 기상청, 2007, pp.1101.

화석으로 찾아가는 공룡의 세계

이융남 한국지질자원연구원 지질박물관장

▲ 몽골 자연사박물관에 전시되어 있는 타르보사우루스 전신 골격

화석으로 찾아가는 공룡의 세계

　　우리의 생각을 1억년 전으로 돌려보자. 2억2800만년 전부터 6천5백만년 전까지 1억6300만년 동안 지구에는 「공룡」이라는 지배자가 있었다. 이는 가장 오래된 인류화석의 출현 시기를 500만년 전으로 보더라도 공룡은 인류가 살아온 시간보다 무려 33배나 오랫동안 지구의 주인이었다.

　　과거 지질시대의 살았던 모든 생물들은 흥미롭지만 유독 공룡은 일반인들에게, 특히 청소년들에게 매력적인 동물로 비춰지고 있다. 그렇다면 도대체 공룡이란 어떤 동물일까? 각 개인마다 공룡에 대한 정의는 서로 다를 것이다. 어떤 이는 오래 전 지구에서 번성하다 멸종한 거대한 동물을 공룡이라 생각할 수도 있고, 어떤 이는 공룡을 어린이 만화에나 존재하는 가상의 동물로 생각할 수 있다. 공룡을 전문적으로 다루는 고생물학자들은 공룡은 이미 멸종한 동물이기 때문에 단지 화석으로 남아 있는 골격의 특징으로 공룡을 정의할 수밖에 없다. 지금까지의 연구 결과에 따르면 9가지의 진화된 특징이 공룡에 존재한다는 것이 밝혀졌다. 그러나 실제 동물의 뼈를 다루어 보지 않은 사람들에게 이러한 골격의 해부학적 특징이 어떤 중요한 의미를 가지는 것인지 마음속에 와 닿지 않을 것이다.　이보다도 쉽게 공룡을 정의하는 세 가지 사실이 있다.

　　첫째, 공룡은 중생대 시기에만 생존한 파충류였다. 약 1억 8000만년(2억4500만년 전부터 6500만년 전까지)이나 지속된 이 방대한 기간 동안 오늘날 살고 있는 척추동물의 대부분 즉, 도마뱀, 거북, 악어, 포유류, 새, 그리고 이미 멸종한 공룡과 익룡이 지구에 처음 출현하여 번성하였다. 이 당시 포유류는 오늘날 우리 주위에서 볼 수 있는 소, 호랑이, 코끼리 등 거대한 포유류는 전혀 없었으며 크기가 지금의 쥐처럼 작고, 종류도 많지 않아 중생대 생태계에 큰 영향을 줄 수가 없었다. 공룡은 악어와 익룡처럼 눈구멍 뒤에 두 쌍의 구멍이 발달한 머리뼈(二孔型, diapsid)를 가진 파충류이다. 공룡이 파충류라는 것은 매우 드물게 보존된 피부화석이 털이 아닌 현생 파충류와 같은 비늘(scales)로 되어있고 또 알을 낳는다는 사실로 입증되어진다.

둘째, 모든 공룡은 땅위에서 살았던 육상동물이다. 그러므로 그 당시 하늘을 나는 파충류인 익룡(翼龍, pterosaurs)과 바다 파충류인 어룡(魚龍, ichthyosaurs), 수장룡(首長龍, plesiosaurs)은 공룡이 아니다. 실로 다양한 파충류가 하늘과 땅과 바다에 서식하고 있었다. 중생대를 파충류의 시대라 부르는 이유도 바로 이 때문이다.

셋째, 모든 공룡은 몸 아래에 바로 뻗은 곧은 다리를 가졌다. 이는 굽은 다리를 가진 도마뱀이나 악어, 거북과 같은 원시적인 파충류에서 공룡을 구별하는 매우 중요한 특징이다. 즉, 도마뱀과 거북은 몸 옆에서 직각으로 꺾인 다리로 엉금엉금 기어 다닌다. 따라서 앞으로 나가기 위해 몸통을 좌우로 틀어 다리를 움직여야한다. 악어는 짧은 거리를 뛸 때 몸을 반쯤 들 수 있지만 역시 대부분의 시간을 기어 다녀야 한다. 이러한 자세는 몸의 무게를 지탱하기 위해 엄청난 에너지를 소비해야하며 또한 걸을 때 발생되는 발목관절의 강한 비틀림에 견디어 내야한다. 이러한 방법으로 걷는 동물 중 거대한 크기로 진화한 동물은 없다. 약 75톤 이상의 몸무게를 가진 세이스모사우루스(*Seismosaurus*)는 악어와 같은 꾸부정한 다리로는 설 수 도 없었을 것이다. 또한 기는 자세는 폐와 함게 항상 몸이 휘어져야 하기 때문에 움직일 때 호흡을 어렵게 만든다. 그러나 완전한 직립자세는 이러한 문제가 발생하지 않는다. 공룡은 초기 진화단계에서부터 다른 파충류와 구별되는 직립자세를 갖고 있었다. 공룡은 포유류와 새처럼 자유롭게 호흡을 하면서 뛸 수가 있었기 때문에 기는 동물들 보다 훨씬 유리한 생존조건을 가지고 있었던 것이다. 긴 다리를 가진 두 발 육식공룡들은 최대 70km/h의 속도로 달릴 수 있었다. 이러한 수치는 그들이 남긴 발자국화석을 통해 계산된다. 빠르게 이동할 수 있는 능력은 동물의 생존과 직결되어 있기 때문에 매우 중요하다. 따라서 공룡은 더 크게 자라고 더 빠르게 움직일 수 있기 때문에 매우 다양한 몸 구조와 생활양식을 가질 수 있게 되었다. 중생대 트라이아스기 후기에 처음 출현하여 중생대가 끝날 때까지 공룡들은 환경에 잘 적응하며 실로 다양하게 진화하였다. 현재 남극을 포함하여, 전 세계 모든 대륙에서 공룡이 발견되고 있는데 지금까지 약 800종이 알려져 있다. 현재 가장 공룡이 많이 발견되는 나라는 미국, 캐나다, 중국, 아르헨티나, 몽골 등이다. 그 중 몽골은 공룡 연구의 역사가 매우 흥미로울 뿐 아니라 현재에도 수많은 공룡들이 발견되고 있다. 최근 "한반도의 공룡"이라는 다큐멘터리와 영화에서 주인공으로 등장하는 타르보사우루스(*Tarbosaurus*)는 우리나라 공룡이 아니라 몽골에서만 발견되는 공룡이다. 지질학적으로 우리나라에서는 타르보사우루스가 발견될 수 없다. 왜냐하면 타르보사우루스는 약 7000만년 전 후기 백악기에 살았으며 우리나라에는 이 시대의 지층이 없기 때문이다.

아무튼 왜 공룡학자들은 공룡화석을 찾기 위해 하필 왜 오지 중의 오지인 몽골 고비사막을 택하는 것일까? 몽골에서 공룡 탐사의 시작은 아주 우연히 이루어졌다. 20세기 초 미국 자연사박물관의 헨리 오스본(Henry Fairfield Osborn) 박사는 북미 대륙 서부에서 공룡탐사가 경쟁적으로 이루어지고 있을 때 초기 인류 화석과 포유류 화석이 중앙아시아에서 기원했을 것이라고 추측했다. 이러한 주장은 윌리엄 매튜(William Diller Matthew) 박사의 논문과 책에서 인용된 방대한 자료를 기초로 더 힘을 받게 되었다. 이러한 그 당시의 분위기는 미국자연사박물관 학예원이였던 로이 채프만 앤드류스(Roy Chapman Andrews)의 상상력에 불을 붙였다. 1922년 4월 21일 오스본 박사의 지지를 받은 앤드류스는 고생물학자 월터 랑거(Walter Granger), 두 명의 지질학자 찰스 버키(Charles Berkey), 프레드릭 모리스(Frederick K. Morris), 그리고 몽골인과 중국인을 포함해 총 26명의 탐사대를 구성하여 몽골로 들어갔다. 이때 이들이 사용한 장비는 125마리의 낙타, 휘발유 1,000겔론, 오일 100겔론, 3톤의 밀가루, 1.5톤의 쌀 등이었다. 몽골의 수도 울란바토르를 경유한 후 몽골 남서부 지역을 조사하다 북경으로 향하는 길에 탐사대는 석양에 불게 타는 듯한 붉은색 절벽과 마주하게 되는데 이곳이 바로 바인작(Bayan Dzak) 지역의 "불타는 절벽(Flaming Cliffs)"이었다. 이곳에서 랑거는 이들이 기대하지 않았던 화석을 만나게 되는데 그것은 다름 아닌 화석화된 알껍데기였다. 랑거는 그 당시 커다란 새알파편이라고 생각했다. 여름이 가고 있었기 때문에 탐사대는 더 그 곳에 더 오래 머무르지 못하고 고비사막을 빠져나와 북경으로 향했다.

다음해인 1923년 탐사대는 랑거 이외에 미국자연사박물관의 가장 능력 있는 두 명의 고생물학자인 피터 카이슨(Peter Kaisen)과 조지 올슨(George Olsen)을 합류시켰다. 탐사대는 바인작(후에 이들은 바인작을 몽골의 심장이라 불렀다)으로 다시 돌아왔다. 1923년 7월 8일 탐사대는 "불타는 절벽" 아래에 베이스캠프를 치고 화석 탐사에 나서게 된다. 이들은 곧 여기저기서 새로운 공룡 화석들을 발견하게 되는데 가장 유명한 것은 프로토케라톱스

(*Protoceratops*)이다. 이 원시 뿔공룡은 북미의 더 진화된 트리케라톱스 뿔공룡의 조상으로 그 당시 발견된 가장 오래된 뿔공룡이었다. 후에 이 공룡은 월터 그레고리(Walter Gregory)와 챨스 묵(Charles Mook)에 의해 프로토케라톱스 앤드류스아이(*Protoceratops andrewsi*)로 명명된다. 불타는 절벽에서 완전한 골격, 머리뼈 등 총 100개체 이상의 프로토케라톱스가 수집되었다. 한 곳에서 한 종이 이렇게 많이 발굴된 것은 역사적으로 유래가 없는 일이었으며, 성체부터 새끼까지 다양한 연령의 프로토케라톱스가 발굴되었다. 따라서 공룡에서는 처음으로 개체발생학 연구가 가능하게 되었다. 새끼에서 성체로 자라면서 변화하는 머리뼈의 성장패턴을 현재 미국자연사박물관에서 볼 수 있다. 1922년 첫 번째 짧은 탐사에서는 알껍데기만을 발견했지만 이번에는 조지 올슨이 3개의 알을 찾아냈고 탐사대는 이것들이 새알이 아니라 공룡알일 수 있다는 판단 아래 본격적인 알화석 찾기에 나서게 되고 마침내 월터 랑거는 공룡알 둥지를 발견하게 된다. 둥지에는 내부와 외부로 나뉘어 총 20개의 알이 동심원을 이루고 있었기 때문에 이들은 이 둥지가 어미 공룡이 모래를 파고 돌아가면서 알을 낳은 것으로 생각했다. 수많은 프로토케라톱스 화석들이 이곳에서 발견되었기 때문에 이들은 이 알들이 프로토케라톱스의 둥지로 믿었고 이러한 생각은 1994년 미국자연사박물관팀이 우카톨가(Ukhaa Tolgod)에서 오비랍토르의 알둥지에서 똑같은 알이 발견되기까지 지속되었다. 실제 불타는 절벽에서는 공룡알 둥지 한 가운데에서 오비랍토르의 뼈가 발견되었는데 앤드류스팀은 이 공룡이 알의 실제 주인이 아니라 프로토케라톱스의 알을 훔치려는 공룡으로 생각했고 따라서 이 공룡의 이름도 "알도둑"이란 이름이 붙여지게 되었다. 하지만 오비랍토르는 알도둑이 아니라 실제 자기 알을 품고 부화시키는 모성애가 강한 공룡으로 밝혀지게 되면서 "알도둑"이란

누명을 벗게 되었다.

불타는 절벽에서는 공룡 이외에도 악어와 민물거북 화석이 발견되었다. 이러한 화석 증거들은 과거 후기 백악기에 이곳이 강과 작은 연못들이 발달한 공룡들이 살기 좋은 곳이었으며 프로토케라톱스들이 집단으로 모여 둥지를 틀었다는 것을 지시하고 있다. 이곳에서 파충류 화석 외에 더 중요한 발견이 있었는데 그것은 다름 아닌 중생대 백악기의 포유류 화석이었다. 원래 앤드류스의 아시아탐사의 목적은 고인류 화석을 찾는 것이었지만 이들은 대신 공룡화석을 만나게 되었고 공룡화석을 발굴하려 다시 이곳을 찾았다. 공룡화석을 발굴하면서 이들은 전세계에서 처음으로 태반류 포유류화석을 발견하게 된다. 이들 화석은 크기가 매우 작았으며 머리뼈와 턱뼈가 많이 발견되어 담뱃갑에 담아 가져오게 된다. 이들 탐사대의 성공은 대대적인 국민들의 관심과 지지를 얻었으며 미국자연사박물관의 탐사는 몽골의 다른 지역으로 확대되어 나가 새로운 공룡들을 찾아냈지만 불타는 절벽처럼 성공적인 화석지는 발견하지는 못했다. 1928년과 1930년 다시 아시아원정대가 탐사에 나섰지만 세계대전과 정치적 이슈로 이번에는 고비사막까지 들어가지 못하고 역사적인 아시아원정은 끝나게 된다.

고비사막의 공룡이 미국자연사박물관팀의 아시아원정의 성공으로 전세계에 알려지자 몽골에 강력한 영향력을 미치고 있던 러시아가 1946년, 1947년, 1949년 대규묘의 탐사대를 조직해 트럭을 이용 고비사막으로 탐사를 시작했다. 러시아팀의 탐사대장은 고생물학자인 이반 에프리모프(Ivan Efremov) 박사였으며, 유명한 파충류화석 전문가 로즈데츠벤스키(A. K. Rozhdestvenskii)를 동행시켰다. 이들은 바얀시리(Bayan Shiree) 지역에서 새로운 갑옷 공룡과 새로운 공룡들을 발견한 후 바인작으로 향한다. 이들은 이곳에서 프로토케라톱스와 알둥지를 더 발견하였고 새로운 갑옷공룡인 시르모사우루스(*Syrmosaurus*)를 발견하는데 이 갑옷공룡은 쥐라기의 판공룡과의 진화관계를 보여주는 아주 중요한 발견이었다. 러시아팀의 가장 중요한 공헌은 네메겟(Nemegt Basin) 화석지를 발견한 것이다. 이들은 이곳을 "용의 무덤(Dragons' Tomb)"이라 불렀다. 이곳에서 새로운 공룡인 타르보사우루스, 오리주둥이 공룡인 사우롤로푸스(*Saurolophus*)를 발견하였으며 총 120톤의 화석을 모스코바로 가져갔다. 현재 네메겟은 세계에서 가장 공룡화석이 많이 산출되는 곳 중 한 곳이다.

미국과 러시아를 이어 1960~1970년대(1964, 1965, 1967, 1968, 1969, 1970, 1971)에는 폴란드가 고비사막에 관심을 갖게 된다. 1960년대는 이제 몽골도 울란바토르를 중심으로 도시화가 진행되고 몽골과학계에서도 몽골화석의 중요성을 깨닫기 시작한다. 1964년 몽골과 폴란드의 첫 번째 국제공동공룡탐사가 시도되었다. 폴란드팀은 네메겟 지역을 주 탐사지역으로 삼았지만 바인작역시 이들의 관심대상이었다. 바인작에서 이들은 프로토케라톱스외에 갑옷공룡 피나코사우루스(*Pinacosaurus*)와 여러 다른 파충류화석을 발견하였다. 고생물학계에 가장 중요한 공헌은 이들이 바인작에서 발굴한 수백개체의 백악기 포유류 화석들이다. 이중 가장 잘 알려진 종은 바인작의 작토하층(Djadokhta Formation)에서 발견한 잘람브달레스테스(*Zalambdalestes*)와 켄날레스테스(*Kennalestes*)이다. 폴란드팀은 이들의 발견을 학문적으로 완벽하게 소화해 냈다. 즉 「액타 팔레온톨로지아 폴로니카(Acta Palaeontologia Polonica)」라는 논문집을 통해 연구결과들이 쏟아졌으며, 이러한 논문들은 백악기 포유류의 진화에 대한 엄청난 자료를 제공했을 뿐만 아니라 네메겟 지역에서 발견한 공룡들의 학술적 연구결과도 경이로운 것이었다. 이들이 발견한 공룡은 4종류의 새로운 후두류공룡 틸로케팔레(*Tylocephale*), 프레노케팔레(*Prenocephale*),

호모케팔레(*Homalocephale*), 고요케팔레(*Goyocephale*)와 2종류의 용각류공룡 오피스토코엘리카우디아(*Opisthocoelicaudia*), 네메그토사우루스(*Nemegtosaurus*), 새로운 타조공룡 갈리미무스(*Gallimimus*), 데이노케이루스(*Deinocheirus*) 그리고 벨로키랍토르(*Velociraptor*)와 프로토케라톱스가 싸우다 화석이 된 유명한 "파이팅 다이노서(fighting dinosaurs)" 등이다.

저자가 처음 고비사막에 발을 디딘 것은 1996년 여름, 몽골-중국-일본 3개국 국제공룡탐사대의 초청받아 1996년 6월 11일부터 7월 19일까지 고비사막에서 공룡을 탐사했던 16년 전의 일이다. 그 당시 처음 마주친 몽골의 아름다운 대자연 그리고 공룡화석은 오랫동안 내 마음 속에 자리를 잡았고 언젠가는 그 곳에 다시 돌아가리라 마음을 먹고 있었다. 그 후로 10년이 지난 2006년, 드디어 나의 꿈은 현실이 되었다. 이번에는 다른 나라의 일원이 아니라 우리나라가 주도하는 국제공룡탐사 프로젝트의 책임자로 몽골공룡을 탐사하게 된 것이다. 기회는 우연치 않게 내게 찾아왔다. 경기도 화성시는 1999년에 발견된 국내 최대 공룡알 산지인 고정리의 공룡알 화석지(천연기념물 제414호)에 새로운 공룡박물관을 세우기 위한 계획에 착수했다. 당연히 야심차게 진행하고 있는 박물관에 전시할 새로운 진품 공룡을 확보할 필요성이 제기되었다. 공룡뼈의 산출이 매우 적은 우리나라에서 대규모의 공룡박물관에 전시할 표본은 충분치 않기 때문에 자연스럽게 한국공룡과 연관관계가 있는 몽골공룡으로 눈길을 돌렸다. 화성시는 한국지질자원연구원과 몽골과학원의 고생물센터가 함께 주관하는 한국-몽골 국제공룡탐사 프로젝트를 후원하기로 하였다. 이 프로젝트의 목적은 2006년부터 5년간 매년 가을 40여일간 세계에서 가장 중요한 공룡화석지 중 한 곳인 몽골 고비사막에서 학술적으로 중요한 공룡과 척추동물화석을 탐사, 발굴, 수집, 연구하여 그 결과를 세계에 알리고 새로 만들어질 화성시 공룡박물관에 전시하는 것이다.

이 프로젝트를 성공시키기 위해서는 최고의 공룡학자들을 참여시키는 일이 무엇보다도 중요했다. 따라서 미국의 남부감리대학의 루이스 제이콥스(Louis L. Jacobs) 교수(전 척추고생물학회 회장), 캐나다의 알버타대학의 필립 커리(Philip J. Currie) 교수(현 척추고생물학회 부회장)를 탐사대에 합류시켰다. 따라서 한국지질자원연구원, 몽골과학원, 남부감리대학, 알버타대학의 공룡학자들을 주축으로 하고 매년 미국, 캐나다, 중국, 일본, 포르투갈, 슬로바키아, 덴마크 등 유명한 고생물학자들과 지질학자들을 팀에 참가시켰다. 따라서 본 프로젝트는 한국이 주관하는 최초의 국제공룡탐사이며 고비사막의 공룡탐사 역사 중 최초의 다국적 공룡탐사대라는데 의미가 크다.

로이 채프만 앤드류스가 처음 공룡을 발견한 이후 지금까지 몽골에서는 수각류 32속(genus), 용각류 3속, 곡룡류 7속, 조각류 4속, 후두류 4속, 각룡류 6속 등 거의 모든 종류의 공룡이 발견되어 왔다. 이들 공룡들은 북미공룡, 남미공룡, 중국공룡들과 서로 달라 독특한 공룡 집단을 형성하고 있어 학술적으로 매우 중요하며, 몽골공룡을 빼놓고는 공룡의 진화사를 언급할 수 없을 정도로 가치가 높다. 특히 몽골공룡은 완벽한 보존 상태 때문에 더욱 주목을 받고 있는데 발굴되는 대부분의 공룡은 머리부터 꼬리 끝까지 거의 완벽하게 발견되며 갓 부화한 새끼 공룡들로 가득 찬 공룡 둥지가 발견되기도 해 실로 공룡탐사의 메카가 아닐 수 없다.

유목민조차 살지 않는 가혹한 환경의 고비사막을 탐사하기 위해서는 준비에 많은 시간이 필요하다. 왜냐하면 탐사대의 규모도 클 뿐 아니라 그에 맞추어 탐사에 필요한 식량, 물, 텐트, 휘발유, 발굴 장비 등 준비할 것이 많기 때문이다. 보통 탐사대는 25명에서 30명 정도이며 탐사장비와 식량은 러시아제 군용트럭 2대에 나누어 실고 탐사대원은 사륜구동의 승합차 3대, 지프 2대로 이동한다. 늘 그렇듯이 큰 트럭과 함께 사막에서의 이동하는 것은 쉽지 않기 때문에 몽골의 수도인 울란바토르에서 탐사지역인 고비 남서부까지 약 1,000 km의 거리를 이동하는데 보통 4일 정도가 걸린다. 유명한 공룡산출지로는 동고비사막에는 바얀시리(Bayn Shiree), 샤인우스쿠덱(Shine Us Khuduk)이 있고 서고비사막에는 바인작, 투그르겐시레(Tugrikin Shire), 네메겟(Nemegt), 알탄울라(Altan Ula), 힐멘자프(Khermeen Tsav), 부긴자프(Bugin Tsav) 등이 있다. 이들 지역에 분포하고 있는 지층은 모두 후기 백악기 지층으로 지금으로부터 약 8천만년 전부터 7천만년 전에 살았던 공룡들이 묻혀있다.

공룡탐사는 매우 단순하지만 힘든 작업이다. 고비사막의 해발은 평균 1500m이며 공룡이 발견되는 곳은 보통 깊은 계곡이 발달한 곳으로 큰 산을 오르내리며, 섭씨 40도가 오르내리는 뜨거운 사막에서 공룡의 흔적을 찾기란 쉬운 일이 아니다. 하루 종일 걸어도 가치 있는 공룡뼈 한 개를 찾지 못하는 날도 많다. 일단 공룡뼈 일부를 발견하면 공룡뼈 전체의 윤곽을 알기 위해서는 발굴을 해야 한다. 발굴은 공룡뼈 주위의 지층을 파나가면서 뼈가 묻힌 상태를 확인하고 골격이 완전하게 드러나면 뼈를 감싸고 있는 암석의 무게를 최대한으로 줄여 석고자켓을 씌우게 된다. 물론 석고자켓을 씌우기 전에 뼈의 위치 및 특징, 뼈의 종류 등을 모두 야외노트에 기재하고 사진을 찍어 나중에 연구할 때 사용할 기본 자료를 꼼꼼하게 챙긴다. 만들어진 석고자켓을 산 아래 트럭으로 옮기는 작업 또한 쉽지 않다. 석고자켓의 무게가 많이 나가는 것은 1톤이 넘기 때문에 여러 사람의 힘이나 강철 케이블을 이용해 어렵게 트럭에 싣는다. 이렇게 수집된 화석은 실험실로 옮겨 석고자켓을 열고 여러 가지 도구를 이용하여 뼈를 추리는 작업을 진행하게 되고 이러한 작업이 끝난 후에나 본격적인 공룡연구를 시작할 수 있는 것이다.

지난 5년간의 탐사에서 수집된 총 석고자켓은 267개, 화석박스는 125상자로 이들은 총 694개체의 화석으로 분류되었다. 발견된 주요 공룡으로는 위석을 포함한 타르보사우루스, 테리지노사우루스, 오비랍토르, 다양한 오르니토미무스류(신종 포함), 용각류(신종으로 추정), 후두류(신종 및 머리뼈), 각룡류 바가케라톱스, 곡룡류(머리뼈 4개, 거의 완전한 골격), 공룡알(태아화석 포함), 거북, 악어, 도마뱀, 포유류 화석 등이다. 현재 이들 화석들은 화성시 공룡실험실에서 화석처리 중이며 처리된 공룡은 연구가 시작되었다. 금번 탐사의 후속 사업으로 2011년 9월부터 3년간 화석의 처리, 연구를 위한 프로젝트가 한국지질자원연구원에서 진행되고 있다.

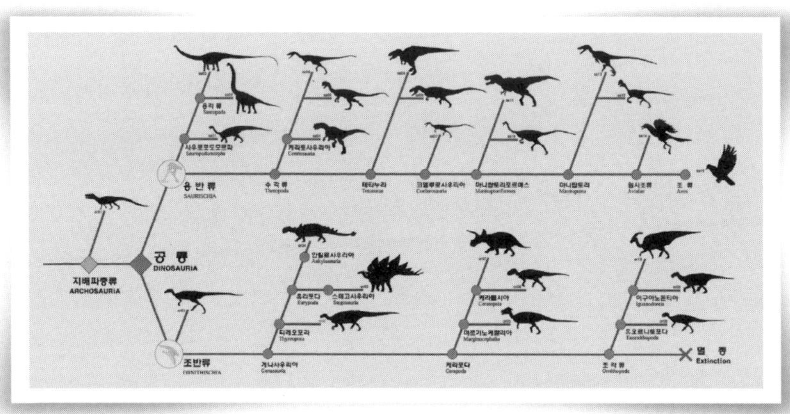

01 | 공룡분기도

02 | "불타는 절벽"의 공룡알 둥지 앞에서의 랑거(왼쪽)와 앤드류스(오른쪽)

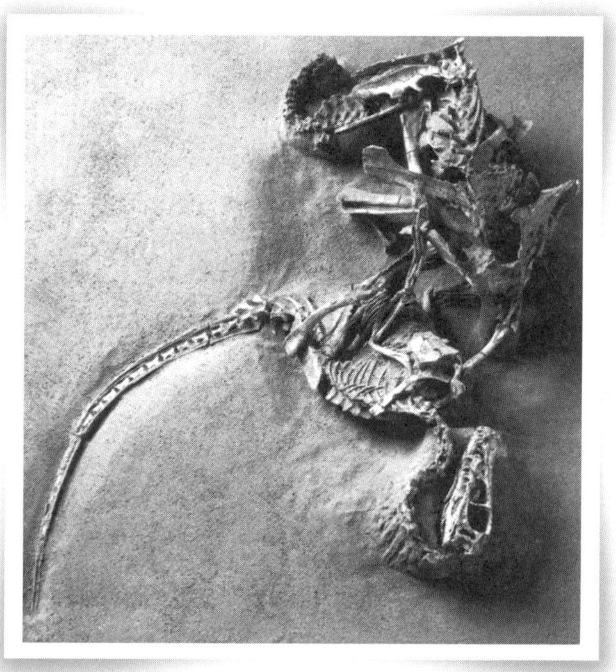

03 | 폴란드팀이 발견한 경이로운 화석 "파이팅 다이노서(fighting dinosaurs)"

04 | 몽골 자연사박물관에 전시되어 있는 타르보사우루스 전신 골격

05 | 2008년 몽골 고비사막에서 한국-몽골 국제공룡탐사대가 발굴한 갑옷공룡

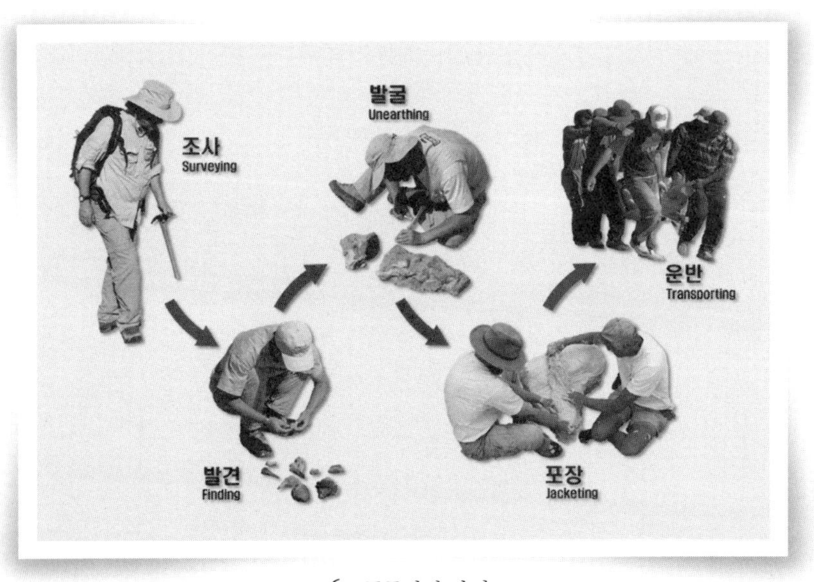

06 | 공룡탐사 과정

07 | 미국 시카고 자연사박물관 중앙홀에 전시된
세계에서 가장 완벽한 티라노사우루스 화석

인류문명, 자연과 공존하다

남극의 자연환경과 세종기지

장순근 한국해양연구원 극지연구소 명예연구위원

▲ 북극 척치해 항해에 나선 쇄빙선

남극의 자연환경과 세종기지

Ⅰ. 머리말

희랍사람들은 2,500년 전부터 남극이 있을 것이라 상상해, 그 땅을 "남쪽에 있는 미지의 대륙(*Terra Australis Incognita*)" 이라고 불렀다. 영국은 1770년대 제임스 쿡으로 하여금 남극을 찾아 나서게 했다. 그는 남극권 남쪽으로 들어갔지만, 남극을 발견하지 못하고 돌아갔다. 그러면서 남극은 없는 것으로 생각되었다. 그러나 인간이 가까이 가기가 쉬운 남극반도 일대가, 남극으로는 가장 먼저, 1819년 우연히 발견되었다.

1970년대 후반부터 동물플랑크톤인 크릴을 시험 삼아 조업하고 남빙양의 일반해양을 조사하기 시작했던 우리나라는 이제 쇄빙선을 건조했고 남극대륙에 제2기지 건설을 목전에 두고 있다.

Ⅱ. 남극의 자연환경

1. 남극의 자연지리

남극조약에서 정의하는 남극은 남위 60° 남쪽을 뜻한다. 남극

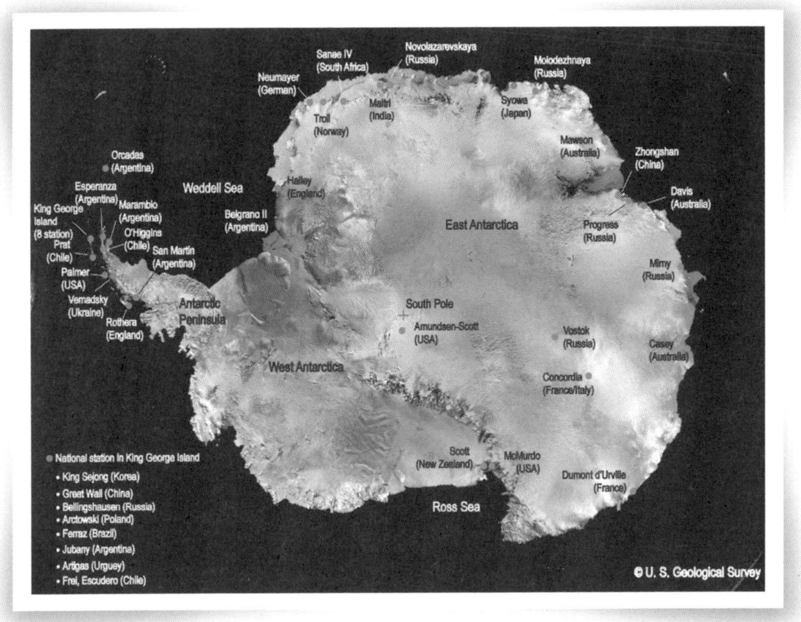

01 | 남극에 있는 상주기지들
왼쪽 아래 칠레는 3개의 기지가 있다. 원도는 미국 지질조사소 제공.

은 광대한 바다인 남빙양으로 둘러싸인 거대한 대륙이다. 곧 빙붕(氷棚 바다를 덮는 두께 200~900m 정도의 두꺼운 얼음판)을 합하여 면적이 1,383만km² 정도로, 지구육지의 9.2%를 차지한다. 남극의 면적은 한반도의 62배가 넘으며 중국의 1.4배 정도이며 유럽이나 대양주보다 크다.

그렇게 광대한 남극의 거의 전부가, 두꺼우면 4,800m 이상, 평균 2,160m인 얼음으로 덮여있다. 만약 남극을 덮은 얼음이 다 녹는다면, 전 세계의 바다가 60m 이상 높아진다.

남극은 본초자오선을 기준으로 동남극과 서남극으로 나누며, "남극종단(縱斷)산맥"을 기준으로 '큰 남극' 과 '작은 남극' 으로 나누기도 한다. 동남극(큰 남극)이 서남극(작은 남극)보다 더 넓고 더 높고 더 춥고 얼음이 더 두껍고 더 오래된 지질(地質-지층과 화석)로 되어있다.

남극에서 관측된 최저기온은 -89.2℃이며 1983년 7월 러시아 보스토크 기지(남위 78°28′, 동경 106°48′)에서 기록되었다. 이 기지의 높이는 3,488m로 연평균온도가 -55.4℃이며 공기 중에 산소가 해면의 60% 정도밖에 없어 뛸 수가 없다. -60℃ 아래에서는 플라스틱이나 비닐류나 고무는 부스러지고 알루미늄 캔도 부서진다. 그런 점에서 남극은 지상에서 유일하고 독특한 자연환경이다〈사진 01〉.

남극이 워낙 넓어, 보스토크기지가 있는 내륙고원지대 같은 대륙성 남극의 기온은 아주 낮다. 반면 남극반도 일대를 포함한 해양성 남극에서는 인간이 살 만하다. 예를 들면, 세종기지의 연평균온도는 -1.7℃ 정도이며, 12월부터 다음해 3월까지는 평균기온이 영상이라, 비가 오고 물이 흐른다(장순근, 2010). 그러나 해안은 바람이 세어 체감(體感)추위가 심하다.

남극은 바람이 세다는 것이 특징의 하나로, 강한 바람에 기온이 급하게 떨어지고 눈이 날려 10~15m 앞이 보이지 않는 눈보라(blizzard)가 부는 수가 흔하다. 남극에서도 바람이 가장 센 동남극 컴먼웰스해안에서는 연평균풍속 22.2m/s가 측정되었다.

덧붙이면 남극대륙이 남빙양으로 둘러싸여 있어 북쪽의 열이 전달되지 않으며 생물도 북쪽의 영향이 거의 없고 당연히 원주민도 없다. 한편 남쪽 아주 추운 곳에는 감기 바이러스가 살지 못하지만, 세종기지에서는 살아있어 감기가 있다. 담배를 피우는 사람은 감기 바이러스에 아주 취약해, 감기에 쉽게 걸리고 잘 낫지도 않는다.

2. 남극의 생물

1) 남극의 식물

남극에는 나무는 없고 꽃 피는 식물은 남극좀새풀과 남극개미자리, 단 두 종이 있다. 900종 정도 되는 대부분의 식물은 이끼류와 지의류이다. 지의류는 단세포식물인 조류와 균류의 공생체이다. 나아가 햇빛이 비치는 바위표면 아래에는 수분과 광물질로 살아가는 조류와 미생물이 있다.

눈에서 자라는 눈조류(藻類)와 바다를 덮은 얼음의 아랫면에서 자라는 얼음조류가 있다. 눈조류는 여름에 번성하며 얼음조류는 동물의 먹이가 된다. 식물들은 겨울에는 생장을 멈추어 생장속도가 아주 느리다.

2) 남극의 동물

남극에는 펭귄을 비롯하여 50종 정도의 새가 있다. 펭귄은 지상에 18종이 있으며 남극에서 5종이 번식하며 남극 바로 위에서 2종이 번식해, 보통 남극에서 7종이 번식한다고 말한다. 또 펭귄이나 다른 새를 잡아먹고 사는 남극 도둑갈매기와 커다란 자이언트 페트렐도 있다.

포유동물로는 남극물개와 해표류가 있으며 고래가 있다. 남극물개는 귀바퀴가 있고 가죽이 좋은 대신 지방이 적어 몸이 날씬해 허리를 세우며 행동이 빠르다. 반면 해표는 가죽이 나쁜 대신 지방이 많아 몸이 뚱뚱하며 배를 깔고 기어 다닌다. 이들은 땅에서 살았던 육식동물이 바다 속에서 살도록 발달했다.

남빙양에는 흔히 남극새우라고 부르는 5~7cm 크기의 동물플랑크톤인 크릴(krill)이 엄청나게 많아, 바다에서 사는 대부분 동물들의 먹이가 된다. 크릴은 아가미가 바깥에서 보이고 일생을 떠서 산다는 점에서 새우와는 모양과 생태가 다른 동물플랑크톤이다.

남극의 해양생물들과 땅위의 식물들과 새들은 남극의 독특한 생태계를 이룬다.

3. 남극의 얼음

남극의 얼음은 눈이 다져진 얼음으로, 온대지방에서 물이 언 얼음과 과정이 다르고 가치가 다르다. 곧 남극의 얼음 속에는 눈이 쌓일 때 갇힌 공기의 방울이 있는 것이 특징이다. 그 공기방울에 있는 공기성분을 포함하여 눈의 핵 같은 물질은 주요한 연구재료이다. 곧 눈이 쌓일 때의 기후와 풍계(風系) 같은 것을 지시하기 때문이다.

얼음은 고체이지만 천천히 흘러내려 빙하와 빙폭이 되고 빙붕이 되고 빙산이 된다. 위가 평탄한 빙붕은 북쪽으로 떠가면서 탁상빙산으로 잘라져 녹는다. 얼음이 흘러내리면서 생기는 틈인 크레바스는 남극을 탐험하는데 큰 장애가 된다.

4. 남극의 지질과 지하자원

남극은 약 2억년 전에는 곤드와나(Gondwana)대륙의 일부로, 아프리카, 인도, 남아메리카, 오스트레일리아와 결합되어있었다. 그 증거로는 파충류인 리스트로사우루스(*Lystrosaurus*)의 화석이 남극대륙과 아프리카와 인도에서 발견된다는 사실이다. 남극대륙은 3,000만년 전 드레이크해협이 생기면서 지금처럼 되었다.

남극대륙이 처음 얼음으로 덮이기 시작한 것은 약 3,400만년 전이며, 그 이후 덮이고 벗겨지다가 1,400만년 전부터 제대로 덮이기 시작했다. 남극은 얼음으로 덮여있다 뿐이지 땅이므로, 다른 대륙에 있는 지질현상, 곧 활화산과 온천과 공룡화석이 있으며 금속이나 석탄이나 석유 같은 지하자원이 있다. 지하자원은 조사도 충분하지 않지만, 현재로는 경제성이 없는 것으로 알려졌다. 한편 남극대륙을 이루는 바위는 얼음에 눌려 높이 300~400m를 이루지만, 얼음이 녹으면 600~700m로 솟아오를 것이다.

5. 극지환경보호

문명세계의 환경도 보호해야 하지만 극지의 환경도 보호해야 할 특별한 이유가 있다. 바로 극지는 기온이 낮아 물질의 순환이 대단히 느려, 한번 더럽히면 원상을 회복하는데에 아주 긴 시간이 필요하기 때문이다.

그럴 목적으로 몇 가지 규정이 있다.

첫째, 극지의 환경을 보호하는 특별한 지역과 규정들이 마련되었다. 예를 들면, 드문 식물이 생장하거나 펭귄이 알을 낳거나 해표들이 새끼를 낳는 곳들은 특별보호구역으로 지정되어있다. 그런 곳에서는 생물들을 교란하는 것이 철저하게 금지된다. 예컨대, 헬리콥터는 그런 곳의 위를 날아갈 수 없다. 또 그런 곳으로는 들어가는 사람이나 차량은 지정한 통로로만 다녀야 한다. 물론 동물들에게 가까이 갈 때도 조심해야 한다. 특별보호구역 바깥에서도 생물들을 교란해서는 안 된다.

둘째, 남극에 있는 생물들을 보호하는 국제협약과 물개를 보호할 협약이 있다. 나아가 문명세계에서 흙과 새를 가지고 들어갈 수 없다. 흙과 새를 통해, 미생물들이 따라가 생물들에게 나쁜 영향을 미칠까 두려워하기 때문이다. 그런 점에서 인간의 가장 오래된 친구인 개들도 남극에서 모두 내어보냈다. 뿐만 아니라 식물을 흙에서 재배할 수 없어 수경재배를 해야 한다.

셋째, 기지에서 생기는 쓰레기는 모두 규정에 따라 처리해야 한다. 예컨대, 태워서 유독한 기체가 생기지 않는 종이나 나무토막은 야외에서 태워도 된다. 그러나 담뱃대와 그 재를 땅에 묻을 수 없으며 나아가 유독한 기체가 나오는 비닐, 플라스틱, 고무, 폐유는 태울 수 없으며 모두 남극 바깥으로 가지고 나와야 한다. 폐액과 유리와 고철은 말할 것도 없어 바다에 버릴 수도 없고 가지고 나와야 한다.

III. 남극의 중요함과 남극연구

1. 남극의 가치

1) 유일한 환경이므로

남극은 인간이 모방하거나 다른 곳에서 찾을 수 없는 지상에서 유일한 자연환경으로 거의 연구가 되지 않았다는 점에서 과학적 가치가 크다. 곧 남극이 문명세계에서 너무 멀고 환경이 가혹하기 때문에 과학자와 연구를 지원할 사람이 거의 오지 않았기 때문이다.

그러나 남극연구는 몇 가지 점에서 아주 중요하다.

첫째, 남극대륙자체는 말할 것도 없고 빙붕 아래의 해안선도 제대로 알려지지 않았다. 인간은 모르는 것을 알려는 본능이 있는 바, 남극연구는 인간의 본능에 아주 적합하다.

둘째, 남극은 지구 문명세계에 큰 영향을 미친다. 예를 들면, 극

02 | 남극에서 가장 큰 미국 맥머도기지의 2012년 초 전경
극지연구소, 임현수 제공

저층류는 북대평양까지 영향을 미치며 남극기상은 온대지방에 영향을 미쳐, 농업과 산림에 그 영향이 나타난다. 또 남빙양은 온대지방의 해양과 수산업에 영향을 끼친다.

셋째, 문명세계의 영향이 남극에 빨리 나타난다는 점에서도 남극은 중요하다. 그런 대표인 예가 바로 오존층의 파괴이다. 자동차 회사인 GMC가 1930년 자동차 냉매로 개발한 염화불화탄소(鹽化弗化炭素 CFCs)의 염소성분이 오존을 파괴해, 오존층이 얇아진다. 개발당시 100년 지나봐야 오존층이 2% 정도가 깨어지리라 생각했지만, 오존이 남반구의 봄이 시작하는 9~10월에 아주 많이 파괴되며 북반구의 오존층도 얇아진다. 그러나 염화불화탄소를 쓰지 않기로 결의하면서 시간은 걸리지만 오존층은 회복되리라 믿는다(교학사, 2007).

넷째, 남극은 과학연구에 유리한 점이 많다. 예를 들면, 남극점에서는 밤이나 낮이 여섯 달 동안 계속되고 대기가 깨끗하고 대기층이 일정해, 천문학 연구에 유리하다. 통신과 지자기연구에서도 남반구가 유리하다는 것은 마찬가지이다.

다섯째, 남극의 가혹한 환경은 화성의 환경과 비슷해, 남극은 생물의 진화와 발달연구에 적합하다.

현재 남극에는 20개국의 40개 정도의 상주기지가 있다. 상주기지란 사람이 연중 지키는 기지를 말한다. 가장 큰 기지는 미국의 맥머도기지로 여름에는 1,300명이 넘는 사람이 있으며 겨울에는 300명 정도가 일한다〈사진 02〉.

2) 최근의 연구는

최근 남극의 연구 가운데 돋보이는 것은 빙원 아래에 있는 호수를 발견한 것이다. 그 가운데서도 러시아 보스토크기지 아래에 있는 보스토크호수의 발견은 호수면 위 120m 정도까지 굴착했다는 점에서 특별한 곳이다. 실제 빙원아래 3,700m 되는 곳에 경기도 크기의 1.5배 정도의 물로 된 호수가 있다는 것은 놀라운 발견이었다. 2012년 초 호수 물을 채집한 것으로 알려졌으나 자세한 결과는 아직 발표되지 않았다.

보스토크기지에서는 2006년 얼음을 3,623m까지 굴착해, 42만 년 전까지 이산화탄소와 메탄가스와 기온 변화하는 경향을 발견했다. 빙하시대와 간빙기가 10만년 주기로 되풀이했다. 프랑스와 이태리 합동기지인 콘코르디아기지(남위 75006′, 동경 123°21′, 높이 3,233m)에서는 80만년 전의 얼음을 굴착해 기후변화를 연구한다. 한편 남아메리카 파타고니아에서 날려 온 먼지들이 보스토크 부근에 쌓였다는 것도 발견했다.

IV. 남극을 둘러싼 국제사회

남극은 1908년 영국이 영국남극영토를 주장해, 영유권을 가장 먼저 주장했다. 이어서 오스트레일리아, 뉴질랜드, 노르웨이, 프랑스, 칠레, 아르헨티나를 포함하여 7개국이 영유권을 주장했다. 그러나 남극조약에서는 영유권을 인정도 부인도 하지 않은 채, 내버려두었다. 반면 새로이 남극을 연구하는 나라들이 영유권주장을 하지 못하도록 막아놓았다.

남극을 발견하고 탐험한 데 공이 가장 큰 두 나라인 미국과 러시아가 영유권을 주장하지도 않고 다른 나라들의 주장을 인정하지 않는다. 영유권주장은 남극에 관심을 가진 국가들이 풀어야 할 어려운 문제 가운데 하나이다.

남극은, 태평양 심해저와는 달리, 인류의 공동유산이 아니다. 따라서 유엔이 관장하지 못하며 1961년 발효된 남극조약에 따라 남극조약협의당사국(ATCP)의 관리를 받는다. '남극조약 협의당사국(ATCP)' 이란, 남극조약 가입국과는 별도로, 남극연구를 실제로 하는 나라 가운데 기존 협의당사국들이 만장일치로 뽑는 국가를 말한다. 남극조약에 가입한다고 같은 자격이 주어지지 않는다. 2012년 현재 50개국이 남극조약에 가입했으며 우리나라를 포함하여 28개국이 남극조약협의당사국이다.

남극조약협의당사국들은 1991년 남극조약발효 30주년을 맞이해, 남극환경보호의정서를 결의하기에 이르렀다. 흔히 '마드리드 프로토콜' 이라 불리는 그 의정서에서 따르면, 환경보호를 특별히 강조해, 그 의정서가 인준된 1998년부터 50년 간은 지하자원을 시험삼아라도 개발해서는 안된다. 그러므로 예를 들면, 지금 석유 값이 아무리 비싸지만, '남극조약협의 당사국' 의 전원 찬성이 아니고는 남극에 있는 석유를 2048년까지 개발할 수 없다.

V. 지구온난현상과 남극

잘 알다시피 지구는 더워진다. 여러 이유가 있겠으나 가장 근본이유가 인구가 증가하고 인간의 활동이 많아졌기 때문이다. 예를 들면, 15,000년 전에는 지구에는 300만~500만명 정도가 살았던 것으로 추산된다. 당시의 생활방식인 수렵으로는 1명/2.56 km²가 생활이 가능했기 때문이다. 예컨대, 북아메리카대륙에서는 100만명 정도가 살 수 있었을 것이다. 그러나 지금은 세계의 인구는 70억명이 넘어, 당시 인구의 1,400~2,300배 정도이다.

더구나 20세기 접어들어, 먼저 자동차와 산업에서 화석연료를 사용해서 대기 중에 이산화탄소(CO_2)가 증가하며 자동차 냉매로 염화불화탄소(CFCs)를 사용하고 메탄가스와 질산화물이 발생돼, 온실가스가 증가한다. 온실가스는 태양빛은 통과시키고 지면에서 반사하는 에너지를 통과시키지 않고 지면으로 다시 반사시켜, 지면온도가 올라가게 한다. 지난 100년 동안 지구평균온도는 1.5℃ 올라갔다.

그 결과 지구가 더워지고 이상기후에 생태계가 바뀌고 해수면이 올라간다. 현재 해수면이 매년 2.7~3mm 정도 올라가며, 이런 식으로 올라가면 100년 후에는 40~80cm 정도 올라갈 것으로 예상된다. 현재 올라가는 양의 50%는 수온상승에 따른 해수의 팽창이며 10%는 극지방과 높은 산의 얼음이 녹기 때문이며 40%는 이유를 모른다. 이외에도 태풍이 더 강해지고 더 잦아지고 말라리아가 더 창궐하고 사막이 늘어나고 더 가물어지고 황사가 더 심해진다.

지구가 더워지는 현상은 극지에도 영향을 미쳐, 그린란드와 남극반도를 포함해, 남극대륙의 빙하들이 녹는다. 세종기지에서 볼 수 있는 빙벽도 후퇴한다. 게다가 후퇴하는 속도는 최근 들어 더욱 빨라진다. 예컨대, 최근 7년 간 후퇴한 양이 과거 38년 동안 후

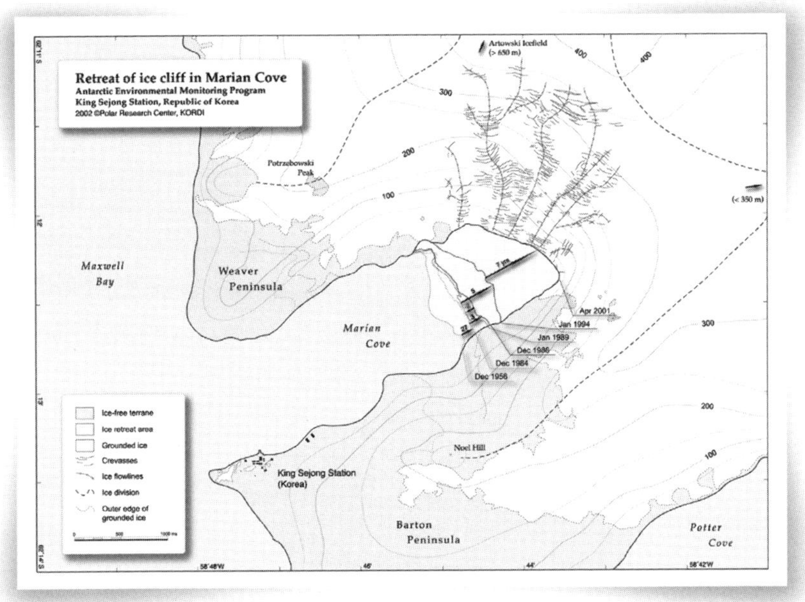

03 | 지구가 더워지면서 세종기지 북동쪽에 있는 빙벽이 후퇴한다
극지연구소, 정호성 제공

퇴한 양보다 크다〈그림 03〉. 세종기지에서는 기온이 10년에 0.6℃ 정도 상승하며, 남극반도에서는 지난 50년 동안 2.5℃ 높아졌다.

지구온난화 해결책은 이산화탄소를 뿜지 않는 깨끗한 대체에 너지를 개발하는 것이다.

VI. 우리나라의 남극활동

1. 1978~1979년에 시작해

우리나라는 박정희대통령의 뜻에 따라 1978~1979년 수산청이

조업경비의 반을 부담
하면서 남빙양의 일반
해양조사와 크릴을 조
사해, 남극에 대한 관심
을 처음으로 보이기 시
작했다〈사진 04〉. 그
후 지원제도가 바뀌면
서 한 때는 중지하기도
했으나 재개하기도 해,
불규칙하게 계속되었
다. 그러나 2002년부터
물고기를 포함하여 1만
3천 톤 가까이 잡았고,
2008~2009년에는 4만3
천 톤 넘게 잡았다.

04 | 우리나라가 남극연구를 시작한 1978~1979년
크릴어획 보고서표지

　한국해양소년단연맹(윤석순 총재)과 문화방송이 1985년
11~12월 한국 남극관측탐험을 주관했다. 한국남극관측탐험은 두
팀으로 구성되어, 한 팀은 남극 최고봉인 빈슨 산괴(4,897m)를 세
계에서 여섯 번째로 등정했다. 한편 킹조지섬 탐사반은 킹조지섬
의 해안에 천막을 치고 생활하면서 이웃 기지들을 찾아가 기지건
설 및 운영과 생활에 관한 자료들을 모았다. 이 탐험은 우리나라
최초의 민간탐험이자 남극대륙 탐험이라는 점에서 의의가 아주
크다(윤석순 외, 2008).

　이어서 우리나라는 1986년 11월 28일 33번째로 남극조약에 가
입했다. 당시 우리나라는 유엔가입국이 아니어서 외무부의 특별한
노력으로 기존 남극조약협의 당사국 전원의 찬성으로 가입했다.

2. 세종기지를 준공해

외무부가 1987년 1월 신년업무를 보고했을 당시, 전두환대통령은 기지건설을 지시했다. 그 지시에 따라, 그 해 4~5월에 걸쳐 킹조지섬을 중심으로 남극기지 후보지 답사가 이루어졌다. 당시 답사반 여덟 사람은 칠레기지의 빈 집에 머물면서 칠레기지의 헬리콥터나 러시아기지의 설상차로 기지후보지를 조사했다.

답사반의 결과를 바탕으로 현대엔지어링의 기술자들은 기지를 설계하기 시작했으며 장비와 물자를 준비하기에 이르렀다. 현대중공업의 건설선 HHI 1200호는 울산을 떠나 12월 15일 바튼반도 앞바다에 도착했다. 다음날 바튼반도 해안에서 현대건설이 중심이 된 기공식을 가졌다(장순근, 2004). 그 때가 남반구의 여름이라

05 | 세종기지 2009년 겨울 풍경
극지연구소, 진영근 제공

해는 길었으며 춥지 않아 건설은 예정대로 진행되어 1988년 2월 17일 남극 세종기지(남위 62°13′, 서경 58°47′)를 준공하기에 이르렀다〈사진 05〉.

킹조지섬은 서남극 남쉐틀랜드군도의 가운데 있으며, 킹조지섬은 폭 27km에 길이 72km로 제주도보다 작은 섬이다. 섬의 95%가 얼음과 눈으로 덮였으며 북쪽해안은 암초와 암벽과 빙벽이 많아 인간이 가까이 가기 힘들다. 반면 섬의 남쪽해안을 따라 러시아와 칠레를 포함하여 8개국 10개 상주기지가 있다.

칠레기지에는 공항과 호텔이 있어 여름에는 관광객들이 찾아온다. 또 매점, 은행, 우체국, 가게, 병원, 유치원, 실내체육관이 있다. 한편 넬슨섬에는 체코의 에코 넬슨기지가 있다.

남극권의 북쪽에 있는 세종기지에는 하루 24시간 낮이거나 밤인 날이 없다. 대신 12월 21일 경 밤 11시경에 어두워지고 새벽 3

06 | 세종기지의 불타는 여명
극지연구소 제공

시경에 밝아지며 한밤중에도 조명없이 신문을 볼 수 있다. 반면 6월 21일에는 아침 10시에 밝아지고 오후 2시 경에 어두워진다〈사진 06〉. 세종기지에서는 2011~2012년 현재 우리나라의 제25차 월동연구대 18명(대장 신민철)이 월동한다.

3. 남극대륙에 장보고기지를 짓고 있어

우리나라가 남극을 연구하는 목표는 '남극의 자연과학 조사 연구와 남극환경보호자료 획득'으로 요약할 수 있다. 연구분야는 크게, 해양과학(일반해양학과, 해양생물학과, 해양생태계), 지질과학(육상과, 해양지질학과, 지구물리학)과 대기과학(저층기상현상

07 | 2010년 북극 척치해 항해에 나선 쇄빙선
극지연구소, 한승필 촬영

08 | 장보고기지 건설조감도
극지연구소, 대륙기지건설단 제공

과 고층대기현상을 관찰하고 해석)과 빙하연구이다. 빙하연구는 외국과 공동연구를 한다. 2006~2007년부터 남극대륙에서 운석을 채집하기 시작했으며 외국학자들이 하는 빙원굴착에도 참가했다.

우리나라는 북극연구에도 관심을 가지기 시작해, 2002년 4월 29일 노르웨이 스발바르 군도의 스피츠베르겐 섬 늬-올레순에(북위 78°55′, 동경 11°56′) 북극연구기지인 다산(茶山)기지를 개소했다. 노르웨이 회사가 다산기지로 물과 전기를 공급하고 식사를 제공하고 건물을 관리한다. 북극은, 남극과 달리, 대륙으로 둘러싸인 바다로 주인과 원주민과 곰, 여우, 늑대, 소, 쥐같은 동물들이 있으며 남극보다 더 따뜻하며 대륙의 영향이 훨씬 더 크다(장순근, 2007).

남극연구에서 희생이 없었던 것은 아니다. 곧 2003년 12월 7일 세종기지에서 일어난 조난사고로 당시 17차 월동대 지구물리학자였던 전재규 연구원이 희생되었다. 그 희생으로 2004년 4월에는 한국해양연구원의 부설로 극지연구소(http://www.kopri.re.kr)가 설립되었다(극지연구소, 2008).

우리나라는 지금까지 해왔던 연구지역을 벗어나 남극대륙 자체를 목표로 2009년 말 쇄빙능력 1m에 7,500 톤의 쇄빙선을 취항시켰다〈사진 07〉. 2014년 3월 준공목표로 동남극 북빅토리아랜드 테라 노바 베이에 장보고기지를 건설 중이다〈사진 08〉. 나아가 연구분야를 고층대기물리분야와 대륙기상과 빙하분야와 남극대륙 내부와 빙원 아래로 연구지역을 확장할 것이다. 우리나라의 젊은 이들이 도전해야 할 분야이다.

| 참고문헌 |

극지연구소, 「남극 세종기지 20년사」, 2008년, p.299.
윤석순 외, 「희망의 대륙, 남극에 서다」, 휘즈프레스, 2008, p.349.
장순근, 「남극탐험의 꿈」, 사이언스북스, 2004, p.310.
_____, 「신기한 남극과 북극을 찾아서」, 교학사, 2007, p.255.
_____, 「남극 세종기지 주변의 자연환경」, 서울대 출판문화연구원, 2010, p.312.

인류문명, 자연과 공존하다

다윈과 진화의 세계

홍성욱 과학기술사, 서울대학교 생명과학부 교수

▲ 1838년 다윈의 노트북의 일부

다윈과 진화의 세계

다양한 생물 종(species)이 하나의 조상에서 진화했다는 진화론을 주창한 다윈에게는 코페르니쿠스나 아인슈타인 같은 위대한 과학자들과 공통점이 있다. 다윈의 진화론은 코페르니쿠스의 지동설이나 아인슈타인의 상대성 이론과 마찬가지로 우리의 상식을 부정하는 특성을 지니기 때문이다. 우리는 태어나서 죽을 때까지 지구가 태양 주위를 도는 것을 느끼거나 보지 못한다. 우리는 정지해 있는 지구의 주위를 태양을 비롯한 다른 천체가 회전한다는 것만을 경험한다. 아인슈타인의 상대성 이론은 운동하는 물체에 대해서 시간이 다르게(더 천천히) 간다는 것을 주장하는데, 우리의 경험으로는 평생을 뛰어 다니는 사람에게나 굼벵이에게나 시간의 흐름은 한 치의 차이도 없이 동일하다. 마찬가지로 우리는 종이 변하는 것을 보지 못한다. 평생 동안 비둘기가 말이 되었다는 것을 본 사람도 없으며, 역사적인 기록을 다 뒤져봐도 원숭이가 인간으로 진화했다는 기록은 없다. 진화론은 눈으로 쉽게 보이는 사실에 대한 설명이 아니라, 오랜 기간에 걸쳐서 수집하고 분석한 여러 가지 경험적 증거에 대해서 고민하고 이를 설명하는 이론을 세우려는 지난한 과정에서 찰스 다윈이라는 과학자가 도달한 결론이다.

다른 혁명적인 과학 이론과 마찬가지로 진화론은 종의 진화라는 간단한 원리를 통해서 종의 지리적 분포, 거대한 공룡의 화석과 같은 고생물학, 종 사이의 유사성과 차이, 종과 환경의 관계 등 다양한 생명현상을 설명한다. 그렇지만 이 이론이 나오기 전에는 대부분의 사람들이 종의 진화를 받아들이지 않고 있었다. 물론 다윈 이전에 진화론을 주창한 사람들이 없었던 것은 아니었다. 다윈의 『종의 기원』이 출간되기 50년 전에 프랑스의 과학자 라마르크는 획득형질의 유전을 통한 종의 진화를 주장했고, 다윈의 할아버지이자 유명한 시인이었던 에라스무스 다윈도 진화론을 믿고 있었다. 1844년에는 로버트 체임버스라는 영국의 학자가 『창조의 자연사의 흔적들』이란 책을 익명으로 출판해서 진화론을 다시 한번 주장했다. 그렇지만 이러한 이론들은 당시 보수적인 과학계에 의해서 조롱의 대상이 되곤 했으며, 증거 부족이라는 평가를 받고 과학계에서 퇴출되었다. 다윈이 1838년 가을에 자신의 이론의 골격을 정립했고, 1842~1844년경에는 상당히 완성된 이론 체계를 만들었음에도 불구하고 이를 출판하지 않은 것도 이러한 이유 때문이었다.

찰스 다윈(Charles R. Darwin)은 1809년 2월 12일에 태어났다. 그의 아버지는 의사인 로버트 다윈이었고, 할아버지는 영국의 유명한 학자이자 시인이었던 에라스무스 다윈이었으며 외할아버지는 에라스무스 다윈의 친구였던 유명한 기업가 겸 부호 조지아 웨지우드였다. 다윈은 어릴 적부터 자연에 관심이 많았고, 16세에 에든버러 대학에서 의학 강의를 듣기 시작했지만 이를 곧 지루하다고 생각했다. 그는 아프리카인에게서 동물 박제법을 배우는 데에 더 관심을 보였다. 에든버러 대학교 2학년 시절에는 학생들이 만든 자연 연구 그룹에 합류했고, 이 무렵에 라마르크와 자신의 할아버지 에라스무스 다윈의 진화론을 접하게 되었다.

다윈이 의학 공부를 게을리 하고 있다는 것에 분노한 아버지는 아들을 목사로 만들기 위해서 1828년에 다윈을 케임브리지 대학교에 보냈다. 그렇지만 여기에서도 다윈은 공부보다 사냥과 승마를 즐겼고, 딱정벌레 관찰에 열의를 보였다. 이 무렵에 다윈은 케임브리지 대학교의 동물학 교수 헨슬로우와 친분을 쌓았다. 그는 단지 좋은 성적을 받기 위해서 공부를 하지는 않았지만, 졸업 시험 전에 집중적으로 공부를 해서 1831년에 괜찮은 성적으로(시험을 통과한 178명 중 10등으로) 졸업시험을 통과했다. 졸업을 할 무렵에 다윈은 당시 유명한 과학 저술들을 독파하기 시작했는데, 이 중에는 페일리의 『자연신학』, 존 허셜의 과학방법론에 대한 저술, 알렉산더 폰 훔볼트의 과학 여행기가 포함되어 있었다.

졸업 직후, 다윈의 스승이자 동료인 헨슬로우가 다윈에게 그의 생애를 바꾸었던 제안을 했다. 헨슬로우는 남미 해안을 측량하고 관찰하는 비글호에 다윈의 승선을 추천했고, 다윈은 이를 바로 수락했다. 쉽지는 않았지만 아버지의 승낙도 받아냈다. 다윈의 공식 직책은 단순한 표본 수집가보다는 한 단계 높은 비글호 선장 피츠로이의 신사 말벗(gentleman companion)이었다. 다윈은 1831년 12월에 비글호를 타고 긴 세계일주를 시작해서 1836년 8월에 영국으로 다시 돌아왔다. 약 5년간에 걸친 비글호의 여행에서 다윈은 이후 진화론의 기반이 되었던 수많은 관찰을 할 수 있었다.

그는 여행 도중에 멸종된 동물의 화석을 발견했고, 인디언 같은 원주민들과 만남을 가졌으며, 노예제의 잔인성을 목격하는 과정에서 인간 종의 차이에 대해서 깊게 생각했다. 그는 특히 노예제의 비인간적인 측면에 대해서 치를 떨었고 이를 놓고 선장인 피츠로이와 다투기 까지 했는데, 최근 몇몇 다윈 연구자들은 노예제에 대한 혐오가 다윈이 진화론을 만드는 데 결정적인 계기가 되었다고 주장한다. 노예제를 혐오하면서 다윈은 인간은 종류가 다양할 뿐이지 인간 사이에 계급이나 위계가 존재하지 않는다고 확신하게 되었으며, 이러한 생각은 모든 인간이 하나의 조상에서 나와

서 서로 다른 식으로 진화했다는 더 큰 이론에 의해서 정당성을 확보할 수 있기 때문이다. 그는 여행 도중에 자신이 발견한 메가테리움 화석을 영국으로 보냈는데, 이 화석 덕분에 자신이 없는 사이에 영국 과학계에서 큰 명성을 얻기도 했다. 특히 그는 이러한 거대 동물의 멸종이 격변이나 대홍수에 의한 것이 아니라는 점에 확신을 하게 되었고, 그 원인에 대해서 깊이 고민했다. 1835년 3월에는 대륙은 융기하고 대양은 침강한다는 가설을 이용해서 산호섬의 형성 과정을 설명한 논문을 써서 그해 12월에 이를 영국에 보냈다. 그는 여행 내내 일기 형식으로 자신의 관찰을 기록했는데, 이는 나중에 유명한 『비글호 항해기』(1839)로 출판되었다.

다윈의 비글호 여행 중에 가장 유명한 것은 그가 1835년 9월에 도착한 갈라파고스(Galapagos) 군도에서의 탐험일 것이다. 인구에 널리 회자되는 얘기는, 다윈이 갈라파고스에서 관찰한 핀치새(pinch)와 거북이가 그의 진화론을 만들어 내는 데 결정적인 역할을 했다는 것이다. 지리적으로 격리

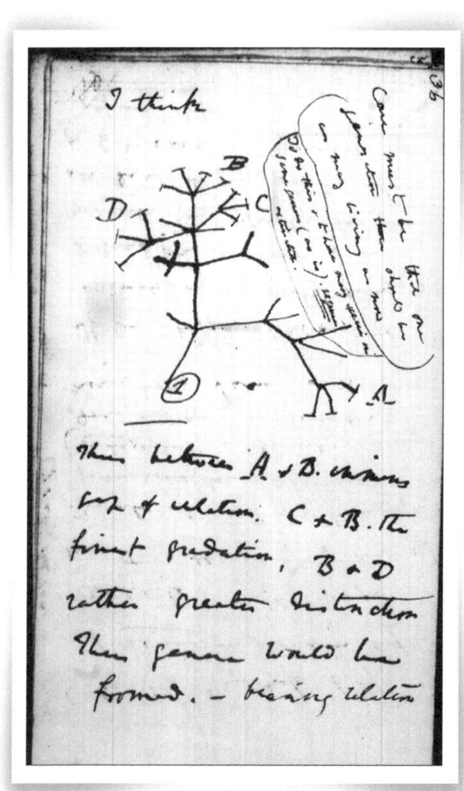

01 | 1838년 다윈의 노트북의 일부

된 갈라파고스 군도에서 서로 다른 종으로까지 보이는 차이를 만들어내는 원인이 무엇인가를 고민하다가 진화라는 아이디어를 착안했다는 것이다. 그렇지만 이는 나중에 만들어진 '신화'이다. 갈라파고스 군도에서 다윈이 머물었던 시간은 전체 여행에 비해 볼 때에 아주 짧았으며, 다윈의 일기는 그가 그곳에서 남미 흉내집빠귀새(mockingbird)에 많은 관심을 보였지 거북이와 핀치새에는 별 관심이 없었음을 예증하고 있기 때문이다.

비글호 여행 중에 진화론을 만든 것은 아니었지만, 그가 영국에 돌아왔을 때 그는 770쪽의 일기, 1383쪽의 지질학 노트, 1529종에 대한 카탈로그, 3907종의 뼈, 가죽, 표본과 함께였다. 다윈은 이후 자신의 관찰과 수집한 표본에 대해서 숙고하기 시작했다. 영국의 조류학자인 굴드는 다윈이 갈라파고스에서 수집한 표본이 실제로 서로 다른 종이며, 이 종들이 갈라파고스에서 600마일이나 떨어진 남미의 종을 닮았다는 것을 알려 주었다. 원래는 붙어 있었던 지역이 바다에 의해 떨어지면서 한 종이 서로 다른 종으로 변했다고 생각하면 이러한 차이와 유사성을 설명할 수 있었다. 동물 사육가들이 품종을 선택하고 교배시켜서 새 품종을 만들어내는 과정을 관찰하면서 종이 고정된 것이 아니라 끊임없이 변할 수 있다는 다윈의 생각은 더욱 굳어졌다. 그는 이 무렵에 종의 진화가 사다리 식이 아니라 나무의 가지치기와 비슷한 방식으로 일어날 것이라고 생각하게 되었다.(그림 1 : 1838년에 다윈이 그린 가지치기 식의 진화 모델).

그렇지만 인공적인 교배와는 달리 자연의 진화에는 품종을 선택해서 교배를 시켜주는 사육가가 존재하지 않는다. 무엇이 이런 역할을 하는 것일까? 다른 말로 하자면, 자연에서 진화의 메커니즘은 무엇일까? 이런 고민을 하던 1838년 9월에 다윈은 영국 경제학자 맬더스의 『인구론』을 펼쳐 읽게 되었다. 맬더스는 인간을 포

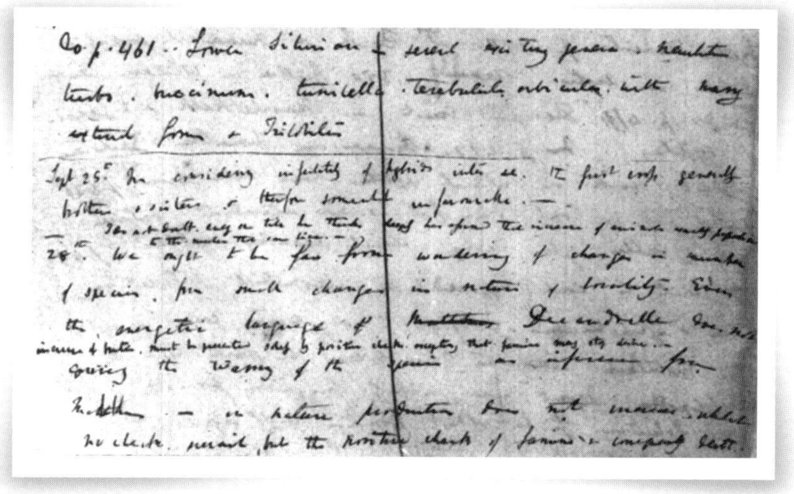

02 | 1838년 다윈의 노트북. 맬더스를 읽고 영감을 받은 점을 기록하고 있다.

함한 동물의 세계에서 식량의 완만한 증가에 비해서 인구는 급속하게 증가하고, 결국에는 식량이 먹여 살릴 수 있는 적은 인구 외에 나머지 인구는 사멸하는 과정을 겪게 된다는 비관적인 세계관을 설득력 있게 제시했던 사람이었다. 다윈은 살아 남아서 자손을 번식하는 개체보다 훨씬 더 많은 개체가 자손을 번식하지 못하고 죽어간다는 점에 주목했고, 이렇게 생존하는 것들과 생존하지 못하는 것들 사이의 차이가 생물 종의 다양한 변이를 만들어내는 핵심적인 원인이라고 결론짓게 되었다. 그는 이러한 원인을 '자연선택(natural selection)'이라고 개념화했다. 이는 그가 주목했던 동물 사육가의 인위적인 선택(artificial selection)에서 유추한 것이었다.(그림 2 : 1838년 9월 28일, 맬더스의 이론이 종의 진화에 주는 함의를 기록한 다윈의 노트북).

다윈은 1839년에 결혼을 하고, 1842년 5월에 자신의 진화론의 개요를 담은 짧은 초고(Sketch)를 작성했다. 그 해에는 신경병이

악화되어 런던에서 시골 마을인 켄트로 이사했다. 1844년에는 진화론에 대한 조금 더 긴 논고(Outline)를 저술했지만, 이를 책으로 출판할 생각은 하지 않았다. 종이 진화한다는 생각이 너무 이단적이어서, 사람들을 완벽하게 설득시킬 수 있는 방대한 양의 증거를 축적하기 전에는 책을 쓰지 않기로 작정했기 때문이다. 이 무렵 다윈은 친구 후커에게 보낸 편지에서 종의 변이에 대한 자신의 생각을 드러내는 것이 마치 "살인을 고백하는 것" 같다고 표현하기도 했다. 진화론에 대한 책을 쓰는 대신에 다윈은 1846년에 조개에 대한 장기간의 연구를 시작해서 이를 1854년에 완성했다. 조개에 대한 책이 완성된 이후부터 그는 진화론에 대한 노트를 정리하기 시작했고, 1856년에는 '자연 선택(Natural Selection)' 이라는 제목을 가진 방대한 저술을 시작했다. 원래 다윈은 이 저술을 1859년에 출판한 『종의 기원』보다 10배가량 두꺼운 책으로 낼 계획을 세우고 있었다.

1859년에 다윈이 자신이 계획하던 방대한 저술을 포기하고 그 저작의 '개요' 만을 (『종의 기원』으로) 출판한 데에는 이유가 있었다. 동남아시아에서 동식물을 관찰하던 영국의 생물학자 월러스(Alfred Russel Wallace)가 1858년에 다윈에게 편지를 보내서 종의 기원에 대한 자신의 결론을 얘기했는데, 이 결론이 다윈이 그 동안 진화에 대해서 했던 생각과 정확히 동일했기 때문이었다. 월러스의 편지에 놀란 다윈은 라이엘, 후커와 같은 동료들에게 이 사실을 알렸고, 다윈이 오래 전부터 진화를 생각했다는 것을 알고 있던 이들은 월러스의 논문과 다윈의 논문의 초록을 1858년 7월 1일에 열린 린네 학회에서 동시에 낭독하게 주선했다. 사실 이 날이 다윈의 진화론이 과학계에 첫 선을 보인 날이었다.

다윈은 자연 선택에 대해 원래 자신이 계획하던 방대한 저술을 포기하고 이의 요약본을 서둘러 집필해서 1859년 11월 24일에

『종의 기원』으로 출판했다. 이 책은 베스트셀러로서도 엄청난 인기를 누렸는데, 초판은 첫 날 모두 팔려 나가서 1860년 1월 초에 재판을 찍을 정도였다. 다윈은 1872년 6판을 찍을 때까지 이 책의 내용을 조금씩 수정했지만, 생존경쟁을 통한 자연선택에 의해서 하나의 조상에서 나온 종이 다양한 변이를 가진 종들로 진화한다는 그의 핵심적인 주장은 전혀 변함이 없었다. 1860년 영국과학진흥회 모임에서는 진화론의 종교적 · 도덕적 의미를 놓고 윌버포스 주교와 헉슬리가 충돌했고, 이는 다윈의 이론이 낳은 숱한 논쟁의 시발을 알리는 서곡이었다.

『종의 기원』에 인간의 진화에 대한 논의는 거의 등장하지 않는다. 그렇지만 이 책을 읽은 사람들은 다윈의 진화론이 인간에 대한 이해를 혁명적으로 바꿀 수 있다는 것을 쉽게 감지할 수 있었으며, 다윈에 대한 많은 비판이 사실 이 문제에 모아졌다. 다윈 자신도 이 주제를 깊게 탐구하기 시작했다. 1867년 이후 다윈은 동물의 감정에 대해서 관심을 가졌고, 이에 대한 연구를 진행해서 이를 1872년에 『인간과 동물의 감정 표현에 대하여』라는 책으로 출판했다. 그 한 해 전에는 인간의 진화에 대해서 논한 『인간의 유래』를 출판했다. 이 책들은 인간과 동물의 차이가 질적인 종류의 차이가 아니라 정도의 차이에 불과하다는 것을 보여주었다. 이러한 점진적인 차이는 인간과 동물에게만 해당되는 것이 아니라 자연에 존재하는 모든 유기체 종에서 나타나는 것이었다.

진화론은 유기체의 세계라는 경계를 넘어서 더 넓은 세상에 적용되었다. 사실 엄밀히 말하자면 '무엇이 진화한다' 라는 생각은 생명계의 영역이 아니라 사회와 역사를 두고 먼저 생겨났었다. 18세기 튀르고, 콩도르세 같은 프랑스 계몽사상가들은 인간의 역사가 보다 완벽한 사회를 위해서 진화해 온 역사라고 보았으며, 루소와 같은 계몽철학자는 인간도 원시적 형태에서 문명적인 형태로 진화했다고 간주했다. 다윈의 진화론이 나오기 직전에도 허버트 스펜서는 진화의 원리를 생명의 세계만이 아니라 물질의 세계, 우주, 인간 사회 모두에 적용했다. 그에 의하면 물질들이 결합해서 군집을 이루고, 그 결합력의 과잉으로 인해 군집이 다시 해체되는 과정이 우주의 진화를 관장하는 법칙이었다. 20세기 사상가 떼이야르 드 샤르뎅은 무기물의 진화, 생명체 같은 유기물의 진화, 그리고 정신의 진화라는 진화의 세 단계를 설정했다. 인간이 주인공인 마지막 세 번째 단계는 진화의 방향을 설정하고 통제한다는 점에서 이전 단계와 질적으로 차이를 지닌다. 샤르뎅은 이러한 논의를 기반으로 진화론과 유신론의 조화를 꾀했다. 동물계나 자연을 포함해서 이 모든 세상은 진화하지만, 인간의 진화는 절대자에 대한 신앙을 포함한 '정신적'인 국면에서 주로 진행된다는 점 때문에, 생존경쟁의 법칙이 지배하던 이전 단계의 진화와는 질적으로 다르다는 것이었다.

다윈의 진화론이 인간에게 적용될 수 있는 가능성에 대해서는 크게 두 가지 상이한 의견이 존재했다. 첫 번째 견해는 인간 개개인, 인간 사회, 국가에도 다른 생물계처럼 생존경쟁의 메커니즘이 관철된다는 것이다. 더 적응을 잘 한 개인, 국가, 인종이 그렇지 못한 개인, 국가, 인종을 누르고 살아남으며, 후자는 도태된다는 것이 이러한 입장에서 나오는 자연스러운 결론이다. '사회다윈주의(Social Darwinism)'를 주창했던 사상가들은 대부분 이러한 입장을 지지했다. 두 번째 견해는 인간은 의식과 문화를 가진 동물로서 진화의 단계를 벗어났다는 것이다. 인간은 인간이 설정한 목적에 맞는 방향성을 가지고 사회 발전을 의식적으로 이끌어 낼 수 있는 존재이기 때문에, 더 이상 맹목적인 자연법칙이 적용되지 않는다는 생각이다. 마르크스는 "인간의 역사는 자연의 역사와 다르다. 우리는 전자를 만들어 왔지만, 후자는 아니다"라고 인간과 자연을 구분했고, 러시아 마르크스주의 사상가 플레하노프는 "마르크스의 질문은 다윈의 질문이 끝나는 곳에서 시작했다"고 하면서 인간 사회를 이해하는 데 다윈의 진화론이 무용함을 강조했다.

다윈이 진화의 메커니즘으로서 자연선택(natural selection) 개념을 창안해 내는 데 맬더스의 『인구론』에서 서술된 생존경쟁(struggle for existence) 개념의 영향이 컸다는 사실은 잘 알려져 있다. 마르크스처럼 다윈의 진화론이 인간 사회에 적용되는 것에 대해서 회의적인 태도를 보인 사람들 중에는 다윈의 이론이 자유경쟁을 정당화하던 영국의 정치경제학을 자연과학에 적용한 것에 다름 아니라고 생각했던 사람들이 있었다. 즉, 다윈의 이론이 영국의 특정한 정치경제학의 자연과학적 버전(version)에 다름 아니기 때문에, 이를 다시 인간사회에 적용해서 그 결과를 보편적 사회과학이라고 제시하는 것은 사회과학을 왜곡하는 결과를 낳는다는 것이었다. 사실 다윈이 『종의 기원』을 출판하기 이전에 스펜서는 '최적자생존(survival of the fittest)'의 원리에 입각해서 자유방임주의 정치경제체제를 옹호했다. 다윈의 동료이자 역시 진화론을 주창한 알프레드 러셀 월러스도 스펜서의 최적자생존 개념을 선호했으며, 다윈에게 진화의 메커니즘으로 자연선택 개념을 버리고 대신 스펜서의 최적자생존 개념을 택할 것을 권유한 적이 있었다. 다윈은 자신의 자연선택 개념이 진화론의 핵심이라고 생각해서 이 제안을 거절했다. 스펜서의 최적자생존은 부적격자는 전부 도태되고 최적자만이 살아남는다는 부정적이고 비관적인 세계관을 반영했던 반면에, 다윈의 자연선택은 진화가 새롭게 적응하는 자를 계속해서 만들어내는 '창조'의 과정임을 강조했다는 차이가 있었다.

적자생존, 생존경쟁 개념은 19세기 말엽 이후에 '사회 다윈주의(Social Darwinism)'의 토대를 제공했다. 이러한 이론은 자연의 진화를 인간 사회에 그대로 적용했고, 이에 따르면 사회적 약자를 보호하는 복지 정책은 국가가 자연적으로 도태될 계층의 자손을 번식하게 독려함으로써 자연적 진화를 역행하는 것에 다름 아니었다. 반대로 사회 다윈주의는 자유방임주의와 경쟁의 중요성을 부각했는데, 미국의 사회다윈주의자 섬너는 "적자생존을 받아들이지 않는다면 당신은 부적자생존을 받아들일 수밖에 없다"고 하면서, 심지어 "백만장자는 자연선택의 당연한 결과"라고 강조했다. 그는 자유경쟁 경제체제의 철저한 신봉자로서, 사회적 약자를 보호하는 의료·교육 부문의 국가의 복지정책을 비판했다. 섬너의 철학을 받아들인 미국의 부호 록펠러는 "미국 대기업의 성장은 적자생존의 결과"이며, "이것은 사악한 경향이 아니라 자연의 법칙, 신의 법칙의 구현"이라고 이를 정당화했다.

사회 다윈주의는 국가의 복지정책을 비판하면서 자유방임을 찬양했지만, 진화의 과정에 적극적으로 개입해야 한다는 사회공학(social engineering)적인 입장을 표방한 그룹도 있었다. 이들은 우생학을 제창한 우생학자들이었다. 다윈의 진화론에 의하면 적자(the fit)의 증거인 적응도(fitness)는 살아 남아서 자식을 많이 낳는 것이 되는데, 인간 사회의 경우에는 사회의 최빈층이 자식을 가장 많이 낳는다는 아이러니가 있었다. 우생학자들은 똑똑하고 건강한 중산층 이상의 계층에게 다산을 권장하고, 가난한 계층에 대한 국가의 지원을 없애는 것은 물론 극빈자나 범죄자 같은 계층은 거세를 시켜서라도 자식을 낳지 못하게 해야 한다고 주장했다. 이들에 따르면 이러한 강제적 조치들은 진화의 법칙을 인간 사회에 왜곡되지 않은 형태로 적용하기 위한 유일한 방법이었다. 19세기 말엽에 독일의 보수주의 우생학자들은 다른 인종에 비해서 유럽의 백인들이 최적자이고, 이들의 적응도가 높은 지능으로 나타나며, 따라서 낮은 지능의 유색인, 유태인들은 높은 지능을 가진 백인에 의해서 멸절되는 것이 자연의 법칙이라고 기존 우생학의 주장을 확장했다. 극단적인 우생학은 유럽의 제국주의를 정당화했고, 결국에는 수백만 명의 목숨을 앗아간 나찌 정권의 홀로코스트로 이어졌다.

다윈의 『종의 기원』은 인간에 대해서 거의 아무런 얘기도 하지 않았다. 다만 여기서 다윈은 자신의 진화론이 인간의 본성과 역사에 대해서 "빛을 던질 것"이라고만 언급했다. 그러나 최근 연구는 다윈이 『종의 기원』 제 6장의 한 절로 인간의 진화 문제를 다룰 계획을 세웠고 이를 위한 자료를 수집했었는데, 책을 집필하는 과정에서 이 절을 생략했음을 보여주고 있다. 또 한 가지 분명한 사실은 1859년에 『종의 기원』이 출판되고 여러 사상가, 사회과학자들이 생존경쟁을 중심으로 한 진화론을 인간 사회에 적용시켜서 인간의 진화, 사회의 진화, 전쟁, 종족의 융성과 멸망을 힘있는 부족이나 국가가 약한 부족이나 국가를 멸망시키는 과정으로 이해하는 설명틀을 제공했고, 다윈은 이를 꼼꼼하게 읽고 소화해서 이 중 많은 내용을 1871년에 출판한 『인간의 유래』에 포함시켰다. 그렇지만 『인간의 유래』에는 다윈이 중요하게 생각했던 '사회적 본능(social instinct)'으로서의 인간의 동정심, 도덕, 윤리, 책임의식의 진화론적 설명을 강조하는 부분도 많이 포함되었다. 따라서 이를 종합하면 모순되고 상충된 설명 체계를 낳았는데, 인간은 진화의 결과로 협동의 능력과 타인에 대한 배려나 윤리를 발전시켰는데 이렇게 생긴 도덕심과 윤리적 태도가 약자를 배려하는 결과를 낳아서 더 이상의 진화적 발전이 불가능하게 되었다는 것이 그것이었다.

다윈의 진화론, 특히 『인간의 유래』에서 서술된 진화론에는 개인과 국가간의 피비린내 나는 경쟁을 강조한 구절도 있고, 타인을 배려하는 도덕심과 지적 능력이 인간의 가장 큰 장점임을 강조하는 구절도 있으며, 지금도 민족과 국가 간의 생존경쟁이 벌어지고 있다고 분석한 부분도 있고, 지적인 능력을 가진 인간은 지금의 문제를 극복하고 미래에는 보다 완벽한 사회를 만들 것이라는 진보에 대한 신념을 드러내는 부분도 있었다. 어떤 관점에서 보면 다윈이 우생학을 지지했다고 해석될 수 있는 구절도 있고, 또 우생학적인 인구 통제 정책에 명백하게 반대하는 구절도 있었다. 분명한 것은 다윈이 인간과 사회를 이해하는데 생존경쟁의 진화이론이 한 가지 매우 중요한 방법이 될 수는 있지만, 이것만이 유일한 방법이라고는 생각하지 않았다는 것이다. 다윈은 이러한 문제에 대해서 매우 신중하고 유보적인 태도를 보이면서 접근했는데, 사회다윈주의나 우생학 이론을 주창했던 이후 세대의 사상가들은 다윈의 신중한 태도에는 아랑곳하지 않고 다윈의 진화론이라는 과학의 외피를 걸쳐 입고 자신들의 주장이 '과학적' 이라고 강조하는데 급급했다는 문제점을 노정했던 것이다.

　다윈의 연구와 저술은 인간과 동식물을 포함한 자연계를 바라보는 현대인의 시각에 근본적인 변화를 가져왔다. 다윈 이후에 사람들은 세상에 존재하는 많은 것들을 '진화' 의 렌즈를 통해 바라보기 시작했으며, 놀랄 정도로 복잡하고 정교한 대상도 우연적인 진화를 거듭하면서 만들어 질 수 있다는 생각을 하기 시작했다. 이 복잡하고 교묘한 세상은 절대적인 힘을 가진 초월자가 미리 설계한 것이 아니라 우연적인 변화와 그때그때의 순간적인 선택들이 누적되면서 만들어 질 수 있다는 식이었다. 다윈 이전에 '진화' 라는 개념은 수정란이 태아로 변하는 과정만을 지칭했는데, 지금은 우주의 진화, 기술의 진화, 경제의 진화, 개념의 진화, 언어의 진화, 생명의 진화, 종교의 진화, 심지어 진화론의 진화(!)처럼 세상의 거의 모든 대상에 적용이 되고 있다. 아직도 생명에 대한 다윈의 진화론을 받아들이지 않는 사람이 적지 않지만, 그의 영향은

이미 우리가 살고 있는 현대 사회의 구석구석에 만연해 있다고 할
수 있다.

하늘을 통해 보는 우리의 역사

- 천문도, 첨성대, 시간과 태음태양력, 세종시대 간의대, 혼천시계 -

이용삼 충북대학교 천문우주학과 교수

▲ 국보 제228호, 천상열차분야지도(天象列次分野地圖)

하늘을 통해보는 우리의 역사
- 천문도, 첨성대, 시간과 태음태양력, 세종시대 간의대, 혼천시계 -

Ⅰ. 고구려 신라 백제와 고려시대의 천문활동과 천문기록

1. 천문관측 활동

인간은 누구나 우주에 대한 원초적 호기심을 갖고 있지만 특별히 우리민족은 천문에 관한한 유구한 역사 속에서 하늘의 과학문화를 일궈낸 자랑스러운 전통을 이어온 민족이다. 지금도 광활한 중국 집안지방에 산재해 있는 대륙적이고 야성적인 고구려인의 고분벽화 속에는 벽화천문이라 할 수 있는 많은 별자리와 별 그림들이 있다.

신라시대에 천문박사와 시간을 관장하던 누각(漏刻)박사들의 활동과 함께 현존하는 천문대로 가장 오래된 신라 경주 첨성대는 우리나라의 천문대의 모체라 할 수 있을 것이다. 이 천문대는 신라 선덕여왕 16년(647)에 축조하였는데 높이가 9.1m이며, 첨성대를 축조한 돌의 개수는 모두 365개로 알려지고 있고, 28(宿)와 24기(절기) 등 각종 천문관련 숫자를 상징적으로 보여주고 있다. 첨성대 축조 이후 신라에는 전보다 월등히 많은 천문 관측 기록이 전해 내려오고 있다. 당시 첨성대는 국가의 안위를 위해 하늘의 천변현상(天變現象)을 관측하여 정치와 신앙과 과학적 의미를 갖는 복합적 의미를 갖는 천문대이다.

이와 비슷한 시기인 675년에는 백제의 천문학자들이 일본에 건너가 천문대인 점성대(占星臺)를 축조하는데 영향을 끼치기도 하였다. 천문활동의 기록 중에 중요하게 여기는 일식의 기록은 〈삼국사기〉에서 처음으로 나타나는데, 기록을 통해 살펴보면 신라에서는 기원전 54년부터 911년 1월까지인 965년간에 걸쳐 29회의 일식이 기록되어 있다. 고구려에서는 445년 간 11회의 관측기록이 있고, 백제는 606년 간 26회를 관측하였다.

고려는 초기부터 천문과 역법, 누각을 담당하는 관리들이 있었는데 고종 18년(1231)부터 약 30년에 걸친 몽고와의 전쟁 때문에 나라가 황폐해졌으나 충렬왕 7년(1281) 중국의 원나라에서 수시력(受時曆, 중국의 역법)을 도입하고 약 700여년 전 충렬왕 34년(1308)에는 서운관(천문 관청)을 설치하였고 그 후 조선시대까지 운영되었다. 고려시대에는 135회 일식기록으로 해와 달이 겹쳐지는 일·월식을 정확히 계산하고 예측하는 과학의 우수성이 나타나고 있었다. 또한 87회의 혜성의 기록과 흑점기록("日中黑子"로 표현)이 34회가 있으며 태양흑점의 주기성도 살펴볼 수 있다. 그 외에도 유성 기록을 포함하여 행성들이 서로 겹쳐지는 현상 등 『고려사』의 천문관측 기록들이 잘 보존되어 있으며, 오늘날에도 귀중한 관측 자료로 활용되고 있다.

2. 천문기록의 가치

이와 같이 많은 고대사서(古代史書)에 기록된 우리 선조들의 천문현상들은 오늘날에 천문학적인 의미 이외의 많은 가치를 갖고 있다. 그 이유는 기록된 천문현상들이 변조가 불가능한 자연현상으로 천문현상이 포함되어 있는 고대사들은 그 기록내용의 신뢰도를 평가할 수 있다. 만일 기록 중에 자연현상에 대해 "비 오는 달밤이었다면" 자연에 이치에 맞지 않는 현상이며 그와 함께 기록한 기록물들의 모든 내용은 신뢰할 수 없는 것이 될 것이다. 뿐만 아니라 천문현상들은 국가나 민족을 초월하여 함께 인정할 수밖에 없는 객관적 사실이며 반복되거나 규칙적인 법칙에 의한 것이므로 주기적인 천문현상을 역산(曆算)으로 계산해 보면 그 당시 연대(年代) 또는 천변현상이 일어난 시간을 알려줄 수 있는 고대사의 시간적 이정표를 볼 수 있다.

II. 조선(朝鮮)의 천문도(天文圖)

인간은 가장 원시적일 때부터 하늘과 천체의 움직임을 관측하고 기록했다. 특별히 우리민족은 고구려인의 고분벽화 속에 벽화천문이라 할 수 있는 많은 별자리와 별 그림들이 있다. 중국을 중심으로 동아시아에서는 수천 년 동안 하늘의 별을 구역으로 나누워 세분하는 전통이 세워져서 한나라 때부터 우리나라에 들어왔다. 하늘의 천체들을 살펴보려면 무엇보다 먼저 천문도(별자리)가 있어야 하는데, 천문도는 하늘을 관측하고 살펴보기 위해서는 가장 기본이 되는 것이다.

하늘을 이해하고 해석하고자 했던 천문학의 발전은 정치의 안정과 농업 생산력의 발전을 이룬 시기인 조선 초기에 더욱 발전하였다. 조선을 새로 세운 태조 이성계는 즉위해서부터 하늘의 뜻에 의해서 세워진 새 왕조의 왕으로서의 권위의 표상으로 새로운 천

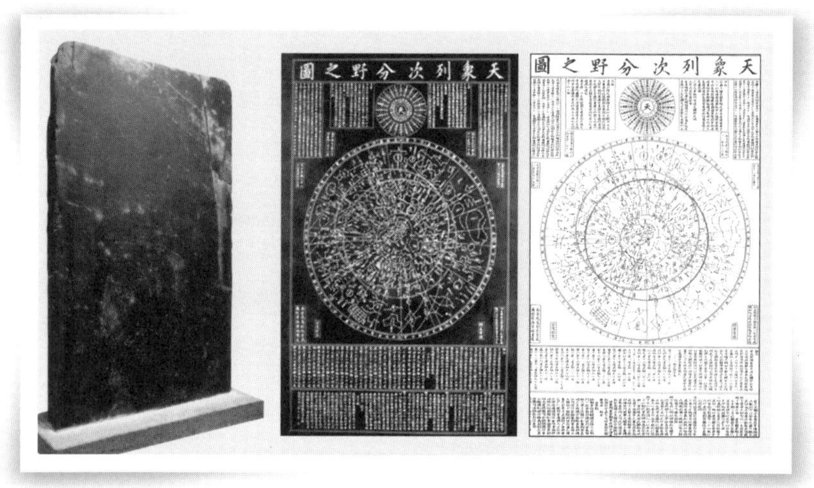

01 | 국보 제228호, 천상열차분야지도(天象列次分野地圖)와
복원한 천상열차분야지도의 그래픽

문도(태조4년, 1395년)를 만들게 되었다. 현존하는 고구려의 고분
벽화에는 별자리가 4방향의 사신도와 함께 그려져 있지만 정밀하
게 새겨진 고구려의 석각 천문도는 사라지고 그 탁본이 조선에 전
해졌다. 고구려의 천문도 탁본을 기초하여 권근, 유방택 등 11명
의 학자들의 수년간의 노력 끝에 1,467개의 별을 가지고 천상열차
분야지도(天象列次分野地圖)라는 석각(石刻, 돌 위에 별자리를 새
겨 넣음) 천문도를 만들었다. 국보 228호로 지정되어 있는 이 천문
도는 별자리뿐만 아니라 천문에 관한 많은 지식이 기록되어 있고
세계에서 두 번째로 오래된 석각천문도로서 우리민족의 자랑거리
이다(경복궁 고궁박물관 소장, 2007년도 새 만원권 지폐 뒷면 배
경에 그림 삽입). 그림 1은 천상열차분야지도이다.

천상열차분야지도와 같은 동아시아의 전통적인 별자리들은 오
늘날 우리가 사용하는 서양 별자리와는 다른 것이다. 동아시아 천
문도의 별자리 이름들은 인간세상의 축소판이라고 할 수 있다. 북

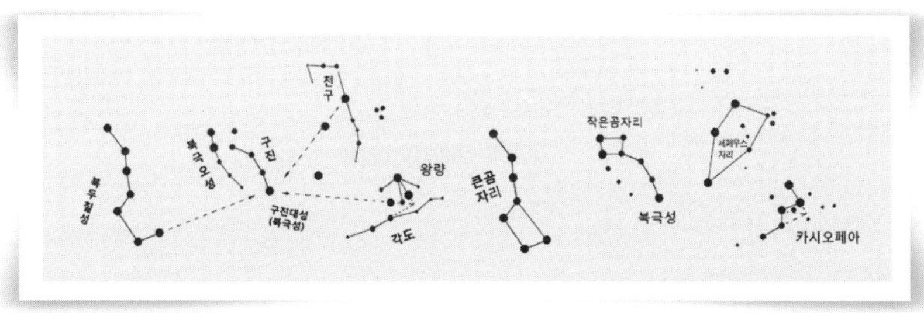

02 | 동아시아의 북극성 주변의 별자리와 서양의 별자리 비교

극을 중심으로 삼원(三垣)으로 나누워 지상에서 펼쳐지는 상황들을 별자리 이름으로 배열하여 하늘과 땅과 사람간의 유기적인 관계를 갖고 별자리를 해석하였다. 임금과 신하와 궁궐과 관리가 있고, 백성이 사는 시장과 기물들이 있다. 또한 하늘에서 황도(태양이 운행하는 길)와 적도 부근에는 계절과 시간에 따라 뜨고 지는 별자리들이 있는데 동아시아의 전통별자리에는 28수(宿)가 있고 서양별자리는 황도 12궁이 있다. 그림 2는 동아시아의 북극성 주변의 별자리와 서양의 별자리를 비교한 것이다.

북극을 중심으로 삼원(三垣)으로 태미원(太微垣), 자미원(子微垣), 천시원(天市垣)으로 나누어져 있다. 별자리에는 궁궐과 임금도 있고 신하와 백성들이 있을 뿐만 아니라 시장과 물건들로 배열되어 있다. 태미원(太微垣)에는 임금과 대신이 모여서 나랏일을 의논하는 곳으로 각 벼슬아치, 관청 등을 의미하는 별자리들로 가득하다. 자미원(子微垣)은 하늘의 중심인 북극성을 중심으로 하늘나라 궁궐을 의미하며, 옥황상제, 왕후, 왕자, 신하, 장군 등을 의미하는 별자리들로 가득하다. 천시원(天市垣)은 하늘나라의 시장이다. 이곳에는 푸줏간, 보석상, 곡식량을 재는 되, 저울, 길이를 재는 자 등을 의미하는 별자리들로 가득하다.

III. 우리 선조들의 시간법(時制)과 천체력(天體曆)

1. 시간법(時制)

천체의 움직임과 밀접한 관계를 갖고 있는 시각(또는 시간)은 인류의 생활 속에 편리함을 위하여 중요한 것 중에 하나이다. 고대로부터 인간은 시간을 재는 편리하고 정확한 기준을 자연 현상 중에 하늘의 해와 달과 별들의 움직임을 관측하여 정하였다. 이렇게 측정한 시간을 기준으로 제정한 시간 단위를 가지고 일기가 나쁜 날에는 물시계와 향시계 등을 사용하였다.

물시계는 삼국시대부터 국가의 공적인 시계로 사용되었는데 물시계에 관한 기록으로는 『삼국사기』에서 찾아 볼 수 있다. 기록에 의하면 신라 성덕왕 17년(718)에 누각(물시계)을 만들고 누각전(漏刻殿, 물시계를 설치하고 운영하던 장소)을 설치하여 박사 6인과 사 1인을 두었다. 그리고 경덕왕 8년(749)에는 천문박사 1인과 누각박사 6인을 누각전에 두어, 천문관측을 통한 계절에 따른 정확한 밤 시간을 측정하도록 하였다.

또한 우리나라에서 오래 동안 사용해 오는 달력은 매년 태양과 달의 운행을 기본으로 하여 만든 천체력으로 태음태양력(太陰太陽歷)이다. 이를 통하여 우리 조상들은 달이 차고 기우는 것(달의 위상변화)을 보고 한 달간의 날짜와 하늘에서 태양의 운행을 보며 계절과 농사에 필요한 절기를 알 수 있었다.

1) 12時(十二支)法

우리 선조들은 하루를 12등분하여 각각 시간의 이름을 한 시진(時辰)씩 자(子), 축(丑) … 오(午) … 술(戌), 해(亥)로 정하였다.

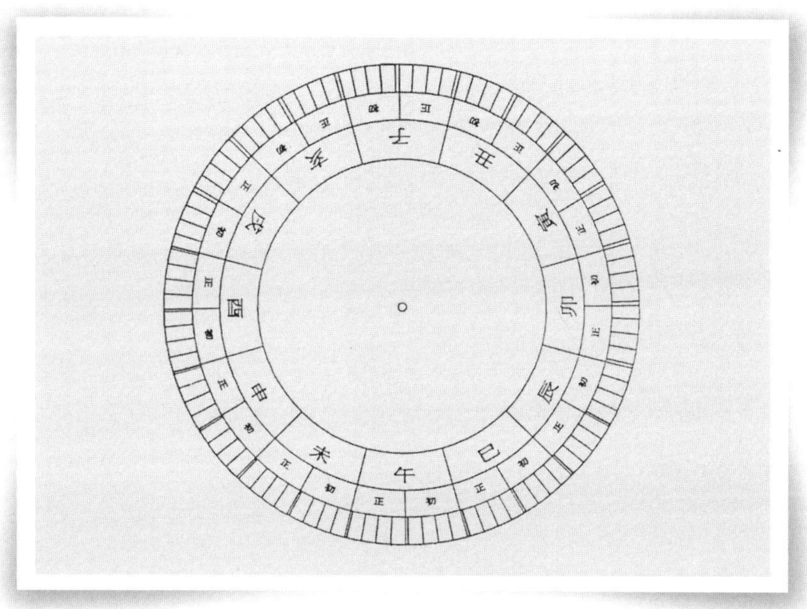

03 | 100각환(百刻環) 시반(時盤)의 눈금

좀 더 정밀한 단위를 위해 한 시간을 초(初)와 정(正)으로 둘로 나
눈 후 각각 각(刻)으로 구분하고(그림 3 참고) 하루는 총 100각이
며 각을 분(分)으로 나누어 사용하는 정시법(定時法)을 사용하였
다. 하루가 100각(百刻法)인 우리나라의 시각법(時刻法)은 효종 4
年(1653年)의 시헌역법(時憲曆法)을 사용하게 된 이후에는 하루
12시(時) 96각(刻)이 사용되었다.

(1) 100각법(百刻法)

하루를 96각법 같이 12시(十二時)로 나누어 사용하면서 100각
제도는 12시의 정수배가 되지 않으므로 한 시에 8각 20분을 배당
하였다. 매시를 초(初)와 정(正)으로 2등분한 시(時)는 8각 20분이
되고 1각은 60분이 된다. 초와 정은 각각 4각 10분이 된다. 100각
법의 시간 순서는 매시의 첫 각이 초초각(初初刻)이 되고 다음에

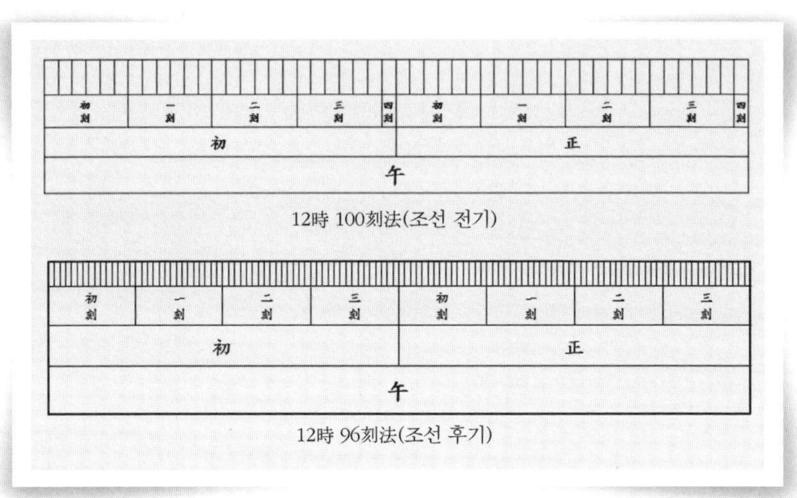

04 | 조선(朝鮮)의 100각과 96각의 오시(午時)의 시간눈금.
백각법은 초(初)와 정(正) 사이는 4각(刻)과 1/6 각이다.

초1각, 초2각, 초3각까지 각각 60분씩이며 마지막 남어지 10분은 초4각이 된다. 그리고 정초각과 정1각, 정2각, 정3각까지 각각 60분씩이며 마지막 남은 10분은 정4각이 되며 1시간은 총 500분이 된다(그림 4 참고).

(2) 96각법(九十六刻法)

하루를 12시(十二時)로 나누어 사용하면서 매시(每時)를 8각(刻)으로 나누어 1일 12시 동안에 96각이 된다. 매시를 초(初)와 정(正)으로 2등분한 시(時)는 8각이 되고 1각은 15분이 된다. 초와 정은 각각 4각이 되어, 초1각, 초2각, 초3각, 초4각, 정1각, 정2각, 정3각, 정4각의 순서로 시간을 정한다(그림 4 참고).

2) 밤시간의 경점법(更點法)

계절의 변화에 따라 낮과 밤의 시간이 변하기 때문에 해가 지면 일 할 수 없던 당시에 밤 시간은 매일 초경(初更), 2경, 3경, 4경, 5경으로 다섯으로 등분하는 부정시법(不定時法)인 경점법(更點法)을 사용하였다. 매 경(更)은 5점(点)으로 구분하여 하루 밤 동안을 25로 등분하여 총25점이다. 밤 시간의 시간 순서는 1(또는 初)경 1점, 1경 2점, ⋯ 1경 5점, 2경1점, ⋯ 5경 5점이다. 실제로 밤 시간은 저녁 박명 시간이 지난 후 아침 박명 시간 전까지 1夜를 5更으로 5등분하여 일몰 후 2.5각인 혼(昏)에서 일출 전 2.5각인 신(晨)까지 계산하였다.

밤 시간이 긴 겨울과 밤이 짧은 여름의 밤 시간을 5등분하여 매 경(更) 시간 간격을 보면 겨울에는 길고 여름철에는 그 간격이 짧기 때문에 시간을 관장하는 국가의 기관에서는 매일 밤의 정확한 시간을 관리하였다. 세종 때 창제한 자동물시계 자격루(自擊漏)는 24계절에 따라 해당되는 부전(浮箭) 즉 물시계의 경(更)과 점(点)의 눈금을 새긴 잣대를 사용하여 자동으로 시간을 알려주는 국가의 표준시계이다. 백성들은 낮에는 정시법(定時法)을 사용하고 밤에는 부정시법(경점법)을 사용함으로써 해가 지면 일을 중단하고 5경의 종소리가 들리면 잠에서 일어나 준비하고 해가 뜨면 일을 시작하는 당시 생활 리듬에 맞게 조정하여 사용하는 지혜를 보여주고 있다.

2. 조선(朝鮮)의 천체력(天體曆) 태음태양력(太陰太陽曆)

우리나라는 옛날부터 하늘을 사랑하고 관찰하는 열정과 창의적인 전통을 계승하여 온 이유 중에는 농업을 주산업으로 하였기 때문에 농사의 절기를 매년 발표하는 천체력인 역서(曆書)를 계산하기 위한 국가의 천문활동을 매우 중요시 여겨왔다. 그래서 제왕은 백성들에게 하늘의 천체들의 운동을 관측하여 씨를 뿌리고, 밭을 갈고, 물을 대주고, 수확하는 시기의 모든 것들을 정확히 알려주기 위해서 역서를 출판하였고, 백성들은 이에 따라 농사일을 하였다. 우리 조상들이 사용하던 달력은 달의 위상을 보고 매월 초하루부터 보름을 지나 그믐날이 되면서 한 달이 지나고 그 다음 달 초하루를 맞이하는 음력(太陰曆)을 사용하였다. 그러나 절기(24기 : 12절기와 12중기)는 1년 동안 태양의 움직임을 관측하여 정하는 것으로 오늘날 양력(太陽曆)과 같은 것이다. 양력으로 동지나 춘분 하지 등 절기가 매년 거의 동일한 날이지만 음력으로 달력을 사용하던 당시에는 매년 절기의 날짜가 크게 차이가 나게 되는 것이다. 반대로 오늘날 설날(음력 정월 초하루)이 매년 양력으로 다른 날이 되듯이 당시에는 모든 절기의 날들이 음력날짜로 다르며 음력의 한 달이 큰달(30일)과 작은달(29일)이 있음으로 하늘에서 태양의 운행과 달의 운행을 계산하여 다음 해의 달력인 역서(曆書)를 미리 출판하게 되는 것이다(부록의 참고자료 참조). 한양을 기준으로 하는 우리나라의 자주적인 역법은 세종24년(1442)에 편찬한 『칠정산 내편』과 『칠정산 외편』이 있다. 이 역법은 태양과 달과 오행성의 7가지 천체의 위치를 계산하는 것이다. 우리나라에서 전통적으로 사용한 달력은 이와 같이 달과 태양의 운행을 계산하여 음력과 양력을 동시에 사용하는 태음태양력이다.

태음태양력은 19년간 7회의 윤달이 필요한데 자동적으로 때를 맞춰 중기(中氣)가 없는 달인 무중월(無中月)이 윤달이 되는 치윤법이 있다(부록의 참고자료 참조). 24기(氣, 절기)이외에도 각종 잡절이 있는데 그 중에 한여름 3복중에 초복, 중복, 말복을 정하는 방법을 부록에 제시하였다. 이 태음태양력을 사용한 우리 선조들은 오늘날의 양력보다 더 복잡한 계산을 수행하였고 그 계산과정에는 해와 달이 겹쳐지는 일식과 월식을 정확히 계산하고 예측하는 것과 오행성의 위치를 계산하는 과학의 우수성을 나타내기도 하였다. 그러나 각종 천변현상과 함께 5행성의 하늘에서 위치를 관측한 자료들을 가지고 국가와 왕의 안일에 관하여 점성적인 해석을 하였다.

IV. 세종시대의 천문의기(天文儀器)

세종대왕은 명나라로부터 매년 기본이 되는 천문 역서를 준비했으나 그것이 잘 맞지 않았기 때문 당시의 천문 관청인 서운관에서 독자적으로 한양을 중심으로 한 우리나라의 자주적인 역(曆)을 편찬하도록 하였다. 역을 편찬하는데 가장 기본이 되는 것은 천문 기기를 제작하여 하늘의 움직임을 정확히 계산해 내는 것이다. 또한 세종대왕은 1432년부터 본격적인 천문기기 제작을 시작하여 1438년까지 진행하였다. 그때에 서울의 위치에서 북극(성)의 고도를 다시 결정하도록 명령하였고 그 값은 38도 1/4도(당시 원주는 365도 1/4)였다. 당시 역법편찬을 위해 이순지, 김담, 정초, 정인지가 중국의 옛 서적을 연구하였고, 김돈과 김빈은 천문 기기를 설계하였다. 그리고 세종대왕의 천문 기기 제작 사업은 주로 이천과 장영실이 진행하였다. 드디어 1433년 경복궁 안에 높이 9.4m 길이 14.4m인 거대한 천문대인 간의대(簡儀臺)를 세우고 별을 관측하는 대표적인 관측기기인 간의(簡儀)와 소간의(小簡儀) 혼천의(渾天儀)가, 혼상(渾象)을 만들어 설치하였다. 24기(氣, 節氣)를 측정하는 높이 8m 길이 25m의 규표(圭表)와 시간을 측정하는 해시계들로는 당시 공중(公衆) 시계라 할 수 있는 앙부일귀(仰俯日晷)

와 그 외 각종 해시계인 정남일귀, 현주일귀, 지평일귀를 제작하였다. 또한 스스로 움직여 정확한 밤 시간을 알려주는 자동물시계인 자격루(自擊漏, 현존하는 덕수궁의 국보 229호는 성조 때 제작한 것임)와 흠경각루, 방위를 보는 정방안이 제작되었다. 해와 별을 측정하여 낮과 밤의 시간을 측정하는 일성정시의(日星定時儀)와 천체관측 기기인 소간의 등 여러 가지 관측 기기들이 독창적으로 창제되었다. 조선조 세종 때의 우리 과학기술은 '인류의 과학문화재' 라 평가할 수 있을 정도로 고학의 전성기였다. 당시 집현전에 많은 인재와 관노(관의 노비) 출신인 장영실 등을 등용하여 중국에 보내어 선진 과학기술을 습득케 하였고, 고려 시대의 축적된 과학 기술과 당시의 창조적 재능을 갖고 있는 많은 과학자들이 있었기 때문에 가능했다. 오늘날 우리도 우리 선조들의 앞선 과학기술의 전통을 되살려 강인한 의지와 창조정신으로 국가의 경재력과 자존심을 세워나가는 새로운 도전으로 희망찬 미래를 이뤄 가기를 소망한다.

한국의 과학은 신라에서 천문 시설인 첨성대를 만들었고, 인쇄 문명을 이끈 세계 최초의 금속활자가 고려시대에 만들어졌다. 측우기를 발명한 조선조 세종 때는 우리 과학기술의 전성기였다. 15세기 조선시대 천문학의 수준이 세계적인 수준에 이른 것은 세종대왕 자신도 천문학적 수준이 매우 높았고, 국가적 차원에서 천문학을 지원하였으며 고려 시대의 축적된 천문 과학 기술과 당시에 창조적 재능을 갖고 있는 많은 과학자들이 있었기 때문에 가능했다. 2005년 07월 21자 동아일보 사설을 보면 다음과 같은 글이 있다.

오늘의 한국 과학기술이 먼 옛날 선조(先祖)들의 과학정신과 맞닿아 있음을 새삼 느끼게 된다. 일본에서 간행된 '과학사 기술사 사전' 에 따르면 세종 재

위기간이 포함된 1400년부터 1450년까지 반세기 동안 세계 과학의 주요 업적 가운데 조선은 29건을 차지했다. 중국은 5건, 일본은 한 건도 없었으며 동아시아를 제외한 나머지 지역이 28건이었다. 그러나 조선 후기로 접어들면서 과학정신과 전통은 계승 발전되지 못하고 급속히 쇠퇴했다. 이는 우리 근현대사 비극의 주요한 원인이 됐다. 과학기술에 뒤처지면서 국력이 쇠퇴했고 결국 나라까지 빼앗겼다. 세계 과학계가 인정했던 지난날 이 나라의 과학정신, 실사구시(實事求是)의 탐구정신을 오늘의 우리가 잊고 있는 것은 아닌지 반성하게 된다. 과학전통의 불씨를 되살려 활활 타오르게 하는 것은 세계화시대에 우리가 살아남을 길이다. 이보다 더 중요한 국책(國策)이 무엇이겠는가. 과학을 외면하면서 국력도 내리막길을 걸었던 아픈 과거를 잊어선 안 된다. 무너지는 교육을 회생(回生)시키고, 그 중에서도 과학기술 인재를 제대로 육성하는 것이 어떤 이념, 어떤 코드보다 중요하다(동아일보, 2005 사설 중에서).

V. 국보 230호, 송이영(宋以穎) 혼천시계(渾天時計)

효종 4년(1653년)부터 서양의 영향을 받은 새로운 역법 시헌력(時憲曆)을 시행하면서 종래의 시각법인 100각법이 96각법으로 변화되고, 원주(周天度)가 $365\frac{1}{4}$도에서 360도로 변경되어 혼천의 등 새로운 천문의기들을 정비하고 제작했다. 현종 10년(1669년) 홍문관(弘文館)의 천문학교수(天文學敎授) 송이영(宋以穎)은 서양식 기계시계의 원리를 이용한 스스로 종을 치는 혼천시계(渾天時計)를 제작하였다. 이 송이영의 혼천시계 유물은 고려대학교 박물관에 국보 230호로 지정되어 소장되어 있는데, 그 모습만 볼 수 있을 뿐 부품들이 훼손되고 망실되어 작동되는 모습은 볼 수가 없는 상태이다. 그림 5는 고려대학교 박물관의 국보 제230호 송이영

05 | 고려대학교 박물관의 국보 제230호 송이영의 혼천시계와
복원한 국보 제230호 송이영의 혼천시계의 작동 모델

의 혼천시계의 실측 일행(필자 : 제일우측)과 새로 복원한 송이영의 혼천시계의 작동 모델(필자 : 복원 연구책임자)의 모습이다.

1. 혼천시계(渾天時計)의 구조

이 혼천시계는 크게 두 부분으로 나눌 수 있는데 지구를 중심으로 천체움직임을 보여주는 혼천의 부분과 시간을 지속시키는 시계장치 부분으로 구성되어 있다. 혼천시계의 동력 발생 장치는 2개의 추(錘)를 이용하는데, 조선의 전통적인 물레바퀴를 돌려주는 수력식(水力式)과 달리 두 개의 추를 사용하여 톱니기어 축에 체인으로 연결되어 회전시켜 주면서 시간을 알려주고 동시에 혼천의의 구동장치와 연결되어 혼천의를 구동시켜 준다. 시보장치는 한 시간(時辰, 현행 2시간)마다 해당되는 시간의 12시패(時牌)를 들어 알려주고 타종장치의 자명종은 계속 순환하는 쇄 구슬 하나를 매 시간마다 굴려 떨어뜨려 자동적으로 종을 작동시켜 해당되는 시간을 알려준다. 이와 같은 자동 시보(時報) 장치는 세종 때 창제한 자격루(自擊漏)의 전통시계의 방법을 계승한 것이다.

2. 혼천시계(渾天時計)의 천상운행(天象運行) 재현(再現)작동모델 복원

훼손된 혼천시계(渾天時計) 유물의 시계장치와 이와 연결된 혼천의(渾天儀) 부분들의 작동모델을 복원 제작(연구책임자 : 필자)하여 구동시킴으로 천상(天象)의 천체 운행을 재연하였다. 복원된 혼천시계를 들여다 보면 천구(天球)상에서 태양이 매일 1도씩 운행하는 동안 태양위치와 24절기와 28수(宿)의 별자리를 볼 수 있다. 현존하는 혼천시계(국보 230호)의 혼천의에는 황도환과 백도환이 보존되어 있다. 황도(黃道)는 하늘에서 태양이 지나는 길이며 황도환(黃道環) 바깥쪽 레일의 작은 구슬모양의 태양이 혼천시계의 작동과 함께 지속적으로 매일 1도씩 움직여 24절기에 해당하는 날짜에 이 구슬이 머물러 당시 양력 날짜라고 할 수 있는 절기를 알 수 있다. 그러나 현재 혼천시계 유물에는 이 장치가 유실되어 작동되지 않고 있다. 유물의 백도환(白道環)은 달이 하늘에서 지나가는 길이며 백도단환(白道單環) 27개 핀의 기능을 살펴서 매

06 | 복원한 혼천의의 지구의와 달의 위상변화 장치와 황도환(좌측). 항도환의 태양(작은 구슬) 이송 장치(중앙). 달의 위상변화는 현재 망월(望月)을 보여주고 있다(우측).

일 핀이 하나씩 이동하면서 달의 위상 변화의 장치를 움직여 달의 위상 변화의 장치였음을 확인할 수 있다. 달의 위상변화는 당시 음력 날짜에 해당하는 것으로 시계장치의 작동과 함께 매일 매일 지속적으로 초승달, 상현달, 보름달, 하현달 등 달의 위상변화 장치로 달의 모습을 변화시켜 주는데 이를 복원하여 유실된 달의 위상 변환장치를 추가로 제작하여 완성하였다. 그림 6은 복원한 달의 위상변화 장치인데, 2번째 사진에서 초승달을 볼 수 있고 4번째 사진에서 보름달의 모습을 보여주고 있다.

07 | 2007년 1월부터 발행한 한국은행 일만원권. 뒷면에 천상열차분야지도(국보228호) 배경과 혼천시계(국보300호)와 보현산 1.8m 천체망원경.
그림 : 한국은행

이 혼천의의 천상운행의 모습을 지켜보면 혼천 시계속의 달력(양력 및 음력)을 살펴볼 수 있는 천문시계(天文時計)이다. 당시에는 달력이 흔치 않고 더구나 음력 날짜를 사용하면서 양력의 의미를 갖는 24기(氣, 節氣)는 해마다 바뀌기 때문이다. 우리나라에서 전통적으로 사용한 역(曆)은 이와 같이 달과 태양의 운행을 계산하여 음력과 양력을 동시에 사용하는 태음태양력이다. 이 태음태양력을 사용한 우리 선조들은 국가의 천문기관에서 각종 천문의기를 제작하여 천체관측을 수행함으로 오늘날의 양력보다 더 복잡한 계산을 수행할 수 있었다. 그 계산과정에는 해와 달이 겹쳐지는 일식과 월식을 정확히 계산하고 예측하는 것과 오행성의 위치를 계산하는 과학의 우수성을 보여주었다.

특별히 조선시대 학문의 과정 중에 가장 기본단계를 격물(格物)을 이해할 수 있도록 유학자들은 천문교육을 위해 혼상(천구의)과 혼천의를 제작하여 후학들을 가르쳤다. 혼천의의 제작은 이에 그치지 않고 천상의 운행을 실시간으로 보고 느낄 수 있도록 시계장치와 결합하여 혼천시계를 제작하였다. 그 중에서 유일하게 현존하는 국보 제230호 송이영의 혼천시계는 우리나라의 전통적인 시계기술의 축적과 천문학적 원리를 바탕으로 당시 서양의 기계시계 기술을 집약하여 이룩한 천문시계이다. 즉, 동서양의 자동시계들의 주요한 특징을 잘 조화시켜 새로운 모델의 천문시계로 제작한 그 창조성을 높이 평가는 것이며, 서양시계에서 뿐만 아니라 중국과 일본에서도 찾아볼 수 없는 우리의 전통적인 방법으로 창제한 것이다. 그 창조성이 높이 평가되어 지난 2007년부터 한국은행에서 발행한 만원권 지폐를 보면 그림 7과 같이 뒷면 중앙에 국보 제228호인 천상열차분야지도를 바탕으로 하여 국보 제230호 혼천(渾天)시계의 혼천의 부분과 한국천문연구원의 보현산 천문대 1.8m 천체망원경 그림이 들어가 있다.

VI. 맺는말

오늘날 과학의 모든 것들이 우리 옛 선조들이 가져왔던 과학적 슬기와 연구 정신의 바탕 없이는 이룩할 수 없었을 것이다.

현재는 과거와 미래를 잇는 다리인 것처럼 미래의 주역인 우리들이 옛 선조들의 과학 탐구 정신을 이어받아 우리 삶의 영역을 더 넓고 높고 깊게 뻗어 무한한 우주를 향해 펼쳐나아갈 수 있기를 기대해 본다.

| 참고자료 1 |

태음태양력(太陰太陽曆) = 음력 → 달 운동 + 태양 운동
양력 : 1년 = 365.2422일
음력(삭망월) : 1달 = 29.5305882일, 삭망(朔望)월 → 합삭(음력 초하루)
1년 간 양력의 날자가 정수가 아니므로 4년마다 1일씩 윤일(윤달)이 필요하다.
1년 간 음력의 12개월의 날이 354.37일이므로 동짓달에 동지가 오려면 음력 윤달이 필요하다.

후한서(後漢書)의 율역지(律曆志) : 歲首支也 月首朔也 支朔同日謂支章
1년의 시작은 支(동지)이며, 한 달의 시작은 삭(朔)이다.
支(동지)와 삭(朔)이 같은 날에 만나는 경우를 장(章)이라 한다.

장(章)주기 : 19년 = 365.2422일/년 × 19년 = 6939.6017일
235 삭망월 = 29.5306일/삭망월 × 235삭망월 = 6939.6882 일
19년 = 235 삭망월 = 19년 × 12삭망월 + 7삭망월 → (19년간 7회의 윤달이 필요)

| 참고자료 2 |

치윤법 : 자동적으로 때를 맞춰 중기(中氣)가 없는 무중월(無中月)은 윤달이 된다.

24氣(12節氣＋12中氣) : 춘분(0o) 청명(15o) 곡우(30o) 입하(45o) 소만 (60o) 망종(75o) 하지(90o, 태양의 황경)

치윤법과 절기(節氣)와 중기(中氣)

절기(節氣)	입하	망종	소서	입추
	(음4.12.)	(음5.14.)	(음6.15.)	(음 . .)
중기(中氣)	소만	하지	대서	
	(음4.27.)	(음5.30.)	(음7.2.)	(음 . .)
월 명칭	4월	5월	6월(?)	7월(?)

무중월(無中月)

절기(節氣)	입하	망종	소서	입추
	(음4.12.)	(음5.14.)	(음,윤5.15.)	(음 6.18.)
중기(中氣)	소만	하지	(무중월)	대서
	(음4.27.)	(음5.30.)	(음 6. 2.)	
월 명칭	4월	5월	윤5월	6월

| 참고자료 3 |

초복(初伏), 중복(中伏), 말복(末伏)

초복(初伏) : 하지(6월 20일 경) 후의 셋째 경일(庚日)

중복(中伏) : 하지 후의 넷째 경일(庚日)

말복(末伏) : 하지 후 다섯째 경일(庚日)에 입추(立秋, 8월7일 경)가 지나면 첫 경일 입추가 안 지나면 여섯째 경일인 20일 만에 월복(越伏) 인 말복이 된다.

| 참고자료 4 |

10간(十干) 12지(十二支)의 응용과 맺는말

④ 갑(甲) 자(子), 쥐, 갑자사화(1504)　　⑨ 기(己) 사(巳), 뱀, 기미독립운동(1919)

⑤ 을(乙) 축(丑), 소, 을사조약(1805)　　⑩ 경(庚) 오(午), 말, 경술국치(1910)

⑥ 병(丙) 인(寅), 호랑이, 병자호란(1636)　　① 신(辛) 미(未), 양, 신미양요(1871)

⑦ 정(丁) 묘(卯), 토끼, 정묘호란(1627)　　② 임(壬) 신(申), 원숭이, 임진왜란(1592)

⑧ 무(戊) 진(辰), 용, 무오사화(1498)　　③ 계(癸) 유(酉), 닭, 계축옥사(1613)

기후변화와
제주 해양생태계의 변화

차형기 국립수산과학원 아열대수산연구센터장

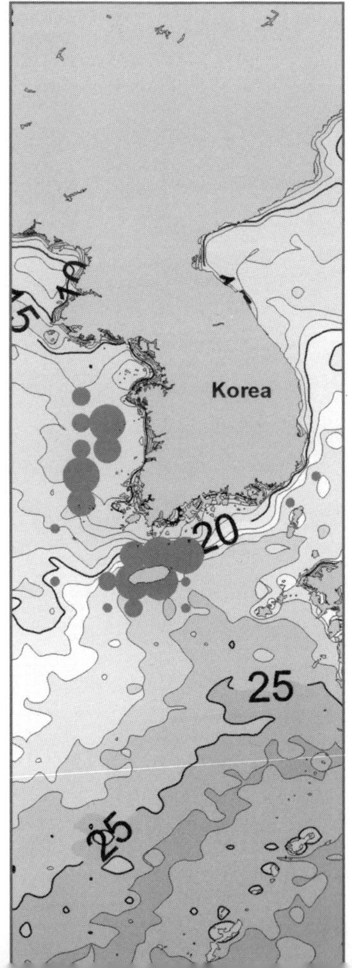

▲ 한반도 주변 바다 표면 온도

기후변화와 제주 해양생태계의 변화

Ⅰ. 머리말

1. 기후변화란?

기온, 강수량, 바람, 기압, 습도, 운량, 폭풍 등과 같이 시간적으로 빠르게 변화하는 일기(weather)를 기상이라고 하며, 매일의 일기 변화를 장시간에 걸쳐 평균한 대기와 수권 등 지구시스템의 특성과 현상을 총칭하는 것을 기후라고 한다. 즉, 기후란 대기현상이 시간적, 공간적으로 일반화된 것이며, 가장 출현확률이 높은 대기의 종합상태를 말한다. 기후도 기상도 모두 같은 대기현상이므로 많은 공통점을 가지고 있으나, 기후는 장기간의 대기현상을 종합한 것이고, 기상은 시시각각으로 변하는 순간적인 대기현상을 가리킨다. 세계기상기구(WMO, World Meterological Organization)에서는 대기의 경우 이에 해당되는 기간을 과거 30년간의 평균으로 정의하고 10년마다 갱신하고 있다.

정부간 기후변화 협의회인 IPCC[1](Intergovernmental Panel on

---

1) 정부간 기후변화 협의회(IPCC; International Panel on Climate Change) : 1988년 세계 기상기구와 유엔환경계획에 의해 기후변화에 관한 유용한 과학정보의 평가, 기후변화로 인한 환경, 사회, 경제적 측면의 영향 평가 및 대응 전략을 수립하기 위해 설립됨.

Climate Change)에 따르면 기후변화란 자연변동에 의한 것이든 인간 활동의 결과에 기인한 것이든 기후에 있어서의 모든 변화를 의미하며, 기후변화협약에 의하며 지구 대기 조성을 바꾸는 직·간접적인 인간 활동에 기인된 변화를 말한다. 최근에는 기후변화를 인간 활동에 의하여 기인된 지구온난화로 인식하기도 한다.

2. 기후변화 요인

지구가 생긴 이래로 기후는 계속해서 변화하고 있으며, 기후를 변화시키는 요인으로는 자연적 요인과 인위적 요인이 있다. 자연적 요인은 내적요인과 외적요인으로 나눌 수 있는데, 내적요인은 대기가 다른 기후시스템—즉, 해양, 바다 얼음, 육지 이들의 특징(식생, 반사도, 생물체와 생태계), 눈 덮은 정도, 육지 얼음, 물 수지 등—과의 상호 작용을 의미하며, 외적요인은 화산 분화에 의한 성층권의 에어로졸 증가, 태양 활동의 변화, 태양과 지구의 천문학적 상대위치 관계 등을 말한다. 화산폭발 때 분출되는 화산재나 미세먼지 등이 장시간 대기 중에 떠 있으면 태양복사를 차단하게 되어 기온이 낮아지게 된다.

인위적 요인으로는 온실가스 효과, 에어로졸의 효과, 토지 피복의 변화, 삼림 파괴 등이 꼽힌다. 산업혁명 이후 화석연료(석탄, 석유, 가스 등의 에너지원)의 사용 증가, 질소 비료 사용, 폐기물 소각, 냉매, 세척제 및 스프레이 사용이 증가하면서 대기 중의 온실가스 농도는 현저하게 증가하였다. 또한 인간 활동(산업화)에 의해 발생한 에어로졸의 양이 대기 중에서 증가하고 있는데, 인간의 활동에 의해 만들어진 에어로졸은 며칠 동안만 대기 중에 잔류하기 때문에 산업지역과 같은 발원지역 부근에 집중되는 경향이 있다. 즉, 에어로졸에 의한 복사강제력은 지역적으로 큰 차이를 보이게 된다.

토지의 과도한 이용이나 장작과 숯 채취 등에 의해 토지 이용도가 변화하고, 도시화 산업화로 인한 고층 건축물의 등장도 기후변화를 유발하고 있으며, 도로의 건설, 벌목, 농업의 확장, 땔감으로의 삼림 사용 등에 의한 삼림 파괴도 기후변화의 주된 요인이다. 삼림은 종의 서식과 생물 다양성의 보존은 물론, 기후와 물의 순환, 영양분의 순환에 의해서 인류의 생명을 유지시키는 역할을 담당하는데, 대규모의 삼림 제거는 물 순환에 심각한 영향을 미치고 장기적으로는 강수량에 영향을 미쳐 산림의 성장이나 농업에 부정적인 영향을 주게 된다. 또한 대규모의 산불에 의해 산림이 제거되게 되면 대기 중으로 다량의 이산화탄소를 배출하여 지구온난화를 더욱 강화하게 된다.

3. 지구온난화의 결과

IPCC가 2007년 2월에 발표한 '기후변화에 관한 제4차보고서'에 따르면 대기 속 이산화탄소의 농도는 산업혁명 전의 280ppm(100만분의 1)에서 2005년 379ppm으로 증가하였으며, 현재의 추세라면 2040~2050년 즈음에는 대기 중 이산화탄소의 수치가 자연 수준의 2배인 550ppm에 달해 대재앙이 발생할 것이라고 한다. 남극의 빙하를 통해 지난 65만년 동안의 데이터를 분석한 결과 화석연료의 사용, 농업 등으로 이산화탄소와 메탄의 대기 중 농도는 산업혁명 전에 비해 매우 높았으며, 증가 원인의 90%가 인간의 화석연료 사용에 의한 것으로 밝혀졌다. 보고서에서는 현재 온실가스의 사용을 감축한다고 해도 수세기 동안 지구온난화는 지속 될 것이라고 밝혔다.

온난화로 인해 지구의 기온은 2100년까지 1.8~4.0℃ 상승할 것으로 예상되었다. 기온이 1.5~2.5℃ 상승하면 생물종의 20~30%가 사라질 우려가 있으며, 3℃ 상승하면 아시아에서 연간 700만 명이 홍수의 위협, 세계의 1억 명 이상이 식량부족에 시달리고, 100만~1억 7천만 명이 해안 침수 영향권에 들어, 1억 5천만~2억명의 환경난민이 발생할 것으로 전망되었다. 지구의 기온이 4℃ 오르면 세계의 5명 중 1명이 물 부족에 시달리며, 북미의 경우 높은 온도로 인한 피해는 예년에 비해 3~8배까지 증가할 것으로 보고되었다.

기후모델 결과에 따르면, 지구온난화에 따라 태풍, 허리케인 등의 강도가 강해지고, 폭염과 폭우가 자주 발생해 아시아 등에서는 저지대의 침수가 우려되고, 아프리카에는 사막화가 진행 될 것으로 나타났다. 바다에서는 2100년까지 pH가 0.14~0.35 상승하여 바다의 산성화 현상이 강화될 것으로 전망된다.

해수면은 2100년까지 17~59cm 상승(극지방 해빙시 10~20cm 추가; 3차 보고서에서는 9.0~99cm 상승 전망)하여, 키리바시 같은 나라와 상하이, 부에노스아이레스 같은 도시들이 침수 위험이 있는 것으로 나타났다. 북극 영구 동토 층의 경우 표면 온도가 1980년 이후 3.0℃ 가량 상승하였으며, 1900년 이후 북반구에서 주기적인 동토의 범위가 7% 가량 감소하였다.

Ⅱ. 기후와 해양생물

지구의 역사에서 기후변화는 이상스러운 현상이 아니다. 하지만 대부분의 기후변화는 장기간에 걸쳐 서서히 진행되었기 때문에, 생물들은 바뀐 환경에 비교적 무난하게 적응을 할 수가 있었다. 요즈음 회자되고 있는 기후변화의 문제는 인간의 자연파괴적 활동 혹은 과도한 공업화의 결과가 지구환경을 급격히 변화시키고 있으며, 생물체들은 바뀐 환경에 적응할 시간적 여유가 없다는 것이다. 공장에서 배출되는 이산화탄소 등의 온실가스는 지구를 온난하게 만들고 있으며, 지구온난화는 남북극의 빙하를 녹이거나 수온을 상승시켜 해수면을 상승시키는 효과를 가져오고 있다. 이러한 현상은 해안지역의 침수를 유발할 뿐만 아니라, 해안 부근에 서식하는 생물상의 변화를 야기한다.

해양생물에 대한 과학적 고찰이 시작된 이래에 두 가지의 커다란 진전이 있었다. 과거 100년 전까지만 해도 해양에는 무진장한 생물자원이 서식하고 있으며, 인류가 아무리 소진한다고 하더라도 고갈되지 않을 것이라는 주장이 있었다. 그러나 그와 같은 견해는 20세기의 초·중반에 걸쳐 이루어진 인간의 과도한 남획활동으로 여지없이 깨져버렸다. 또한, 불과 30년 전까지도 해양학자들은 기후변화에 따른 해양환경의 변화를 크게 실감하지 못하였었고 해양생태계가 지탱할 수 있는 환경수용력(즉, 한 특정해역에서 서식할 수 있는 생물들의 총중량)이 시대에 따라 변동할 수 있다는 생각에는 미치지 못하고 있었다. 하지만 1980년대에 접어들면서, 기후의 변동에 따라 그 해역에 서식할 수 있는 생물량이 증감될 수 있음을 알게 되었다. 이러한 과학적 연구결과는 세계의 해양에서 우리 인류가 생산할 수 있는 수산물의 한계치를 계산하는데 도움이 되며, 기후가 바뀜에 따라서 수산생물종의 변화가 일어날 것을 예측하는 근거가 된다.

기후의 변동은 시간이 지남에 따라 바다 깊숙한 곳까지 영향을 미치지만, 그래도 가장 민감하게 작용하는 곳은 공기와 접하고 있는 바다의 가장 윗부분이다. 이곳에 서식하는 해양생물들은 기상

혹은 기후의 영향을 많이 받게 된다. 육상에서는 기상현상이 바뀜에 따라 기온의 차이가 크지만, 해양은 바닷물의 특수한 성질 때문에 수온의 변화가 매우 느리게 진행되며, 육지환경에 비하여 변동의 폭이 좁으며 안정되어 있다. 따라서 육상생물들은 환경의 변화에 비교적 쉽게 적응할 수 있고, 해양생물들은 환경변화에 매우 취약한 편이다. 환경변화가 크지 않은 해양의 심층에는 태고 적부터 살아오던 생물종(예 : 상어)이 육상에 비하여 많고, 100년 혹은 200년씩 장수하는 어류가 많지만, 환경변화가 큰 해양의 표층에서는 생물들이 번성과 쇠락을 반복할 가능성이 높은 것이다.

생물에 대한 환경의 영향은 두 가지 측면(즉, 시간적 요소와 공간적 요소)에서 고려할 수 있다. 초 단위의 짧은 환경 변화(예, 해류의 속도)로부터 수만 년에 이르는 빙하기·간빙기의 교대와 같은 변화도 있다. 또한 지역적 강수와 같은 작은 공간에 영향을 미치는 환경 요소가 있는가 하면, 기후와 같이 전 대양에 미치는 영향도 있다. 이러한 변화에 따라서 생물상이 달라지는데, 특히 태평양에서는 열대 동태평양에서 발생하는 엘니뇨(El Nino) 현상과 1970년대 후반에 발생하였던 기후의 체제변환(climate regime shift)현상이 유명하다. 엘니뇨는 해양의 심층으로부터 찬 바닷물이 상승하는 용승현상이 중단되어 바다의 표면이 따뜻해지는 페루 앞바다에서의 현상인데, 5~7년 정도의 주기를 갖는 엘니뇨가 발생하면 식물플랑크톤의 증식이 제한되며, 이들을 먹고 사는 멸치자원의 쇠락이 뒤따른다. 또한 엘니뇨는 지역적 현상이긴 하지만, 그 영향은 거의 지구 전체에 미친다. 엘니뇨가 발생하면, 세계 도처에서 가뭄, 홍수 등의 기상이변이 동시에 발생하고 있으며, 우리나라 생태계에도 간접적인 영향이 있다. 최근에는 엘니뇨현상의 강도가 훨씬 강력해졌으며 빈도도 잦아졌다.

북동태평양에서는 기후가 수십 년의 주기를 가지고 변화하여

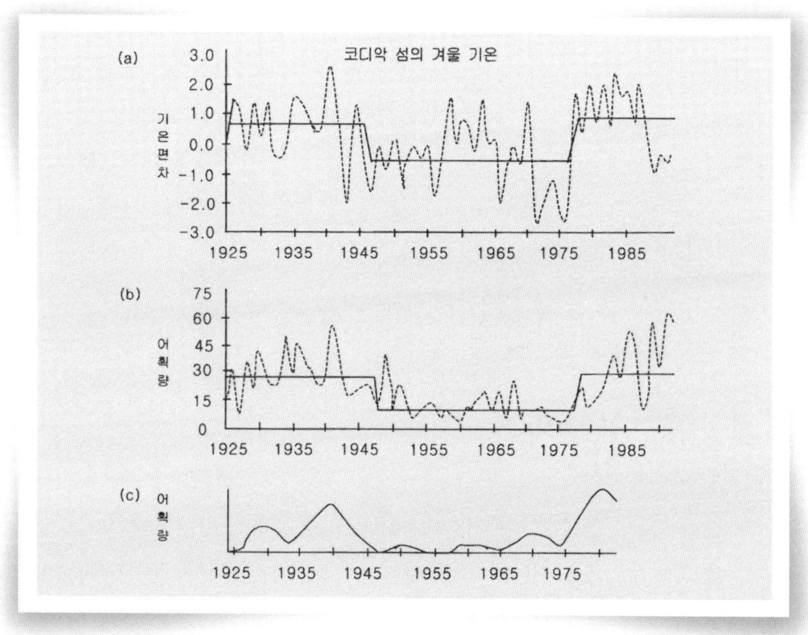

01 | 북동태평양에서의 기후체제변환과 어획량 변화
(a) 코디악 섬에서의 기온 변화, (b) 알라스카만에서의 곱사연어 어획량 변화, (c) 북한 해역에서의 어획량 변화

왔는데, 변화가 점진적으로 진행되는 것이 아니라 갑작스럽게 바뀐다고 알려졌다. 즉, 1940년대 중반에 따뜻하였던 기후가 갑자기 한랭한 기후로 바뀌었으며, 북동태평양에서 한랭한 기후가 약 30년 정도 지속되다가 1970년대 중반에 다시 따뜻한 기후로 갑자기 변하였다(그림 01a). 이러한 갑작스런 기후의 변동을 기후체제변환(climate regime shift)이라고 하며, 이 결과로 생물상에도 큰 변화가 있다. 예를 들면, 기온이 상승하면 이 해역에 서식하고 있는 곱사연어의 어획량이 증가하였으며, 기온이 내려가면 감소하였다(그림 01b). 또한 알래스카의 곱사연어와 한국 근해의 곱사연어는 서로 왕래할 수 없는 먼 거리에 있음에도 불구하고, 두 개체군의 어획량 증감이 같은 형태를 보이고 있다(그림 01c). 이러한 현상은 비록 따로 떨어져 있는 어류개체군이라 하더라도, 이들을 통괄

하여 조절하는 커다란 규모의 기후와 같은 환경요소가 있음을 알려주는 것이다. 과학자들은 아직 기후와 생물상의 변동 메카니즘을 설명하지 못하고 있다.

Ⅲ. 한국(제주) 해양생태계의 변화

1. 해양환경의 변화

태평양의 서북쪽에 위치한 우리나라는 대륙과 대양을 연결하는 반도이므로 기후 및 해양환경이 다소 복잡한 양상으로 나타난

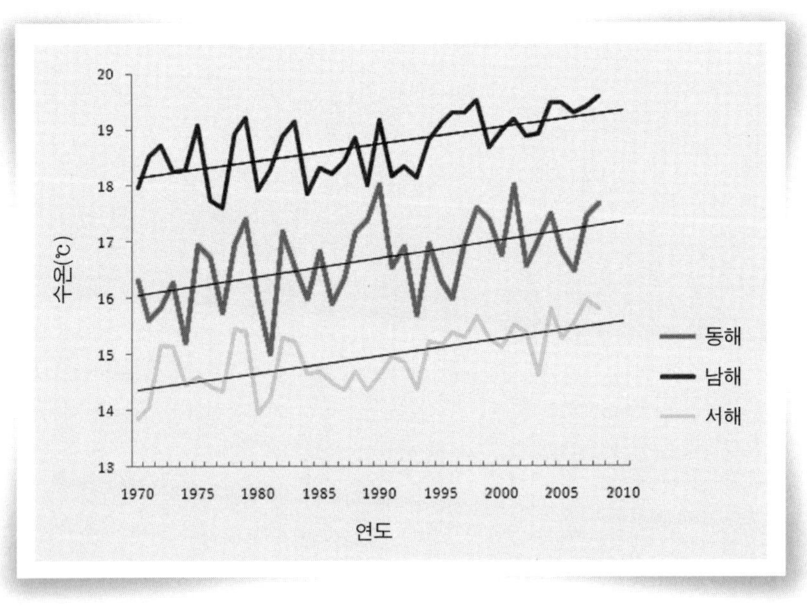

02 | 지난 40년간 한국 주변수역의 해역별 수온변동

다. 계절에 따라 바람의 방향이 바뀌는 계절풍(monsoon)이 수온과 해류의 방향에 영향을 주고 있으며, 서해와 남해에서는 태풍과 장마에 의하여 유출되는 강물이 인근 해역의 염분을 낮추기도 한다. 동해의 북쪽에는 아한대의 영향을 받는 냉수가, 그리고 남쪽에는 아열대의 영향을 받는 온수가 항시 존재하며, 동해의 중부에서 두 수괴가 만나 전선을 형성한다. 약간 긴 기간 동안의 변화를 살펴보면, 우리나라 해역의 온난화 현상은 분명해진다. 최근 41년간(1968~2008년) 우리나라 주변의 해역별 수온 변동을 살펴보면, 동해는 1.39℃, 남해는 1.29℃, 서해는 1.24℃ 상승하였는데, 이러한 상승폭은 전 세계 평균 0.74℃(1906~2005년)의 약 2배에 달한다. 계절별로는 여름철보다 겨울철의 상승폭이 큰 것으로 나타났다(그림 02).

2. 해양생태계의 개편

시대적으로 한반도 부근 해역에서의 생태계 변화는 분명하다. 혼합수심은 해양의 생산력에 영향을 미쳐, 1960년대의 기초생산력과 동물플랑크톤의 생물량이 1980년대보다 더 높았다. 1990년대에 들어와, 해양이 따뜻해짐에 따라 해파리와 아열대 어종들이 우리 해역에서 자주 출현하고 있으며, 어류가 감소하고 무척추동물이 번성하는 등의 생태계 개편이 진행 중이다. 우리는 이러한 현상이 왜 나타나는지 아직 잘 모르고 있다. 그것이 기후변화에 의한 결과인지, 과도한 어업에 의하여 생태계 교란의 결과인지, 아니면 대도시로부터의 오염물질 방출에 의한 결과인지 확실히 모른다. 단지 확실한 것은, 과거보다 변화의 폭이 빠르고, 예측하기 어려운 방향으로 변화가 일어나고 있다는 사실이다.

1) 어류생태계의 시대적 변화

지난 80년간의 어획통계를 보면, 한국 해역의 수산자원은 시대적으로 차이가 확연하다(그림 03). 첫 번째 현상은 온수성 어종과 냉수성어종의 교대현상이다. 동해에서의 어획량 변화를 시대로 보면, 1960년대에는 오징어가 많이 어획되고 명태가 적게 잡혔지만, 1970년대와 1980년대에는 이와 반대 현상이 나타났다. 1990년대에 들어와서 명태는 거의 자취를 감추었으며, 오징어가 다시 증가하여 동해 전체 어획량의 거의 반에 육박하였다. 또한, 정어리 자원은 1980년대에 잠깐 나타났다가 그 이후에 출현하고 있지 않다.

두 번째의 특별한 현상은 소형표층어류의 증가이다. 이들은 주로 플랑크톤 식성이며, 군집을 이루는 성향이 강하다. 이들이 일생동안 서식하는 해양의 표층은 기상의 영향이 크고, 이에 따라 해

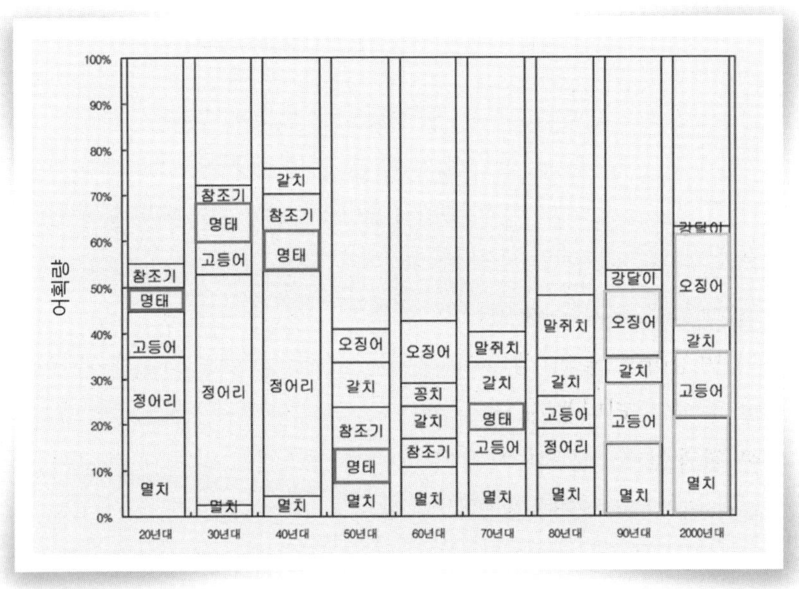

03 | 우리나라 주요 어획물의 연대별 변동

양의 생산력 변화가 심하다. 소형표층어류들의 번성은 해양의 생산력에 좌우되므로, 기후의 변동에 매우 민감하게 반응하는 것이다. 대마 난류 해역에 서식하는 주요 소형표층어류의 어획량을 분석하면, 전체 어획량에 대한 이들의 비율이 점점 증가하는 경향을 볼 수 있다. 지난 70년대만 해도 우리나라 전체 어획량의 40%대에 머물던 주요 10종의 소형표층어류(고등어류, 꽁치, 농어, 멸치류, 방어, 삼치류, 숭어류, 오징어, 전갱이류, 정어리)의 어획량은 1990년대 중반부터는 60%를 상회하였다.

2) 수산자원 변동에 대한 환경의 영향

등온선의 북상현상은 겨울철에 특히 현저하며, 생태학적으로는 온수성 생물의 서식지역 확대와 냉수성 생물의 쇠퇴로 이어진다. 즉, 따뜻한 바닷물에서 서식하는 고등어, 오징어 등의 생물들이 우리나라 수산어획량의 70% 이상을 차지하고 있는 반면, 전통적으로 중요한 어업이었던 동해의 명태어업은 거의 자취를 감추게 되었다. 무엇보다도 최근에 급격히 증가하고 있는 오징어 자원의 증가는 눈여겨 볼만하다. 해마다 약간씩의 변동은 있지만, 우리나라의 오징어 어획량은 연근해어업 전체 어획량의 20~25%에 이르고 있다. 아직 오징어 자원의 증감이 어떠한 과정에 의하여 결정되는지 밝혀지지는 않았지만, 많은 과학자들은 기후의 변동과 관련이 있을 것으로 생각하고 있다. 실제로 한국과 일본 오징어 어획량의 증감은 서식처의 수온과 밀접한 관계가 있는 것 같은데, 해양의 수온이 높았을 때에는 차가웠을 때보다 많은 어획이 이루어졌다(그림 04). 특히 1990년대에는 수온이 따뜻하여지면서, 우리나라 동해에서는 동물플랑크톤의 양이 급격히 증가하였다. 이처럼 따뜻해진 해양, 늘어난 동물플랑크톤은 오징어 자원의 증가에 주요 원인으로 작용하였을 것처럼 보인다.

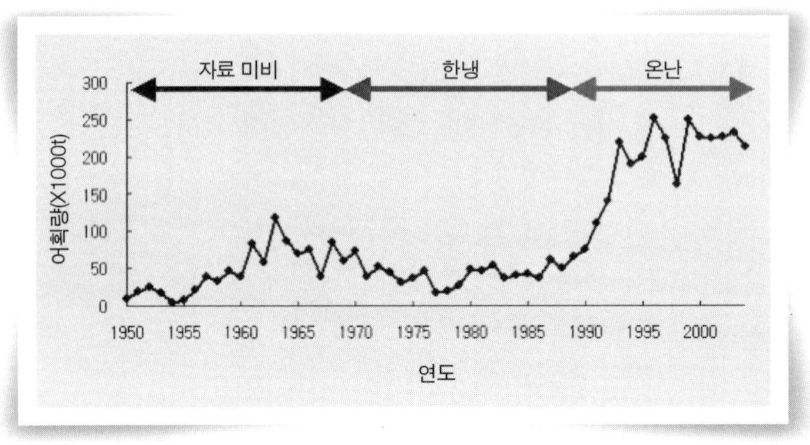

04 | 우리나라 살오징어(*Todarodes pacificus*) 어획량 변동

남해 12월의 평균 수온이 평균보다 차거나 따뜻하였던 시기가 1970대~1980년대 중반과 1990년대 이후에 각각 나타나며, 수온은 살오징어의 어획량과 양의 상관관계를 보임.

    동물플랑크톤은 어류의 먹이생물이기 때문에, 해양에서 이들의 번성과 어류의 번성은 매우 밀접한 관계를 가지고 있다. 우리나라에 서식하는 어종들도 예외가 아닌데, 온수성 표층어류는 따뜻한 동중국해에서 겨울을 보낸 다음에, 우리나라, 중국, 일본의 연안으로 계절적 회유를 하면서 산란 및 성장을 한다. 대체로 우리나라 해역에서 동물플랑크톤은 90년대에 들어와 급격하게 생물량이 증가하였으며(그림 05), 이 시기에 수온도 상승하였다. 한국의 남서부해역에서 동물플랑크톤의 생물량이 가장 높았는데, 남서부 해역은 동중국해와 면한 해역으로서, 대마 난류계에 서식하는 소형표층어류와 서해 저어류가 월동하는 장소이다. 동물플랑크톤의 종조성에도 변화가 있었는데, 1990년대 초반까지 우세하던 요각류는 서서히 감소하였으며, 단각류, 난바다곤쟁이류, 모악류와 같은 대형동물플랑크톤이 증가하였다. 그러므로 해양에 출현하는 동물플랑크톤의 종조성과 밀도가 이들 어류의 번성 및 어획과 관계가 밀접할 것이다.

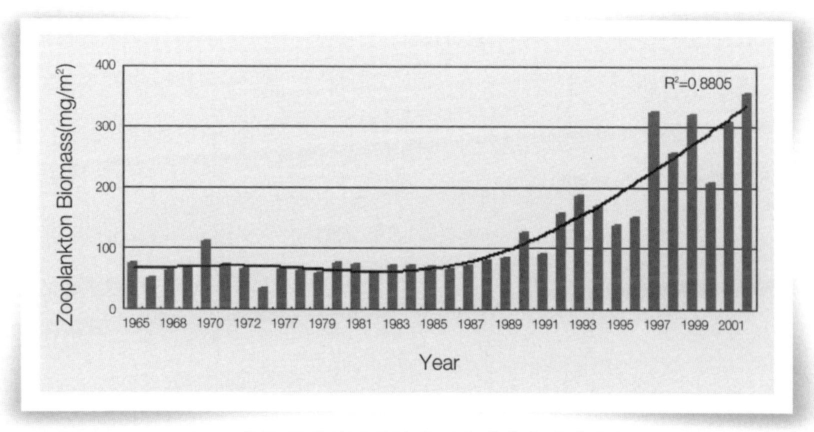

05 | 한국 근해역 동물플랑크톤 생체량 장기변동

일례로, 남해에 서식하는 멸치와 고등어는 대표적 온수성 소형 표층어류로서, 봄에 태어나 여름과 가을에 걸쳐 빠르게 성장을 한다. 이들은 가을이 되면 어획의 대상이 되며, 수온과 먹이생물의 풍도가 이들의 성장에 중요한 요인으로 작용을 하고 있다. 어획량은 특히 동물플랑크톤의 생물량과 높은 양의 상관관계를 보이고 있는데, 엘니뇨가 발생하는 해에는 가을에서 초겨울에 걸쳐 남해 전역에 따뜻한 수온이 나타나고, 멸치와 고등어의 먹이생물인 요각류, 난바다곤쟁이류, 단각류의 생물량이 높게 나타난다. 이러한 통계분석의 결과는 적도지방에서 발생한 엘니뇨가 시간이 지남에 따라 우리나라 남해 해역의 수온에도 영향을 미치고 있으며, 상승된 수온은 동물플랑크톤의 번성에 긍정적으로 작용하여, 결과적으로 어류의 성장과 어업에 도움을 줄 수 있다는 논리를 가능하게 한다. 어류자원의 경우, 자원량이 별로 크지 않을 때에는 해양환경조건이 자원변동에 큰 영향을 주고 있지 않으나, 어느 정도 이상의 자원량을 보일 때에는 해양의 환경조건이 그 어종의 성쇠에 주요한 요인으로 작용하는 것처럼 보인다.

어류가 태어나던 시기의 해양환경이 몇 년 후의 어획량을 결정하는 주요한 원인이 되기도 한다. 서해의 깊은 물에 사는 참조기의 경우, 태어날 때에 수온이 따뜻하였고, 치어 시기에 안정적인 환경을 경험한 참조기 개체군은 수온이 차고 변동이 심한 환경 속에서 성장기를 보인 개체군에 비하여 어획되는 양이 많은 것으로 나타났다. 해수의 온도와 해양의 안정성이 플랑크톤 생태계에 영향을 미치며, 더 나아가 이 해역의 동물플랑크톤 밀도의 변화는 남획과 더불어 참조기 자원의 증감에 결정적인 역할을 할 것이라고 생각한다. 동해쪽에 서식하는 대구의 경우도 비슷한 연구 결과가 있다. 대구의 어획량은 그들이 태어나던 해의 산란장에서의 수온과 음의 상관관계가, 그리고 그들의 미성어 시기의 동물플랑크톤의 생물량과 양의 상관관계를 갖는 것이 밝혀졌다.

3) 아열대어종의 출현양상

제주도 주변해역은 우리나라 어류 생산량의 약 60%를 점하는 원천어장 역할로 매우 중요한 해역이다. 최근에는 과거 제주도 앞바다에 무성하게 분포하고 있던 감태 군락지가 아열대 해역에서 서식하는 말미잘(*Entacmaea sp.*)의 군락지로 변화하고 있고, 깃털제비활치, 귀상어, 민전갱이, 남방주걱치, 납작금눈돔 등 남방계 어류들의 출현이 빈번하고, 한반도 연근해에서 거의 출현하지 않는 아열대성 어종인 흑새치, 보라문어, 백미돔, 날새기 등의 출현이 잦아지고 있다. 또한 제주도 연안에서 주로 발견되던 자리돔, 황놀래기, 줄도화돔 등의 아열대성 어종이 남해연안은 물론 동해의 왕돌초 및 독도 주변해역까지 그 분포역이 북상하였으며 출현빈도도 증가하고 있는 추세로 수온상승에 따른 어종변화가 빠르게 진행되고 있다. 이러한 추세가 지속된다면 머지않은 장래에 우리의 밥상에 자주 오르던 대중성 어종인 고등어, 멸치, 오징어, 대구, 조기, 명태 등 친근한 어종 가운데 한류성 어종은 밥상에서 사

라지고 새로운 아열대성 어종이 그 자리를 메울 날이 올 것으로 전
망된다.

Ⅳ. 국가 기후변화 대응 정책

　IPCC 제4차 보고서에서는 기후변화의 원인이 인간 활동에 기
인한 현상으로 규정한 바, 2008년 이후 우리 정부는 기후변화 대
응 정책도 소극적 적응에서 적극적 대응으로 정책을 전환하였다.
현 정부에서 녹색성장위원회 운영을 통해 강력한 녹색성장 및 기
후변화 대응 정책을 수립하였으며, 녹색정책 27대 중점기술 중
"기후변화 예측 및 모델링 개발기술"과 "기후변화 영향평가 및 적
응기술"을 최우선 기술로 선정 운영하고 있다. 환경부에서는 해양
/수산업 등 10개 부문의 "국가 기후변화 적응대책 ('11~'15)을 마

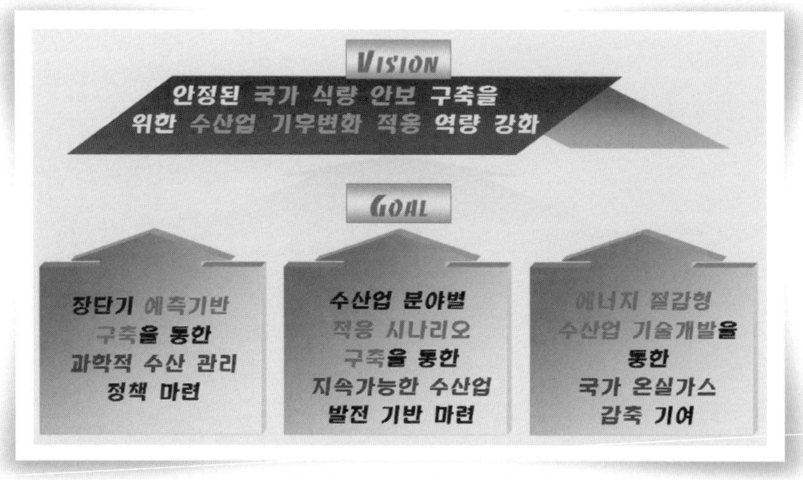

06 | 수산업 기후변화 적응역량 강화 기술개발 모식도

련하여 법정 국가 적응대책을 마련 (2010.10)하였다. 해양/수산업 분야는 연안 및 해수면 상승 대책, 수산업 생산성 증진, 수산업 피해방지의 3분야로 나누어지며, 바다목장 조성 등을 통한 안정적 수산식량자원 확보, 기후변화를 고려한 새로운 양식기술 도입 및 보급, 해수면 상승 대응 국토관리 방안 구축으로 사회 안정성 확보를 목표로 하고 있다.

한국 풍수사상의 자생적 특징

최창조 풍수지리학자, 전 서울대학교 지리학과 교수

▲ 제주도 천제연 폭포

한국 풍수사상의 자생적 특징

Ⅰ. 본문(本文)

1. 자생풍수의 근본 원리

1) 사람과 땅 사이의 상생 조화

땅이 좋아야 뛰어난 인재가 태어난다는 뜻의 '인걸(人傑)은 지령(地靈)' 이란 말은 3세기 중국 동진 시대의 곽박이 쓴 교과서적 풍수서 『금낭경(錦囊經)』에 처음 나온다. 따라서 풍수에서는 본래부터 자연 환경이 사람에게 영향을 미쳐왔다고 본 것이 분명하다. 이것은 서양에서도 있었던 지리 사상이다. 그러니까 풍수건 서양 지리건 자연과 인간의 관련성에 의심을 품은 쪽은 없다. 동서양을 불문하고 위인(偉人) 전기(傳記)에는 그가 산천이 빼어난 곳에서 태어났음을 첫머리에 붙이고 있지 않은가.

다만 서양 지리학이 환경결정론적 시각에 매달려 왔다면,―물론 이것은 제국주의에 악용된 측면이 있는 것이지만, 예컨대 열등한 환경이 열등한 민족을 배출했다는 식으로,―풍수는 오히려 자연과 인간의 상호교감에 중점을 두어왔다.

따라서 풍수 즉 자연풍토가 인간에 영향을 미친다는 것은 분명 인정하지만 어느 한쪽의 주도(主導)를 인정치 않고 서로가 맞느냐 맞지 않느냐 하는 문제에 풍수사상은 주로 관심을 쏟게 된다. 엄밀히 말해서 풍수에 좋고 나쁜 땅이 있는 것이 아니라, 맞느냐 맞지 않느냐의 문제만 있다는 것은 이런 논리에서 나온 말이다.

흔히 풍수를 좋은 땅 잘 골라 그 음덕(蔭德) 좀 보자는 술법 정도로 이해하고 있다. 그런 측면이 분명히 있는 것은 사실이다. 그러나 우리나라 자생 풍수 사상의 원류인 도선풍수(道詵風水)는 그런 이기적이고 소극적인 지리학이 아니다.

그렇다면 도선풍수란 무엇인가. 그것은 한마디로 땅에 대한 사랑이다. 사랑은 홀로 되는 것이 아니며 또한 사랑은 훌륭한 것, 좋은 것만을 상대하는 일이 아니다. 훌륭하고 좋은 것이라면 나 아니라도 사랑해 줄 사람은 얼마든지 있을 것이다. 오히려 지고지선(至高至善)한 사랑이란 다른 것에 비해서 떨어지는 것, 문제가 있는 것, 좋지 않은 것에 대해서일 때 의미가 있다. 도선풍수에서의 땅 사랑은 그런 근본적인 인식 속에서 출발이 된다. 명당(明堂)이니 승지(勝地)니 발복(發福)의 길지(吉地)니 하는 것은 도선풍수의 본질에서는 너무나 멀리 떨어진 개념들이다.

결함이 있는 땅에 대한 사랑이 바로 도선풍수가 가고자 하는 목표이며 그것이 바로 비보풍수(裨補風水)이기도 하다. 앞으로 많은 사례들을 들겠지만 구체적으로는 2개의 큰물이 모이는 합수(合水) 지점으로 홍수 때 침수 위험이 상존하는 곳, 낭떠러지 밑이나 바로 위여서 산사태의 위험이 있는 땅을 골라 절을 세워 비보를 하는 식이다. 절에 상주하는 스님으로 하여금 경계와 일단 유사시 노동력 역할을 맡게 하자는 의도이다. 마치 병든 어머님께 침을 놓아드리는 듯한 땅에 대한 지극한 사랑이다.

'풍수무전미(風水無全美)'란 말이 있다. 완전한 땅이란 없다는 뜻이다. 사람이건 땅이건 결함이 없는 것은 없다. 결함 없는 곳을 취함은 사랑이 아니다. 일부러 결함을 취하여 그를 고치고자 함이 도선풍수의 근본이다. 그래서 도선풍수는 우리 민족 고유의 '고침의 지리학, 치유(治癒)의 지리학'이 되는 셈이다.

풍수는 기본적으로 사람과 땅(人間과 自然) 사이의 상생 조화에 관심을 갖기 때문에 경제적인 측면이 어느 정도 간과(看過)되는 것은 사실이다. 경제적 개발에 대하여 인식론적 반감을 가질 수 밖에 없는 것이 풍수라는 뜻이다. 그럼에도 불구하고 오늘날 풍수가 현대의 국토 문제에 관여할 수 있는 까닭은 그가 지니고 있는 건전한 지리관, 토지관, 자연관 때문이다.

풍수는 땅을 어머니 혹은 생명체로 여기기 때문에 그것을 단순한 물질로 생각하지 못한다. 따라서 땅이 소유나 이용의 대상이 될 수가 없다. 누가 감히 어머니(땅)를 이용할 수 있으며 누가 어머니(자연)를 소유한다는 패륜을 저지를 수 있겠는가. 풍수가 국토 재편(再編)에 어떤 기여를 할 수 있다면 그것은 풍수의 공도적(公道的) 자연관에 있다고 본다. 개발을 어머니에게 의지한다고 생각하고 자연보전을 어머니에 대한 효도의 관념으로 바꾸어 생각하는 지혜를 오늘의 사람들에게 전할 수 있다고 본다는 뜻이다. 의지한다는 것과 이용한다는 것은 본질적으로 다른 개념이다. 의지는 신세를 지는 일이며 은혜를 입는 일이다. 그런 사고방식이라면 누가 감히 땅을 함부로 대하고 많이 소유하려 할 수 있겠는가.

개인적으로는 풍수가 현대인들을 소박한 자연주의로 몰아갈 우려가 있다. 그것은 도선풍수가 가지고 있던 자연과의 조화, 대동(大同)적 공동체 관념에 배치되는 일이다. 도선은 적극적으로 어머니인 국토의 병통을 고치기 위하여 비보의 방법을 고안한 사람이다. 그의 지리철학을 오늘의 관점에서 재해석하자면 앞에서 언급한바 "치유(治癒)의 지리학"이 되는 것이고, 이는 바로 살아 있는 땅으로 재생시키자는 운동 원리가 되기도 한다.

자연의 길(自然之道)을 방해하지 말라. 자연의 흐름에 순응하라. 아마도 이것이 오늘의 우리에게 풍수가 해줄 수 있는 말일 것이다. 국토 재편은 이 지리철학을 벗어나서는 안 된다. 그렇게 해야 생존을 위한 싸움터로서의 국토가 아닌, 삶터로서의 국토를 가지게 되는 길일 것이기 때문이다.

우리는 삶 속에서 우리를 둘러싸고 있는 자연이 우리에게 어떤 영향을 미치는지를 알게 모르게 느끼고는 있다. 다만 그것을 분명하고도 합리적인 언어로 표현하지 못할 뿐이다. 나는 개인적으로 청주에 살 때와 전주에 살 때, 그리고 관악산 아래 봉천동에서 살고 있는 지금의 사고방식이 다름을 느낀다. 세월의 변화에 의한 나이 탓도 있겠지만 그것 말고 말로는 표현하기 어려운 성격의 변화를 느낀다는 뜻이다. 청주에 살 때는 무심천변이었다. 길게 뻗은 둑길을 보며 언제나 저 길이 끝나는 곳까지 가봐야겠다는 생각을 했었다. 전주에 살 때는 조경단 부근 숲에서 살며 세상으로부터 가려진 어떤 것을 추구했었다. 지금 관악산의 바위 봉우리를 보면서는 쓸모도 없는 투쟁심에 젖어 몸과 마음을 상하고 있다.

대륙의 벌판에서 느끼는 마음은 허망함과 고적감이다. 간접적으로 경험한 히말라야 설산을 보며 느끼는 감상은 삶에는 도움이 되지 않는 신비에의 동경심이다. 그래서 대륙인들은 사람과 땅과의 관계에서보다는 인간관계에 더 집착하게 되는 것인지도 모른다. 유교에 자연관이 없는 것은 아니지만 그것이 주장하는바 요체는 인간관계에 대한 규정이다. 설산을 보며 살아가는 티베트인들은 그러한 신비감을 종교적 성취욕으로 풀어가려 한다.

누구나 산을 보면 그 너머에 있는 땅을 그리게 된다. 하지만 실제 넘어가 보면 그곳에도 별게 없다는 것을 체감한다. 허망과 고적과 신비는 그렇게 쌓여 간다. 그들은 삶의 본질과 실체를 잃고 있는 것이다.

오늘의 한반도를 살고 있는 우리들도 점차 그들을 닮아가고 있다. 자연을 잃고 인간관계에 집착하며 있지도 않은 신비를 찾아

나선다. 그래서 자연은 파괴되고 사람들은 이해관계에 얽혀서만 사람을 사귀고 광신적 종교에 휘말려 드는 것이다.

자연은 본래 있는 그대로의 것을 받아들이는데 뜻이 있다. 나이를 먹어 가며 허망과 고적과 신비를 넘어 자연을 온 몸으로 맞게 되었을 때, 나는 그것을 풍수적 삶에 도달했다고 말한다. 그러나 그런 길고 복잡한 과정을 경험하지 않고도 자연을 맞게 되었다고 말할 수는 없다. 풍수적 삶이란 것도 대가를 요구하기 때문이다.

2) 자생풍수에서 터 잡는 방법이란?

여기서 좀 구체적으로 자생풍수의 터 잡기 방법을 정리해 놓고 얘기를 풀어 나가기로 하자. 그래야 독자들이 왜 내가 그런 식으로 땅을 바라보게 되는지를 이해할 수 있을 것이기 때문이다.

고유한 우리의 자생풍수는 전제(前提)한대로 철저히 "어머니인 땅"이란 개념을 출발점으로 삼는다. 그것으로 모든 것이 해결될 수 있기 때문이다. 어떤 터(基地)가 있을 때 그 터가 있게 되는 까닭은 우리나라의 경우 당연히 산에서 비롯된다. 그 주된 산, 즉 주산(主山)이 바로 어머니이다. 우리나라의 가장 위대한 큰 어머니인 백두산으로부터 이 어머니인 산, 엄뫼까지 이어지는 내룡맥세(來龍脈勢)가 진짜인지 가짜인지(眞假), 순리대로 흘러왔는지 흐름을 거슬렀는지(順逆), 평안하게 내려왔는지 불안감을 주지는 않았는지(安否), 심지어는 죽었는지 살았는지(生死) 등을 살피는 일로 터잡기는 시작된다. 소위 풍수 용어로 간룡법(看龍法)에 해당되는 부분이다. 말하자면 어머니의 가계(家系)를 살피는 일인데, 온화유순(溫和柔順)하고 조화안정(調和安定)을 이루고 있으면서도 변화(變化)와 생기(生氣)를 아울러 갖춘 맥세를 좋은 것으로 삼는다.

이제 그 어머니가 품을 벌리게 된다. 어머니의 품안이 유정하고 온순하며 생기어린 곳인지를 판단하는 일이 다음에 이루어지는데 중국풍수식으로 말하자면 좌청룡(左靑龍), 우백호(右白虎), 남주작(南朱雀), 북현무(北玄武)를 가려 밝혀내는 장풍법(藏風法)이 바로 여기에 해당된다. 어머니의 품안이라고 모두 명당(明堂)이 되는 것은 아니다. 아무리 어머니라 하더라도 피곤할 때도 있고 짜증이 날 때도 있다. 물론 병환이 드시는 경우도 있다. 그런 품안은 고되고 무정하기 때문에 모양새가 어머니 품안처럼 생겼다 하더라도 명당이 되지는 않는다. 정신이 바르지 못한 어머니라면 그 품안에 살기(殺氣)가 들 수도 있다. 당연히 그런 품안(명당)은 피해야 한다.

한 가지 재미있는 것은 우리 자생풍수에는 그런 무정한 어머니를 달래거나 고쳐드리고 나서 거기 안기는 소위 비보(裨補)의 방법이 있다는 점이다. 어머니의 품안이 그 생김새 뿐 아니라 실질적으로도 어머니다운 유정함으로 가득 찼다면 그곳은 명당이다. 이제 그 품안에서도 어머니의 젖을 찾는 일이 중요하다. 젖을 빨아야 직접 생기를 취할 수 있기 때문이다. 소위 정혈법(定穴法) 또는 점혈법(占穴法)에 해당되는 부분이다. 이때 젖무덤을 혈장(穴場), 젖꼭지를 혈처(穴處)라 하거니와, 사실 명당을 찾기는 그리 어려운 일이 아니지만 정혈을 하기는 쉽지가 않다. 어머니의 품안에서 젖꼭지를 찾는 일이 바로 구체적인 터 잡기가 되는 셈이다.

다음은 어머니의 품안에서 물과 바람의 유동(流動)을 살핀다. 이 문제는 우리 풍수에서는 그리 크게 관심을 두는 분야는 아니다. 그러나 중국풍수에서는 소위 득수법(得水法)과 좌향론(坐向論)이라 하여 대단히 어려운 기술을 필요로 하는 부분이다. 중국은 반건조(半乾燥) 지역이 많으므로 중국풍수에서의 물은 그것이 실질적인 소용에도 닿지만 부(富)의 과시 수단이 될 수도 있기 때문에 술법화(術法化)되는 것이고, 그들 풍토의 상대적 악조건 때문에 미세한 방위(方位)의 차이도 큰 영향을 미칠 수 있으므로 좌향에 큰 신경을 쓰는 것이지만 우리나라의 풍토는 그렇지가 않다. 우리의 경우는 심지어 북향(北向)도 풍토에 따라서는 마다할 까닭이 없는 수도 있게 되는 것이다.

그리고 나서 최종적으로 이 터(어머니의 품안)가 무엇을 닮았는지를 판별하게 된다. 물론 어머니의 품안이란 것이 달라지는 것은 아니지만 우리가 어머니를 보고 공작(孔雀)같은 기품이니 순한 양과 같은 온순함이니 하고 얘기하는 것처럼 땅, 즉 품에 안긴 터에 대해서도 그 형국(形局)을 말할 수 있는 것이다. 이것은 터를 잡은 당사자와 그 후손들에게 환경 심리적(環境心理的) 확신을 심어주기 위해서도 필요한 작업이다. 내가 살고 있는 땅이 좋은 곳이라 여기며 살아가는 것과 그렇지 않은 경우는 큰 차이가 날 수밖에 없다. 형국론(形局論)은 그런 환경심리의 작용력을 응용한 것으로 이해하면 될 것이다.

여기서 좀 더 현실적이고 구체적인 도선의 풍수 방법론, 즉 중국풍수와 다른 우리 자생풍수를 정리해보기로 하자. 도대체 우리 자생풍수의 기본자세는 무엇인가? 땅을 살아있는 생명체로 대한다는 것을 그 출발점으로 삼는다. 더 나아가서 땅을 곧 어머니로 대한다는 것은 이미 앞에서 강조한 말이다.

땅이 살아 꿈틀거리는 용(龍)으로 혹은 어머님의 인자한 품으로 보이기 시작해야 풍수를 말할 수 있다. 흔히 도안(道眼)의 단계에 이른 풍수학인(風水學人)이라 일컫는 것이지만 그 역시 땅과 사람에 대한 지극한 정성과 사랑이 그를 도안에 닿게 할 수 있다. 도안에 이르면 그 전까지는 그저 단순한 돌과 흙무더기 정도로밖에 보이지 않던 산(山)이 지기(地氣)를 품은 삶의 몸체(유기체)로 보이기 시작한다.

설악산 한계령에서 점봉산, 가칠봉에 이르는 일대는 다양한 수

종(樹種)과 식물이 남한에서 가장 풍성하게 자라는 곳으로 알려져 있다. 그러나 이곳의 자연 지세(地勢)는 토양 조건, 경사도, 기반암, 국지 기후 등에서 열악하기 짝이 없는 땅이다. 그런데 어떻게 나무들은 그토록 잘 자랄 수 있을까?

이것은 그곳의 식생(植生)이 땅과 상생조화(相生調和)를 이루었기 때문이라고 자생풍수는 이해한다. 여기서 나무 대신에 사람을 대입시키면 바로 우리 풍수의 정의가 나올 수 있다. 결국 좋은 땅이란 없는 셈이다. 있다면 땅과 사람이 상생의 조화를 이루었느냐 그러지 못했느냐의 문제만 남을 뿐이다. 좋은 땅, 나쁜 땅을 가리는 것이 자생풍수가 아니라 어떤 사람에게 맞는 땅, 맞지 않는 땅을 가리는 우리 선조들의 지혜가 바로 풍수가 되는 것이다.

땅과 생명체(특히 인간)가 서로 맞는, 조화를 이룰 수 있는 터를 구하고자 하는 경험이 오랜 세월을 거치며 지혜가 돼 풍수로 이루어졌다고 말할 수 있다. 발복(發福)을 바라는 이기적 음택풍수(陰宅風水, 즉 墓地風水)는 후대 사람들의 욕심이 만들어 놓은 잡술(雜術)일 뿐이다.

풍수는 어떻게 시작되었나? 그것은 안온한 삶, 즉 근심 걱정 없는 안정 희구에서 출발했다고 볼 수 있다. 터를 잘 잡는다는 것은 땅과 생명체가 기(氣)를 상통(相通)시킬 수 있는 자리를 잡는다는 것이다. 잘 잡힌 터에 뿌리를 내린 생명들은 보기에도 조화스러운 감정과 안정을 선사한다. 그런 곳에서 느끼는 평안함이 모든 사람이 바라는 마음의 지향성이다.

특히 현대 도시 생활이 비인간적인 잡답(雜踏) 속에서 이루어지기 때문에 사람들은 언제나 그런 평안을 추구한다. 바로 그런 곳. 산, 나무, 개울, 옛집, 돌, 사람까지도 서로가 제 자리를 잡고 제 구실을 하는 곳. 풍수는 그런 곳을 찾아 나선다. 그곳은 바로 어머니의 품속과 같은 땅이다. 이것이 자생풍수에서의 터잡기의 기초이다.

그래서 땅을 혹은 산을 마음으로 받아들일 수 있는 눈을 가진 사람은 어머니의 품안과 같은 명당을 찾아낼 수 있다. 구태여 풍수의 논리나 이론이 개입할 필요가 없다. 지금까지의 자생풍수 연구가 드러내 준 우리 풍수의 방법론적 본질은 본능(本能)과 직관(直觀)과 사랑, 바로 이 세 가지로 요약이 가능하다.

순수한 인간적 본능에 의지하여 땅을 바라본다. 거기에 어머니의 품 속 같은 따스함을 추구하는 마음이 스며들지 않을 수가 없다. 그걸 좇으면 된다. 성적(性的) 본능에 의한 터 잡기도 자생풍수는 마다하지 않는다. 본래 성적 본능이란 것 자체가 종족 보존의 본능이 발휘된 현상 아닌가. 거기에 음탕(淫蕩)과 지배(支配)의 욕망이 끼어든 것은 본능이 아니라 부자연(不自然)의 발로일 뿐이다. 그래서 자생풍수의 명당 지명(地名) 중에는 좆대봉이니 자지골이니 보지골 같은 것들이 심심찮게 있는 것이다.

직관은 순수함을 찾아가는 일이다. 이성(理性)과 지식(知識), 따짐과 헤아림 따위가 직관의 순수함을 마비시키는 것인데 지금 우리들은 오히려 그런 것들을 따르고 있다. 직관은 그저 문학적 상상력이나 시적(詩的) 이미지의 범주에서나 찾으려 한다. 하지만 풍수에서 땅을 보는 눈은 다르다. 결코 이성(理性)에 의지해서는 안 된다. 본능의 부름에 따라 직관의 판단을 따르는 것이 절대로 필요하다. 하지만 이 직관은 결코 무엇에도 물들지 않은 직관이어야만 한다.

그리고 사랑. 이는 땅에 대해서 뿐만이 아니라 그에 의지해서 살아가야 할 사람들에 대한 것까지 포함한다. 나중에 실제 사례에서 말하겠지만 도선국사가 찾아 나섰던 땅들이 모두 병든 터였다는 점을 상기할 일이다. 괴로운 어머니에 대한 효성이 참된 사랑이 될 수 있는 것처럼 땅도 좋은 것만 찾을 일이 아니다. 그저 어머니이기만 하면 된다. 특히 이제 늙고 병들어 자식에게는 줄 것이

하나도 남아있지 않은 어머니의 품을 찾는 것이 풍수라는 뜻이다. 어른이 된 뒤에도 어머니를 떠올리면 고향 같은 포근함이 뭉게구름 일 듯 일어나는 것은 그 어머니가 무언가를 우리에게 주어서가 아니다. 그냥 어머니이기 때문이다.

하지만 병들어 힘들어 하는 어머니를 그냥 방치해도 된다는 뜻은 아니다. 앞서 잠깐 언급한 것처럼 우리 풍수에서는 그런 어머니를 고치고 달래기 위한 비보책(裨補策)이란 것이 있다. 우리나라 어느 마을을 가나 만날 수 있는 조산(造山) 또는 조탑(造塔)이라 불리는 돌무더기는 그런 비보책의 대표적인 예이다. 마치 병든 이에게 침이나 뜸을 시술하는 것과 같은 이치를 땅에 적용한 것이 자생풍수의 비보책이다.

땅에 대한 풍수의 의미는 마치 병든 사람에 대한 의사(醫師)의 역할과도 같다. 땅의 건강을 살피고, 건강이 좋지 않으면 그 이유를 찾고, 이유를 알았으면 치료를 한다. 일컬어 의지법(醫地法), 구지법(救地法)이라 하는 것이다.

이 책에서 자생풍수라는 용어는 위에서 말한 도선풍수를 총칭하는 개념으로 썼다. 신라 말의 승려 도선국사가 정리를 했기 때문에 도선풍수라는 용어도 섞어 쓰기는 하겠지만, 우리의 자생풍수는 그의 독창적인 지리관인 것만은 아니다. 그래서 일반적으로 통용될 수 있는 '자생풍수' 라는 말을 앞으로 관용어로서 정착시키고자 하는 의도로 이 말을 주로 쓰기로 하는 것이다.

2. 풍수사상 연구의 현대적 의의

양(洋)의 동서와 시대의 고금을 불문하고 지리학자들은 항상 이중적인 난처한 입장에 빠져드는 경우가 많다. 그것은 크게 두 가지 이유 때문인데, 하나는 자연과 인문을 모두 다루어야 한다는 점이고, 다른 하나는 땅이 지니고 있는 합리성과 신비성을 다함께 유념해야 한다는 점 때문이다.

이 점 현대의 과학적 지리학은 매우 불투명하고 불명료한 해결책을 제시하여 주고 있을 뿐이다. 원래 땅(보다 엄밀하게는 삶터)의 의미를 해석한다는 것은 개인이 지니고 있는 땅의 주관적 의미를 풀이하는 것인데, 그 개인은 지역 속에서 개조되고 변화에 대응하는 그런 사람들이다. 그럼에도 불구하고 과학적이라고 명명된 서구 지리학은 주관주의적(主觀主義的)인 부드러운 요소를 배제하고 있다. 완전한 객관성의 보지(保持)와 대상으로 부터의 초연함이란 사실상 망상에 지나지 않는 것임에도 불구하고 그들은 그것이 가능한 것으로 전제하고 지리학을 전개하였다.

이런 조류의 결정판이 아마도 논리 실증주의적 지리학의 입장이 아닐까 한다. 그것은 물론 그것대로의 장점과 업적을 남긴 것이 사실이고, 또한 아직까지도 지리학의 가장 중요한 방법론적 기반으로 기능하고 있다. 그러나 그런 지리학의 경향성이 결국 인간과 자연과의 관계를 설정하는 철학적 정당성과 지역적 접근방법의 인간미를 빼앗아가 버렸음을 간과할 수는 없다.

여기에 대한 반동으로 60년대 이후 서구에서 제안된 지리사상이 휴머니스트 지리학이다. 그들은 당시 서구 사회를 풍미하던 실존주의, 구조주의, 현상학, 마르크시스트 휴머니즘, 역사해석학 등을 빌어 비인간화된 땅의 논리를 극복하고자 하였으나, 뚜렷이 성공을 거두었다는 징조는 아직 보이지 않고 있다. 이들 휴머니스트 지리학자들은 지식에 관하여 역사적인 입장과 시각을 지니고 있다. 문제는 그들에게 주어진 주관적인 의미에서의 삶터를 해석하는 일이 명백히 개인적인 경험들에서 암시된 연습문제 정도가 아니라는 점이다. 그들은 단지 관찰자의 경험에 의하여 고수되는 편협한 개인적 시각으로 부터 가능한 한 크게 초월해야 한다는 의무를 지니고 있다.

주지하다시피 우리나라의 지리학은 서구의 그것을 그대로 받아들임과 함께 그들의 고민까지도 남김없이 수입하는 우를 범하고 있다. 땅이 다르면 거기에 얹혀사는 사람들의 삶과 그들이 이루어 놓은 공간구조도 달라야 할 것인데, 맹목적인 객관성의 추구와 일반적 법칙의 적용이라는 공간 논리는 그것을 인정할 아량을 갖고 있는 것이 아니었다.

대학에서의 지리학 연구는 이런 문제점을 깊이 인식하며 다양한 대안을 모색하고 있는 것이 현재의 상황인 바, 풍수사상은 그 중의 매우 중요한 대안으로서 기능하고 있다. 이것은 물론 우리나라만의 사정이기는 하지만 점차 일반적인 동의가 이루어지고 있다는 것도 부인할 수 없는 사실이다.

그런데 풍수사상은 극단적인 두 가지 평가가 병존한 채로 오늘에 이르고 있다. 전통적 지리관의 가장 중요한 지혜 중의 하나라는 평가가 있는가 하면, 그것 때문에 나라가 망해버릴 미신이라는 평가 또한 엄존하는 것이 현실이다. 필자는 여기서 이러한 논쟁의 어느 쪽을 지지하며 시간을 끌 생각은 없다. 그 논쟁 자체가 무의미해서가 아니라, 워낙이 중대한 것이기 때문에 상당한 연구 업적이 쌓인 다음에야 그것이 가능할 것이라고 믿고 있기 때문이다.

여하튼 오늘의 우리 삶터는 일부 섬세한 사람들은 절망을 느낄 정도로 막바지에 달한 것이 분명하다. 풍수는 그것을 치료할 수 있는 기술로서 오늘에 되살려 질 것이 아니라 그렇게 되도록 만든 사람들의 지리적 사고구조, 다시 말해서 지리사상의 혁신적 대안으로서 오늘에 기능할 수 있는 것인지를 따져 봐야 할 것이다. 그 전 단계 작업으로 풍수가 우리 역사 속에서 어떤 일을 해왔는지를 살펴보는 것은 상당히 의미 있는 것이 되리라고 믿는다. 이 글의 목적은 거기에 있다.

3. 풍수연구 동향과 기원에 관한 논의

풍수사상이 대학과 학계에서 본격적인 연구 대상이 된 것은 10년을 넘지 않는다. 다른 전통사상과는 달리 여러 학문 분야에서 접근이 이루어지고 있다는 특징은 있으나, 한편으로는 그렇기 때문에 집중적이고 일관성 있는 연구가 이루어지지 못한다는 단점도 지니게 되었다. 게다가 연구 양도 아직은 미미한 단계이다.

현재 한국의 풍수사상에 관한 논점은 대체로 다음의 세 가지로 요약이 되는 듯하다. 첫째는 풍수사상이 과연 우리 민족의 지혜냐 아니면 쓸모없는 미신에 지나지 않는 것이냐 하는 문제이고, 둘째는 그것이 민족의 지혜라는 것을 인정했을 때 그가 지닌 사상성이 어떤 것이겠느냐 하는 것이다. 셋째는 풍수가 지니고 있는 땅에 대한 여러 가지 논리들이 과연 오늘날에 있어서도 계속 유효할 수가 있겠느냐의 문제인데, 이 점은 풍수의 사상성과도 결부되어 논의되어야 할 성질의 것이다. 예컨대 풍수가 아무리 훌륭한 민족의 지혜라는 것이 판명되어진다 할지라도, 그러니 그것으로 그냥 무조건 돌아가자는 식의 주장은 전혀 설득력이 없을 것이다.

위 세 가지 문제에 대한 학계와 일반인들의 견해는 어떤 점에서는 일치하고, 어떤 점에서는 상반되는 경우가 있다. 대체로 풍수가 우리 민족이 지녀온 전통적인 지리관으로서 그에 내포되어 있는 지혜로움은 오늘에 되살려도 좋을 것이라는 견해에는 이론이 없게 된 듯하나, 일반인들이 주로 산소자리 잡기의 음택풍수(陰宅風水)에 거의 전적인 관심을 보이고 있는데 대해서, 학계의 관심은 고을이나 마을의 터 잡기 풍수인 양기, 양택풍수(陽基, 陽

宅風水)에 주로 관심을 보이고 있다는 것은 상반된 점이다.

이런 문제들이 현재 지리학을 비롯하여 건축학, 조경학, 국사학, 철학, 인류학, 국문학, 민속학, 심리학, 동양미술 등의 분야에서 혹은 많게 혹은 적게 이루어지고 있다. 그러나 풍수에 대한 관심이 전에 없이 커지고, 그에 따른 연구의 양이 적지 않게 늘어난 것은 사실이지만 아직도 풍수 연구의 인력과 수준은 출발에 지나지 않는다.

게다가 풍수사상의 전체적인 내용이 제대로 정리되지도 않은 상황에서 대부분의 연구들이 주로 어떤 구체적인 사례들을 철저히 case study식으로 진행하고 있기 때문에, 풍수사상 자체에 대한 새로운 해석이 아닌 왜곡과 변질이 벌어지고 있는 측면들이 많다는 점을 먼저 연구자들이 인식하여야 할 것이다.

그런 중에 구체적 풍수의 사실(史實)이 논란의 대상에 오른 것은 그 기원에 대한 논의일 것이다. 논란의 골자는 풍수가 중국으로부터 수입된 것이냐, 아니면 自生의 것이냐로 좁혀진다. 이 경우 문제는 풍수상의 용어들이 역사기록에 등장하기 시작한 시점을 기원으로 잡을 것이냐, 아니면 풍수의 본질인 지기(地氣)를 알고 기감(氣感)을 한 시점을 기원으로 잡을 것이냐가 되는데, 후자 즉 자생설의 가장 대표적인 예는 박시익으로 부터일 듯하다.

그에 의하면 한반도는 지형적인 구조에 있어서 산이 많은 까닭으로 산악과 산신에 대한 숭배가 구석기시대부터 전해져 내려 왔으며, 산신과 산악의 숭배사상은 한반도를 중심으로 하여 독특한 지석묘문화를 형성하였다고 한다. 즉 우리 풍수는 산악지의 지리적인 환경조건과 산악숭배사상, 지모사상, 영혼불멸사상 및 삼신오제사상 등에 의하여 자연적으로 발생하게 되었으며, 단군의 신시선정, 왕검의 부도건설, 지석묘의 위치선정 및 신라 탈해왕의 반월성선정 등은 우리 고대(古代)에 풍수사상이 직접적으로 건축에 적용된 실례라고 주장하였다.

또한 그에 의하면 음양오행설은 그 사상의 발생 배경을 삼신오제사상에 두고 있으며, 삼신오제사상은 풍수지리설이 발생하게 된 모체적 사상이 된다는 것이다. 그러다가 신라 말기에 활발해진 중국과의 문화교류로 더욱 풍수가 발전하게 되었다는 것이 그의 주장의 골자이다.

박용숙의 주장도 이와 유사하며, 김득황은 약간 시기를 뒤로 끌어내린 것이기는 하지만 역시 자생설을 주장하고 있다. 그런데 한 가지 신기하면서도 불유쾌한 사실은 모든 현대 지관들의 풍수 저술들이 한 결 같이 철저하게 중국으로부터의 도입설을 기정사실로서 받아들이고 있다는 점이다.

한편 풍수를 연구하는 역사학자들과 인류학자들의 경우는 역사적 사실들을 실증적으로 제시하며 중국으로부터의 도입을 주장하는데, 그들 사이의 차이는 도입 시기가 삼국시대냐 아니면 신라 통일 이후냐의 시대 간격 차이 뿐이다.

필자는 전래의 자생 풍수지리가 이미 이 나라에 있어 오다가, 백제와 고구려에 중국으로 부터 이론이 확립된 풍수가 도입되면서 서서히 알려지게 되었고, 결국 신라 통일 이후에는 신라에도 전해져 전 한반도에 유포되었을 것으로 추정한다. 신라에 풍수가 늦어졌다고 보는 이유는 신라의 왕릉 터가 유독 풍수적 지기와는 관련이 없는 자리를 차지하고 있는 것으로 판단하였기 때문이다. 즉 우리나라의 풍수기원은 우리 국토가 지니고 있는바 독특한 지기를 파악할 수 있었던 자생풍수에 중국으로 부터 유입된 이론풍수가 혼합되어 완결된 것으로 보며, 이것이 전국적으로 퍼진 것은 신라 통일 무렵으로 생각하고 있다.

4. 신라 말~고려 초의 풍수사상

풍수기원에 대한 문제가 불분명하기는 하지만 우리나라에서 풍수가 본격적으로 역사의 전면에 떠오른 것이 신라 말엽부터라는 것은 분명한 사실인 듯하다. 그렇다면 이 시기에 왜 갑자기 풍수가 중요성을 갖고 떠오르게 되었는지가 먼저 밝혀져야 할 것이다.

신라 말 불교는 화엄종의 한계를 극복하는 사상 체계로서 선종을 받아들이는 한편 유교와 노장사상도 별 모순 없이 흡수하는 사상적 복합화가 이루어지고 있었는데, 이것은 다름 아닌 중앙의 진골귀족들의 독점적인 지배체제와 그들의 고대적인 사유방식에 반발하는 중간계층인 육두품계열과 지방호족들에 의해서 추진되었다는 사실과 아울러, 경주 국도 중심, 진골 귀족 중심의 신라 고대문화를 극복하려는 사상운동으로서의 성격을 띠고 있었다.

특히 선종은 지배이념으로서의 불교의 당면한 자체 모순을 스스로 인식하고 그 해결책을 구하려는 과정 중에 수립된 것이었기 때문에 당연히 반지배이념적 성격을 띨 수밖에는 없었다. 필자는 신라 말의 풍수사상 도입 및 정착 전개 과정에서 그것이 혁명과 개국의 이념적 바탕이 되고 있더라는 사실을 감지할 수 있었다. 앞서도 살펴본 바와 같이 풍수가 우리나라에서 역사의 전면에 부각된 것은 9세기 초 신라가 쇠퇴의 길로 접어들 무렵이었다.

당시 신라의 지배 이데올로기는 교종이었는데, 이것은 다분히 불교경전에 의지하는 것이었기 때문에 문자를 모르는 민중들은 그로부터 소외될 수밖에 없었다. 물론 염불을 반복적으로 염송함으로써 제도된다는 타력불교가 없었던 것은 아니지만, 그 정도 수준의 신앙을 가지고 신라 말의 타락한 시대상을 박차고 벗어나와 새로운 세계에 대한 지평을 열어주는 진보적 이념 역할을 기대할 수는 없었다.

　게다가 왕조 말기에 드러나기 마련인 지배층의 학정과 부패는 개벽을 요구하는 민중들의 마음을 더욱 북돋우게 된다. 이런 시점에서 중국으로 부터 유입된 선종은 반 지배(反支配) 이데올로기적인 의미를 지닌 채 유포되기 시작한다. 선종은 마음에서 마음으로 내적 성찰에 의하여 불성을 찾고, 설교나 문자를 떠나 즉시 불심을 중생에게 전하는 종파이며, 게다가 사람이면 누구나 불성을 지니고 있다는 일체평등의 사상을 내포하고 있던 만큼, 빠른 속도로 당시 민중들의 마음속에 자리할 수 있었으리라는 것은 쉽게 짐작할 수 있는 일이다.

　선승들의 좌선은 목적이 본질적으로 견성이나, 그 과정에서 호흡법과 같은 기의 운용에 관한 술법이 깊이 있게 인식되며, 무념무상의 경지에서 천기와 지기에 대한 감지 역시 심도 있게 이루어질 수밖에 없다. 그래서 그들은 자연스럽게 풍수술을 터득하고 이론을 확립해 갔다. 중국의 일행(一行)이나 우리나라의 도선국사가 그 대표적인 예일 것이다.

　게다가 풍수 역시 가문의 뼈대가 중요한 것이 아니라 인성이 운명을 결정한다는 반 계층적 신분의식을 지닐 수밖에 없는 인식체계인 만큼 당시 민중들에게는 아주 쉽게 받아들여질 수 있는 사상이었을 것이다.

　선승들은 자신의 수련과 중생교화의 방편으로 전국토를 편답하며 지리 지식을 넓혔다. 그들은 신라의 서울인 경주가 국토의 동남쪽에 치우쳐 있어 적절치 못하다는 정치지리학적 이해를 갖출 수 있는 정도였다. 이런 것들이 중부지방을 거점으로 혁명과 개벽을 꿈꾸는 호걸들에게 받아들여졌고, 마침내 왕건에 의하여 고려가 개국이 된다.

　이제 선종과 풍수가 지배 이념이 되어버린 것이다.

　풍수의 내용도 매우 건전하여 초기풍수의 지리학적 접근성을 잘 보여주고 있다. 처음에 사찰입지선정에 이용되다가 점차 왕궁 입지, 지배층의 양택 터 잡기 등 양적 풍수로 확장이 되고, 후삼국 시대에 이르게 되면 국도를 비롯하여 마을, 고을 등의 입지 선정 등 대표적인 지리학 이론으로 전개가 된다.

고려가 개국한 이후에도 초기에는 그 건전성이 크게 와해되지 않고 유지되는 특징을 보인다. 우선 태조 왕건의 훈요십조 제2훈에서 그 일부를 짐작할 수 있는 부분이 있다. 훈요십조에 대해서는 그것이 정말로 태조의 유훈이냐에 대한 논란이 있으나 여기서는 그 진위는 별로 문제가 되지 않는다. 설혹 그것이 위작이라 하더라도 어쨌든 고려 초기 풍수사상을 어느 정도 반영하고 있는 것일 것이기 때문이다.

그 내용은, 모든 사원은 도선이 산수의 순역(順逆)을 살펴서 개창한 것이며, 도선이 이르기를 내가 점정한 곳 이외의 다른 곳에 함부로 사원을 지으면 지덕을 손상시켜 국운이 영구치 못할 것이라고 하였다. 후세의 국왕, 공후, 후비, 조신 등이 소원 성취를 위하여 사당을 창건, 증축하는 일이 있을까봐 크게 염려가 된다. 신라 말에도 절을 다투어 많이 이룩하여 지덕을 쇠손시킴으로써 나라가 망하게 된 것이니 경계를 게을리 말라는 것이다.

위 내용은 항간에서 흔히 풍수비보설로 알려진 것이다. 그리고 단순히 고려왕실이 자신의 정통성을 보장해주던 지배이념인 풍수를 사상으로서 강조하기 위하여 언급한 것으로 평가한다. 그러나 유심히 관찰해보면 여기에는 간과할 수 없는 교묘한 정치적 배려와 국가경영상의 속뜻이 숨어 있다는 것을 알게 된다. 고려는 철저히 무력으로 전국토를 석권하고 나라를 세운 경우가 아니다. 여러 지방호족들을 혼인, 유인 등의 방법을 사용하여 거의 외교적 수완에 의하여 이룬 나라이기 때문에 어느 면에서는 대단히 취약한 체제였다고 할 수 있다.

王建이 前王朝의 마지막 임금인 敬順王을 죽이지 아니하고 우대한 것도 결국은 그의 취약한 정권을 보호하기 위한 전략이었을 것이다. 그리하여 무력만이 가장 우월치 않다는 것을 불교를 통하여 가르치고, 한편으로는 아직도 여러 지방에서 그대로 세력을 유지하고 있던 豪族들의 경제적 및 군사적 거점이었던 사찰들을 중앙정부의 통제 아래 두기 위하여 풍수사상을 원용했다고 보여진다.

어떤 이념의 배경 없이 막무가내로 寺刹의 新築이나 增改築을 금지시켰다면 당연히 地方豪族들의 격렬한 반발이 명약관화하였을 것이고, 취약한 권력으로 그것을 가라앉힌다는 것도 무망한 노릇이었을 것이다. 그래서 풍수를 이용한 것이다.

당시 거의 대부분의 사람들이 믿고 따르던 풍수 사상에 의하면 사찰이 일정 지점들을 벗어나 세워지면 地德이 衰하게 되니 그러지 말라고 한다면 누가 그것을 아니라고 반대할 수 있겠는가. 참으로 교묘한 정치적 배려라 아니할 수 없다.

이것이 또한 국가 경영상의 지혜가 숨어 있는 전략이란 평가의 근거는 자연지리학적 설명이 길게 필요하나, 여기에 대해서는 이미 필자의 다른 논문에서 상세히 밝힌 바가 있기 때문에 간단히 말하자면, 자연재해의 피해가 예상되는 지점에 사찰을 건설해 두면 승려들이 항시 그곳에 대기 상태에 있는 셈이 되기 때문에 노동력 공급이란 측면에서 일리가 있고, 또 그들이 항상 감시 요원의 일도 수행할 것이기 때문에 일석이조의 이점이 있게 되는 셈이다.

이 당시의 풍수학인들을 일일이 열거할 여유는 없으나 ,대체로 이 시대에는 풍수를 업으로 하는 사람은 아직 나오지 않았던 듯하고, 처음에는 주로 禪僧들 사이에서 앞에 말한 이유로 그들의 종교적인 수련과 동시에 습득되어졌던 것 같다. 그 후 점차로 귀족 지배층과 일반 지식인들 사이에 두루 퍼졌으나, 역시 전문 풍수가라 할 정도는 아니었다. 또 일부는 각 지방호족들 사이에서 軍略家로 활약했던 사실이 기록에 남아 있다.

5. 고려시대의 풍수사상과 국도(國都) 풍수

고려는 풍수지리설을 지배이념으로 도입했고 또 그에 걸맞게 풍수를 신봉함으로써, 고려 시대의 풍수사상을 운위한다는 것은 사실상 고려시대사 전체를 기술해야만 하는 번거로움이 있기 때문에 생략키로 하고, 여기서는 특징적인 몇 가지 흐름을 살펴보기로 한다.

왕건의 통일이 정권적 의미에서 볼 때는 대립되는 정권의 소멸 정도에 지나지 않는 것이었기 때문에 그를 보완 강화할 목적으로 풍수를 끌어들인데 대해서는 앞서 지적한 바와 같거니와, 여러 반란과 소요를 진압하고 즉위한 정종(定宗)은 연약한 정권을 확고히 하기 위하여 서경(西京)에 천도하려 한다.

여기에는 태조가 훈요십조에서 강조한 바 있는 풍수지리설에 대한 신앙심도 작용하고 있었다. 그러나 그 이면에는 개경을 중심으로 세력을 뻗고 있는 개국공신들의 포위망 속에서 탈출하려는 의도가 강했던 것으로 생각된다. 여하튼 고려 왕권의 안정은 광종의 개혁을 기다려서 비로소 새로운 전망이 서게 되는 것이지만, 풍수사상은 이때부터 타락의 길로 접어들게 된다.

고이면 썩음이 천지의 상도(常道)이자 인간역사의 따름인지라, 선종(禪宗)과 풍수도 개국 후 점차 타락의 길을 걷는다. 선종은 한 때 정혜결사를 설립하는 등 부흥하였으나 그 뒤부터 승행(僧行)이 타락되면서 차차 쇠퇴하기 시작했다. 풍수 역시 개국 당시의 신분타파나 국토재편성과 같은 바람직한 경향성을 잃은 채 왕실과 귀족의 가문번성을 위한 터잡기 잡술로 변질되어 버렸다. 그러한 역사적 사실 중에 지배 계층의 정략과 결부되어 반복적으로 풍수가 전면에 부각되었던 사건은 역시 서경 천도 운동이었을 것이다.

풍수사상가들이 수도를 정할 때는 철저히 당시의 사회경제적인 조건과 국토지리적인 配慮를 종합한 끝에 결정하는 것이지, 결코 교조적인 풍수이론에만 치우치는 것은 아니라는 점을 간과해서는 안 된다.

삼국시대에 고구려와 백제는 천도를 한 적이 있었고 신라는 그런 일이 없었다. 신라가 삼국을 통일한 것이냐에 대해서는 논란의 여지가 있을 것이지만 여하튼 가장 오래 살아남은 것은 사실이다. 고구려와 백제는 또한 남쪽으로 점점 내려오면서 천도를 했다는 공통점을 갖는다.

전에 행정수도 얘기가 항간에 떠돌 때도 바로 그런 사례를 떠올리면서 충청지방으로의 수도 남천(南遷)을 반대했던 사람들이 있었다. 실제로 행정수도라는 이름의 남천은 사실상의 반영구분단(半永久分斷)을 전제로 한 남북국시대(南北國時代)의 등장이기 때문에 수도권 집중 해소라는 실리가 있음에도 불구하고 대국적인 국가 경영책은 아니라는 것이 많은 사람들의 걱정이었다.

사실 삼국의 수도들은 지역 국가라는 특성상 한반도의 중앙적 위치를 점할 수는 없는 일이었다. 그런데 문제가 그렇게 간단치 않은 것이 백제의 초기 수도가 오늘날의 서울 주변으로 중앙이기는 했지만 그곳을 고수하며 버틸 수는 없었으리라는 점이다. 백제의 국력이나 당시의 전술 전략, 그리고 병기 수준으로는 방어가 어려웠으리라는 예상이 들기 때문이다.

그 후의 신라는 알려져 있는 바와 마찬가지로 수도인 경주가 너무 동남쪽에 치우쳐 있어 국토 전체를 통치하는데 실패하고 계속되는 반란과 지방호족들의 발호에 시달려야만 했다.

당연히 그 다음의 왕조인 고려는 중부지방인 개성에 자리를 잡게 되었는데, 이 개성 입지의 선정부터는 철저히 풍수사상에 기반을 두게 된다. 그 이론적 논의는 풍수였지만 결정은 극히 현실적이었다는데 풍수의 묘미가 있는 것이지만, 개성은 전형적인 장풍국(藏風局)의 땅이다.

장풍국이란 주산(主山)과 좌우의 용호(龍虎), 그리고 주작사(朱雀砂)에 의하여 빈틈없이 둘러싸인 일종의 산간분지 지형에 해당된다. 그러기 때문에 방어에는 어느 정도 유리하지만 명당의 규모가 작고 물과 연료가 부족하며 더 이상의 발전이 제한을 받을 수밖에 없다는 한계가 있다. 그러나 그 시대의 정치, 경제, 사회적 배경을 살펴보면 오히려 그러한 위치가 넓은 들판이나 해안에 비해서 우월하다는 것을 인정치 않을 수 없다.

그러나 그렇다고 하여 문제가 없어지는 것은 아니니, 그 뒤로 여러 차례에 걸쳐 천도 논의가 이어진다. 평양, 한양, 연백, 장단 등 여러 후보지가 거론되고 어떤 곳은 구체적인 계획에 들어간 적도 있으나 실천에 이르지는 못하였다.

이것은 매우 중요한 시사를 던져주는 일이다. 수도의 이전은 한 왕조의 멸망을 전제로 하지 않고서는 성공할 수 없다는 풍수사상의 논리가 깔려 있음을 본다.

이것이 고려풍수의 큰 특징 중의 하나인 지덕쇠왕설(地德衰旺說)로 정착이 되어진다. 지덕쇠왕설이란 지기(地氣)는 일정 기간이 지나면 그 기운이 쇠하고 또 일정 기간이 지나면 쇠했던 기운이 되살아난다는 관념이다.

개성의 지기가 쇠하였으니 수도를 옮겨야 한다는 것인데, 여기에는 피할 수 없는 논리의 허점이 있다. 즉 개성의 지기가 쇠하였다는 것은 결국 왕씨들의 고려 왕조가 쇠하였다는 전제가 깔려 있는 것인데, 그것을 수도만 옮김으로써 해소코자 한 것은 뿌리를 놓아두고 줄기만 잘라 나무를 이식코자 하는 사고와 같아지기 때문이다. 그럼에도 불구하고 묘청(妙淸)이 생각한 바 북방진출로써 고토(故土)를 회복하고자 했던 명분은 적어도 비판의 대상은 아니라 할 수 있을 것이다.

이 외에도 많은 종류의 천도 논의가 있었으나 그 대개가 왕실의 연장을 획책한 소극적이고 이기적인 것이기 때문에 오늘에 그 문제를 되살릴 정도의 것은 되지 않는다는 것이 필자의 생각이다.

풍수사상의 타락은 음택풍수의 일반화에서도 찾아볼 수 있는데, 고려사에는 이에 관계된 수많은 사건 기록들이 수록되어 있는 형편이다. 과거시험에 있어서도 침(鍼), 구(灸, 뜸), 경맥(脈經)은 물론 『명당경(明堂經)』, 『신집지리경(新集地理經)』, 『지리결경(地理決經)』, 『지경경(地鏡經)』 등 각종 풍수지리서가 등장되는 것을 보면 이 역시 풍수의 일반화를 엿볼 수 있는 좋은 증거라는 생각이 든다. 그러나 그 책의 제목이 시사하는 바와 같이 중국에서 풍수의 경전이라고 생각하는 『청오경(靑烏經)』, 『금낭경(錦囊經)』, 『지리신법(地理新法)』, 『설심부(雪心賦)』 등의 책들이 끼어 있지 않은 것으로 보면, 당시까지는 수입된 중국의 풍수지리가 아닌 우리 고유의 풍수지리가 주도권을 행사하던 때가 아닐까 하는 짐작이 들기도 한다.

이 시기에는 수많은 풍수사들이 있었으며, 전문풍수사도 있었으나, 이에 대해서는 본문에 있으므로 생략한다. 특히 이 시기에는 수입된 중국의 풍수에 대항하여 순수한 우리의 풍수를 확립하고자 하는 노력들이 있었던 것으로 판단된다. 그 대표적인 예가 우리 풍수서의 저술인데 현종 때 나온 『삼한회토기(三韓會土記)』, 문종 때 나온 『송악명당기(松岳明堂記)』, 숙종 때 나온 『도선기(道詵記)』와 『도선답산가(道詵踏山歌)』와 『삼각산명당기(三角山明堂記)』와 『신지비사(神誌秘詞)』, 예종 때 나온 『해동비록(海東秘錄)』, 충렬왕 때 나온 『도선밀기(道詵密記)』, 공민왕 때 나온 『옥

룡기(玉龍記)』 등이다. 이것이 진적(眞籍)인지 아니면 후세인들이 고려시대의 유명한 풍수학인들의 이름을 도용한 위작(僞作)인지는 분명치 않지만, 여하튼 자생풍수와 중국의 이론풍수와의 결합으로 주목되는 저작들이다. 다만 이들 거의 전부가 오늘에 전하지 않으므로 그 내용을 알 수 없는 것이 안타까운 일이며, 일부는 진적으로 믿기는 어려우나 현전하는데, 이에 대해서는 필자가 다른 글에서 발표한 바 있기 때문에 생략한다.

6. 여말~선초(麗末~鮮初)의 풍수사상

고려시대에 천도 후보지로 가장 각광을 받은 서경 평양과 남경 한양은 득스국(得水局)이라는 특징을 갖는 장소이다. 득수국이란 명당의 삼면 혹은 이면은 산으로 보호를 받는 지세이나 반드시 한 쪽 면에는 큰 강을 끼고 있는 형세의 땅을 가리키는 말이다. 개성의 장풍국이 가지고 있는 결점을 보완하기 위해서는 득수국으로의 전환이 매우 바람직한 일로 여겨졌을 것이다.

묘청의 난이 일어나던 당시의 고려 대내외 정세는 금나라가 요와 송을 토멸하고 고려를 위압하고 있었으며, 이자겸, 척준경 등 권신들의 발호와 천재지변의 빈발로 소위 말세적 민심이 유포되고 있던 판이었다. 이에 술수가(術數家)들이 날뛸 수 있는 절호의 기회가 주어진 셈인데, 그들은 왕조 자체의 한계를 인정하고 기층민들의 절실한 욕구를 수렴하는 혁명을 이끄는 위험을 무릅쓰는 대신에, 오히려 풍수의 지기쇠왕설을 교묘히 윤색하여 천도를 진언함으로써 곡학아세하는 치사함을 드러내버린 것이다.

그러니 왕실은 명맥을 유지했으나 그것은 명분상의 일이었을 뿐 실제 고려 왕실의 발언권은 사실상 끝장이 난 셈이었다. 그 와 중에 모든 피해는 백성들에게 돌아가고 진정한 반 지배 이념으로 서의 풍수사상도 싹트게 된다. 즉 임금이나 명문거족의 뼈대가 따로 있는 것이 아니라 누구나 음덕을 쌓고 땅의 기운을 얻으면 그렇게 될 수 있다는 철저한 풍수적 평등사상의 발로가 바로 그것이다.

풍수는 언제나 왕조 말엽에는 이와 같은 긍정적이고 대국적인 진정한 사상이 주류를 이루다가 일단 왕조가 안정이 되면 왕실과 귀족의 가문 영달에 이바지하는 이기적이고 소승적인 술수로 타락하는 과정을 밟는 역사를 걸어왔다. 그래서 풍수는 우리 역사에 있어서는 혁명의 이념으로 작용한 적이 많았던 것이다. 고려의 왕건이 그랬고, 묘청이 그러했으며, 조선의 이성계도 고려를 뒤엎을 때는 역시 풍수를 그런 입장에서 받아들인 것이 사실이고, 조선 후기의 홍경래도 지관 출신임을 상기할 필요가 있을 것이다.

전봉준의 경우도 풍수에 일가를 이룬 사람으로 그는 구체적인 명당을 찾아 그곳에 거주한 적이 있을 정도의 인물이었다. 그가 구미성인출(龜尾聖人出)의 명당이라고 믿었던 곳은 당시 전주군 봉상면 구미리였으며, 그를 체포하기 위하여 대원군이 파견했던 박동진 역시 상복(喪服)으로 변장하고 지관인 전봉준을 만나러 가는 것으로 위장할 정도였던 풍수학인 출신이다.

풍수는 평등사상 외에도 지맥을 사람의 기맥과 동일한 것으로 보기 때문에 대부분 침술을 겸하여 가난한 병자를 도와줄 수 있었고, 죽은 사람에게는 후손의 발복을 모태로 하여 은혜를 베풀어 줄 수 있었으며,또한 지리와 답사에 익숙하여 각종 정보에 밝다는 여러 가지 이점을 혁명가들에게 제공해 줄 수 있는 사상이었다.

13~14세기의 한반도 주변 정세로는 아직 평양이나 한양 같은 득수국의 자리보다는 개성 같은 장풍국의 땅이 국가 보위에 있어서 보다 유리한 위치였음을 부인할 수 없다. 고구려가 평양성에서 당나라 수군과 신라 육군의 협공으로 함락당한 것이 좋은 예인데,

대동강과 한강은 약세의 입장에서는 결정적인 취약점이 될 가능성이 있는 곳이다.

양 지방을 침산대수(枕山帶水), 부강임수(負岡臨水)라고 표현하는 것에서도 그 특징은 잘 드러난다. 수리(水理)와 교통의 편의는 있으나 방어의 결점은 피할 수 없다는 뜻이다.

그러나 시대가 달라지면 입장은 바뀌게 마련이다. 15세기의 우리 사회는 좁은 장풍국의 개성으로는 더 이상 지탱할 수 있는 형편이 아니었고 그래서 여러 의론이 없었던 것은 아니지만 결국 오늘의 서울로 수도는 결정 되어진다. 계룡산 신도안은 후보지 중의 하나였는데 그러나 이곳은 개성과 마찬가지의 장풍국의 형세로, 달라진 세태와 시대상을 수용할 그릇이 아니었으므로 어차피 수도가 될 곳은 아니었다.

앞서도 말한 바와 같이 한양의 풍수지리를 논한다는 것은 그 자체가 하나의 독립된 글이 될 수 있는 것이고, 또한 그에 대해서는 필자의 다른 글이 있기 때문에 더 이상의 언급은 자제하기로 한다. 다만 한 가지, 이 시대에 이르게 되면 한반도의 수도립지는 개성이나 경주와 같은 내륙분지상 지세에서 벗어나 한양과 같은 해안평야지대로 진출할 수 있을 만큼 지리적 상황이 확대되었다는 점은 지적해 두고자 한다.

그 외에 국도를 제외한 모든 도읍들도 그 고을의 입지에 있어서는 철저히 풍수논리를 답습하는 경향을 보여주고 있다. 비단 도읍과 같은 고을뿐만이 아니라 일반 반촌(班村)인 마을에 있어서도 이 경향성은 어김없이 지켜지고 있을 정도로 중요한 지리 사상이었음을 지적해 둔다. 모든 고을과 마을에는 주산 혹은 진산(鎭山)이 있고, 그 좌우로는 청룡, 백호로 불리는 보호사(保護砂)가 둘러쳐져 있으며, 앞에는 안산(案山)과 조산(朝山)이 그 쪽 방향의 허전함을 메워주는 형식을 취한다.

이때 조선왕조는 유교를 지배이념으로 삼게 되는데, 풍수는 유교의 기본전제인 효 사상과 결합하여 어떤 면에서는 풍수가 이기적 속신이 될 수도 있는 씨앗을 심은 셈이 되어버렸다.

그러나 세종 때 이론풍수가들이 서울의 주산을 편벽(偏僻)된 북악에서 도시의 중앙인 성균관 뒤쪽 산으로 옮기자는 논쟁에서 패한 후, 그리고 명당수인 청계천의 오염을 막아야 한다는 주장이 현실정치가들의 반대로 실패로 돌아간 뒤부터는 철저한 타락의 길로 들어간다. 권부에 아첨하여 그의 가문의 번성을 보장하는 자리를 잡아줌으로써 호구지책을 삼는 졸개로 전락하여 버린 것이다.

그러나 이런 타락의 도정 중에도 풍수의 순수성을 지키겠다는 저항이 전무했던 것만은 아니다. 그 대표적인 예가 교하천도론(交河遷都論)이다.

문제의 발단은 한양이 수도로서 정말 괜찮은 곳이냐 하는 것이었다. 서울이 비록 좋은 산에 둘러싸이고 큰 강가에 위치하고 있다고는 하지만 위로는 북한산, 도봉산계에 가로 막히고, 아래로는 한강에 폐색되어 더 이상 클 수가 없는 자연지리를 가지고 있기 때문에 언젠가는 성장에 한계가 올 땅이었다.

더구나 세상은 점차 국제간의 교류를 원하게 되니, 이제 서해안 쪽으로 나아가, 보다 넓게 트인 수도로서 요구케 되는 것은 역시 땅의 이치, 즉 풍수의 갈 길이었을 것이다. 이에 광해군 때에 이르러 드디어 그에 부합하는 천도 논의가 있게 되니, 이것이 바로 조선중기의 교하천도론이다. 즉 오늘의 파주군 교하면으로 서울을 옮기자는 논의이다.

이 주청은 광해군의 찬동을 얻기는 했지만 보수적인 기득권층의 반대로 좌절되고 만다. 어쨌든 아직은 해안도시가 수도가 될 수 없는 시대였는데, 너무 시대를 앞선 풍수이론을 내세웠다가 王의 신임은 일시 받을 수 있었으나 하마터면 목숨을 잃을 뻔한 사례인 것이다.

천시(天時)가 이르지 않으면 지리(地理)가 따르지 않음을 웅변으로 보여주는 예이자 아마도 오늘날의 시점이라면, 그리고 아마도 남북통일이 된 다음이라면 훌륭한 국도경영책으로 받아들여질 수도 있는 생각이다. 그러나 당시는 20세기 후반이 아니라 17세기였음을 상기할 일이다.

이 시대 풍수가 받던 대접과 대표적인 풍수사들에 대한 내용은 본문에 들어있기 때문에 생략하기로 한다.

7. 실학자들의 풍수사상

대체로 성종 대를 고비로 하여 철저한 타락의 길로 접어들기 시작한 풍수사상은 본격적으로 그 본질적 실체가 의심되는 산소자리 잡기의 음택풍수로 일로 매진하게 된다. 그 폐해는 심한 정도를 넘어 망국병이라는 지칭을 받기에까지 이르는데, 그 요체는 동기감응론(同氣感應論) 또는 친자감응설(親子感應說)로 부터 비롯되는 것이지만, 이 역시 여기서 논의할 여유가 없어 필자가 쓴 다른 글에 미루기로 할 수 밖에 없다.

이런 망국적인 음택풍수는 결국 실학자들에 이르러 격렬한 비판을 받게 되는 것이기에, 조선시대 풍수역사는 사실상 음택풍수와 실학자들의 반론으로 일관한다고 하여도 과언은 아닐 것이다.

실학자들의 가장 큰 특징은 풍수지리에서 그들이 알고 있었던 혹은 알지 못했던 간에 풍수와 지리를 이원적으로 이해하고 있었다는 사실이다. 그들은 택리(擇里)에서의 이중적 심리구조를 여실히 드러내고 있었는데, 즉 현실참여적인 유교의 대사회관에 따라 합리적인 지리의 관점에서 살만한 터를 논하면서도, 다른 한편으

로는 당쟁으로 부터 자유스럽고자 하는 현실도피적 풍수를 결코
도외시하거나 소홀히 하지 않은 것에서 잘 드러난다.

그들은 풍수지리에서 풍수와 지리를 분리하여 이해할 만한 지
리학적 수준에 이르지 못했음에도 불구하고, 그러나 자신들이 체
험했던 이기적 속신으로 타락한 풍수를 분리해버리고자 하는 갈
등을 겪었던 것으로 믿어진다. 이것이 그들에게 혼란스러운 이중
심리구조를 만들어준 것이다. 어떤 면에서는 그들이 당시의 타락
한 풍수를 매도한 것은 풍수의 본질, 즉 인간과 땅과의 조화로운
관계를 유지하자는 그것으로 돌아가고자 하는 의지일 수도 있다
는 말이다.

실학자들은 모두 예외 없이 곤륜산(崑崙山)에서 발원하여 백두
산에서 종(宗)을 일으킨 산맥세 체계의 가시적 정리에는 일치된
견해를 보이고 있으나, 산의 지중(地中)을 흐르는 지기(地氣)를 논
함에 있어서는 그 존재 자체에 대한 가부가 엇갈리고 있다. 이것
은 그들이 지리와 풍수를 혼돈하고 있었다는 또 하나의 증거가 되
는 것이기도 하지만, 어떤 면에서는 그들이 산맥을 외형에 의존하
여 판단했을 뿐 그 체계화에 있어서 지질구조 등 근대지리학적 소
양이 없었음을 드러내는 부분이기도 하다. 그들은 비합리를 배격
하면서도 근대적 의미의 합리를 실증할 어떠한 수단도 개발해 내
지는 못했던 것이다.

또한 그들은 택리의 조건으로 인심(人心)과 산수(山水)를 논함
에 있어서 잘 드러나는 바와 같이 전혀 반주자학적(反朱子學的)이
지도 않았고, 한국풍수의 한 전형이랄 수 있는 형국론을 도외시하
는데서 드러나는 바와 같이 사대부 출신다운 한계 그대로 전혀 민
중적이지도 않았다. 적어도 그들의 지리저술에 있어서는 그렇다
는 것이다.

그들은 국토문제 논쟁에서 풍수의 용어와 론거를 가지고 토론

을 벌여 나가지만, 그러나 실제 주장하는 바는 대단히 현실적인 입장을 취하고 있었다. 이미 그들은 분명히 의식하고 그런 것 같지는 않지만 풍수와 지리를 구분하여 쓰기 시작하였고, 쟁점도 주로 풍수논리의 유관적합성(有關適合性, relevancy) 파악에 주력하고 있었다.

그들에게 있어서 현실적이라는 것은 실증주의적 합리성과는 다르다. 현실 파악에 있어서는 그런 합리성뿐만이 아니라, 비실증적인 여러 가지 경험들과 정황, 그리고 상황의 추이 등이 복합적으로 어우러져 작용하는 것으로 판단했기 때문이다. 보다 분명히 말한다면 그들의 지리관은 풍수와 지리의 혼돈상태의 것이지만, 그것이 지리라고 해서 합리적이고 풍수라고 해서 비합리적인 것이 아니라, 요는 현실에서 그것이 어떤 의미를 지니고 있느냐에 중점을 두고 있더라는 뜻이다.

그들은 풍수를 잘 알고 있었다. 그러나 그들이 알고 있던 풍수는 타락한 곁가지 풍수라는 인식은 없었던 듯하다. 그들이 지리라고 생각했던 것이 오히려 본래의 풍수지리에 근접한 것이었다. 그러나 그들은 거기서 기(氣)의 개념을 빼어버림으로써 오히려 풍수를 풍수지리에서 제거해버리는 우를 범하였다. 그들이 정성을 들여 논박한 것은 풍수라고도 할 수 없는 타락하고 천박한 이기적인 풍수였기 때문에, 그들의 주장은 오히려 풍수지리 본질로 돌아가자는 운동처럼도 여겨졌다.

그러나 풍수에서 가장 격심한 오해와 그로 인한 폐해를 끼쳤던 동기감응론에 대해서는 거의 예외 없이 논리적인 반론을 제기하고 있다.

담헌 홍대용(洪大容)은 중형(重刑)을 당한 죄수가 옥에 있을 때 겪는 고통은 견딜 수 없는 정도의 것인데도, 그것 때문에 밖에 있는 자식이 악질(惡疾)에 걸렸다는 말을 듣지 못했다고 하면서, 산

사람의 경우도 부모 자식 간의 동기(同氣)가 감응(感應)되지 않음이 그와 같은데, 어찌 죽은 사람의 기가 살아 있는 아들에게 미치겠는가라고 조소를 금치 않았다.

성호 이익(李瀷)은 전주 경기전(慶基殿) 부근에 있는 산소들을 철거할 때 그 무덤의 풍수적 적부(適否) 여부와 그 자손의 길흉 여부를 살펴보니 제대로 부합되어 나타나지 않더라는 예를 제시하며 그 허망함을 지적하였다.

이런 예들 가운데 가장 설득력이 있고 재미있는 것은 초정 박제가(朴齊家)의 경우일 것이다. 그는 북학파(北學派)답게 “중국의 들녘을 보면 모두 다 밭에다가 장사를 지냈는데 한없이 넓은 들에 봉긋봉긋한 것이 서로 비슷하며, 당초부터 청룡 백호며 사격(砂格) 진혈(眞穴) 따위가 다를 것이 없다. 시험 삼아 우리나라 지사(地師)에게 이곳에 와서 묘터를 잡게 한다면 호호탕탕(浩浩蕩蕩)하여서 평소에 공부하였던 것을 바꿔야 할 것이니 장사(葬事)에 대하여 한가지로만 논할 수 없음이 이와 같다”고 공박하였다.

그는 또한 도대체가 음택발복의 허망함이 말할 나위도 없는 것임을 이렇게 강조하기도 하였다. 즉 매장(埋葬)이 아니라 수장(水葬), 화장(火葬), 조장(鳥葬), 현장(懸葬)을 하는 나라에도 사람이 살고 있고 임금과 신하도 있다. 까닭에 오래 살고 일찍 죽음과 팔자가 궁하고 좋음과 집안이 흥하고 망함과 살림이 가난하고 부함은 천도(天道)의 자연(自然)이고 사람의 행동에 관계되는 것이 아니다. 장사한 터의 좋고 나쁨에 관련시켜 논할 것은 아니라고 하였다.

필자는 여기서, 동기감응이란 허무맹랑한 잡설이란 결론을 내릴 생각은 전혀 없다. 그러나 그들 실학자들이 음택풍수의 사회적 폐단을 지적한 것에 대해서는 한 치의 반대도 없이 수긍을 한다. 이것은 일면 필자의 태도가 이중적이 아니냐 하는 오해를 불러일으킬 소지를 안고 있다는 것을 인정한다. 그러나 그것은 필자가 본질적이고 긍정적이며 지혜의 집적이라고 생각하는 원래의 풍수지리와, 타락하고 이기적이며 부정적인 엉터리 풍수를 구분하는 입장을 취하고 있다는 것을 이해한다면 해소될 수 있는 문제라고 생각한다.

8. 한말 이후의 풍수사상

조선왕조 말에 이른 19세기, 風水는 또 다시 혁명과 개벽사상(開闢思想)의 기반으로 기능하게 된다. 홍경래는 관서 일대에서 민심의 동향을 관찰하고 그들을 회유하며 또한 가산의 우군칙, 태천의 김사용, 곽산의 홍총각, 개천의 이제초 등 동지를 규합할 때 풍수지리설과 의술(醫術)로 그 방편을 삼았다는 증거가 야사 등에 남아 있다. 전봉준 역시 풍수와 침술로 민중을 고치고 도우며 거사의 기반을 닦았다.

그러나 그들은 실패했다. 이때부터 우리의 정통풍수는 정치사회의 전면에서 사라져 정감록(鄭鑑錄)이라는 도참사상(圖讖思想)과 습합하여 민족적 신흥종교 속으로 자취를 감추어버리고 만다. 동학과 천도교, 증산교, 원불교, 보천교, 갱정유도 등이 대부분 개벽과 그를 이룰 장소를 말한다. 한 위대했던 우리 민족의 전통사상이 외세의 침입과 때를 같이 하여 정신세계로 잠적하는 기묘한 역사의 순간이었다.

그리고 이제 사람들의 생활 속에는 껍데기 풍수, 가짜 풍수만이 남았다. 그 심오한 자연철학과 엄정한 윤리적 인간주의는 증발되어 버리고 몇 가지 허망한 땅을 보는 기술들만이 비술(秘術)인 양 위장되어 통용되고 있는 요즈음이다. 분명히 말할 수 있는 것은 사람이 사람다운 사람이 되지 못하는 한, 어떤 수단으로도 명당

길지를 얻지 못한다는 점이다. 이것이 풍수사상의 출발점이었다.

욕심으로 잡은 자리는 그 욕심만큼의 재앙을 땅 임자에게 주는 법이다. 그럼에도 불구하고 한말 이후 오늘의 풍수는 더 이상 볼 것이 없다고 할 만큼 타락되어 버리고 말았다. 요컨대 좋은 묘터와 집터를 잡음으로써 나와 내 자식들이 음덕을 보자는 이기적인 목적의 잡술로 전락하여 버렸다는 뜻이다.

극히 최근에 이르러 학계에서 본래의 풍수지리가 지니고 있던 선인들의 지혜성을 찾아보자는 움직임이 일고 있는 것은 분명 사실이며 바람직한 일이기는 하지만, 아직도 일반인들의 절대 다수는 풍수를 산소자리 잡기로만 이해하고 있는 실정이다. 학계에서의 노력의 결과가 비인간적 공간구조로 변질된 오늘의 땅을 인간적인 그것으로 전환하는데 보탬이 되는 사상이 과연 풍수일 수 있는지에 대해서는 아직은 시간을 요한다. 그러나 이기적인 터잡기 잡술로서의 풍수가 사라져야 한다는 당위에 대해서는 이론의 여지가 없을 것이다.

이런 와중이기는 하지만 소극적인 국역풍수(國域風水)가 없었던 것은 아니다. 그 대표적인 예가 한반도의 형세를 무엇에 비유할 수 있겠는가 하는 거시적 형국론이다. 일찍이 이중환이 조선의 형세를 노인이 중국을 향하여 읍(揖)을 하고 있는 자세라고 말한 바는 있지만, 그것은 일면 사대성의 발로에 다름 아닌 것이었다.

문제는 일본인 지리학자 고토(小藤)가 한반도의 생김새를 토끼에 비유한데서 비롯된다. 이것이 명백히 한민족의 열등성을 강변하기 위한 술수라고 짐작한 최남선이 그에 반발하여 제기한 호랑이가 웅비하는 모양의 땅이라는 주장이 그런 것인데, 물론 이런 논의를 풍수라고 단정할 수는 없으나, 워낙 타락한 풍수의 시대인지라 한 가지 덧붙였을 뿐이다.

이 외에도 일본인에 의한 한반도 지세의 혈맥 끊기, 왕궁의 파괴로 인한 민족성의 말살정책이라는 사건들도 있었으나, 그것이 우리의 풍수사상이 아니라 졸렬하기 짝이 없는 외국인들의 짓이므로 거론은 삼가겠다.

앞서 지적한 바와 같이 최근 학계의 연구 성과는 좀 더 기다려 보아야 확실한 것을 알 수 있는 일이지만, "환경운동을 생명운동으로 바꾸어 부르기로 하자. 생명운동은 풍수학 등과 결합하여 지금 문명의 가장 초미한 문제인 에너지에 관한 원칙적 제안을 할 수 있다. 풍수와 과학, 풍수와 환경운동에 대한 연구와 활용이 본격화되기를 바란다. 환경운동과 과학계에 풍수운동이 일어났으면 한다. ―중략―풍수의 기본 원리에서 새 문명의 길을 찾아야 할 것이다"라는 김지하의 최근 주장은 풍수사상의 방향성 제시라는 측면에서 상당한 의미를 지니고 있는 것으로 판단된다. 그의 주장이 학자가 아닌 사상가 또는 운동가의 입장에서 나온 것이기는 하지만, 그래서 합리적 설득력에 문제가 있는 것은 사실이지만, 언제 풍수사상은 합리적인 것이었던가를 상기해 볼 일이다.

끝으로 현재 학계에서 다각적으로 이루어지는 풍수연구는 일단 바람직한 것으로 여겨지며 또한 그 결과가 기대되지만, 그러나 일반인들이 그것만으로 이기적인 음택풍수의 발복론을 믿어버리는 효과를 주어서는 아니 된다는 사실을 연구자들은 주의해야 할 것이다. 또한 이 사상이 생명운동의 사상적 배경이 될 수가 있다는 주장들에 계속 유의할 필요가 있다는 점도 첨언해 둔다.

자생풍수에 관한 학문적 접근은 다음의 글들이 참고가 될 것이다.

ㄱ. 1988. 4, "道詵國師의 風水地理思想 解釋", 〈先覺國師 道詵의 新研究〉, 靈巖郡.
ㄴ. 1992. 8, 〈땅의 논리 인간의 논리〉, 민음사. 이 책은 1999년 7월 日本의 雄山閣出版社에서 〈風水地理入門〉으로 번역 출간됨.
ㄷ. 1996. 7, "韓國風水地理說의 構造와 理解 -道詵風水를 中心으로-", 〈道詵

　　國師와 韓國〉, 제12회 國際佛敎學術會議, 大韓傳統佛敎硏究院.

ㄹ. 1997. 2, 〈한국의 자생풍수〉(전2권), 민음사.

ㅁ. 1998. 9, 〈최창조의 북한 문화유적 답사기〉, 중앙 M&B.

II. 자생풍수(自生風水) 보론(補論)

1. 뜻

고래(古來)로 우리나라에서 풍수라 함은 곧 오늘날의 지리학이다. 다른 점은 엄밀하게 말해서 풍수가 학문은 아니라는 것이다. 국토와 풍토에 대한 당시 거주민들의 지혜가 집적된 것이 체계를 갖추면 자생풍수라고 본 것이다.

따라서 이것을 이제 고답적 의미의 학문으로 접근하거나, 풍수라는 용어 자체에 집착하여 당시 기록에 풍수라는 말은 없었다고 주장하면 할 말이 없다. 내가 말하는 자생풍수란 우리 민족이 지니고 있던 지리 지혜라는 것인데, 따라서 용어에 큰 의미를 두고 있지는 않다. 도선풍수도 좋고 우리풍수도 좋고 조선풍수라도 좋다. 다만 있는 것을 그대로 받아들이면 될 것이다. 만약 풍수라는 용례가 없기 때문에 자생풍수를 받아들일 수 없다면, 과학이나 생태, 환경 같은 용어들은 근대에 만들어진 것이므로 우리에게 그런 관념은 없었다고 주장하는 것과 마찬가지가 된다.

2. 용어가 나온 연유(緣由)

이 말은 나의 풍수 편력을 소개하는 것으로 충분할 것이다. 처음 나는 대부분이 그렇듯이 음택(陰宅) 위주의 발복풍수(發福風水)로 시작했다. 그것이 바로 풍수라고 당연히 받아들였고 관심도 갔다. 재미도 있었다. 이론이 현장에서 확인될 때는 기쁨까지 느꼈다. 하지만 날이 가면서 음택에 대한 관심은 사라져 갔다. 아마도 많은 주검과의 대면 속에서 인간의 신체가 죽으면 어떻게 되는가를 눈으로 확인하며 그런 곳에서 발복을 기대한다는 것에 회의를 느꼈기 때문일 것이다. 확인이란 것도 다분히 내 입맛에 맞게 견강부회(牽强附會)한 것이 많았다는 것도 한 몫을 했을 것이다. 내게 유리한 쪽의 증거들만 확인 작업에 끼어 넣었다는 뜻이다. 일부러 그런 것은 아니지만 이런 습관은 사람들이 흔히 가지고 있는 일이다. 하지만 후회했다. 이게 아니었다.

성격 탓도 있었지만 당시의 정치적 변수도 작용하여 낭만적이고 현실도피적인 도참(圖讖)적 풍수에 빠진 것이 다음을 이었다. 있지도 않은, 그리고 앞으로도 영원히 있지 않을 유토피아를 찾았던 것이다. 당연히 거기서도 현실적 대안을 찾지 못했다.

대학을 나와 주로 생계를 위해 시작한 신문 연재는 마구잡이식의 주제와 소재를 가진 엄청난 답사였다. 소득은 많았다. 현장에는 풍수 전적(典籍)에는 없지만 우리나라에는 있는 부분들이 있더라는 점이다. 이론이 현장에 부합되는 것은, 너무 엄격한 잣대를 들이대는 것이기는 하지만, 결코 없더라는 것도 깨달았다. 책과 이론이 딱 맞아떨어질 것이라는 생각 자체가 유치한 발상이었다. 이론이란 지극히 추상적인 것인데 그것을 실제에 적용하려 했으니 될 일이 아니었다. 고백하자면 혼란에 빠진 것이다.

여기서 많은 현지 주민들과 대화하면서 느낀 것은 그들이 풍수를 철석같이 믿는 사람들조차도 현실에 순응하며 지금 이곳을 명당으로 인식하고 있다는 것을 알았다. 단적인 예가 공주 명당골에서 만난 정감록파(鄭鑑錄波) 노인의 술회였다. "누군들 이런 궁벽

(窮僻)한 산골에서 살기를 원하겠소. 자본만 있다면 도시에 나가 안락하게 살고 싶지요. 하지만 돈이 없으니 어찌 하겠소? 이곳이 바로 명당이라 여기며 지금까지 살아온 것이지."

두 가지가 드러났다. 명당은 '당신 마음속에 있다' 는 것과 '자본이 명당' 이란 것이다. 하지만 이것은 전통의 풍수 사고와는 거리가 먼 얘기였다. 그것은 마음공부가 즉 풍수공부라는 말이니 풍수 자체가 없어질 논리이고, 자본이 명당이라면 돈이 곧 명당을 만들 수 있다는 것 아닌가?

그래서 나는 이런 경험을 종합하여 풍수의 현대적 변용(變容)으로서의 자생풍수를 찾아내자고 생각했다. 그것은 삶의 현장, 도시에서의 명당 만들기라는 입장으로 돌아섰다. 풍수에서 어떤 정보(information)가 아니라 변용(transformation)을 생각하기 시작한 것이다. 그리고 그런 사례는 우리나라 곳곳에 산재해 있었다. 그것이 자생풍수를 마련하게 된 연유이다.

3. 사례 세 가지

1) 황해북도 사리원시 광성리 정방산 성불사

정방산(正方山) 성불사는 글자 그대로 사각형 모양의 산지에 둘러싸인 분지(盆地) 중앙에 위치해 있다. 도선국사가 창건(898년)했다고 하지만 진위는 알 수 없다. 그러나 그런 내용이 지금까지 전해진 것을 보면 이 절은 분명 자생풍수 계열의 승려에 의해 세워진 것은 확실하다. 문제는 입지조건의 이해할 수 없음이다. 정방산에서 내려오는 물들은 모두 이곳으로 모여들게 되어있다. 실제로 정방산성 남문에는 곁에 수문〈물구멍〉이 뚫려있다. 방어가 목적인 산성에 물이 나갈 길을 훤히 뚫어 놓는다는 것은 있을 수 없는 일이다. 그만큼 절 경내가 침수에 약하다는 뜻이다. 현지 관리인은 지금도 장마철에는 법당 마당까지 물이 찬다고 했다. 도선이나 그의 제자들이 바보가 아니라면 이런 곳에 절을 입지시킬 수 없다. 목적은 두 가지. 하나는 상주하는 스님들을 홍수에 대비한 상비 노동력으로 쓰기 위한 것. 다른 하나는 땅을 어머님으로 보는 기본적인 사람들의 속성이다.

좋은 어머니(명당)는 그 자체로써 완벽 지향적이고 따라서 이상형이다. 현실에 완벽이나 이상이란 없다. 어떤 어머니라도 문제는 있다. 피곤하실 수도 있고 병이 들 수도 있고 성질이 고약할 수도 있다. 그런 어머니까지 정을 주고 효를 하라는 것이 이 절 입지의 교훈이다. 좋은 사람 잘해드리는 것이야 누가 못하겠는가. 이것이 자생풍수의 땅에 대한 사랑이다.

2) 고려 태조 왕건과 공민왕의 능(陵) 비교

태조는 개국자이다. 공민왕은 그로부터 사실상 고려가 끝나는 마지막 임금이다. 한데 태조릉(顯陵)은 평범하기 짝이 없고, 공민왕릉(玄陵)은 풍수 이론상 거의 완벽에 가깝다. 태조 당시는 중국의 이론풍수가 제대로 전해지기 전이다. 자생풍수가 지리학으로 여겨지던 때이다. 이는 고려 과거 시험 과목에서 알 수 있는 사실이다. 반면 공민왕은 10년 넘게 북경에 머물면서 원나라 공주와 혼인을 했고 이름도 백안티무르였다. 게다가 그가 풍수(중국식)에 밝았고 거기에 변태적일 정도로 집착했다는 것은 여러 정황으로 확실하다고 본다. 문제는 태조릉 터가 너무 풍수 이론에 맞지 않다는 것이다. 주산은 좌우 산들보다 오히려 낮고 주변도 우리 시골 어디서나 볼 수 있는 그저 그런 경관이다. 내세울 것 없고 무지스럽다는 험담까지 들으며 살아온 우리들 어머니와 같은 풍경이다.

공민왕릉은 다르다. 사신사(四神砂)를 제대로 갖추었고 수국

(水局)도 나무랄 데 없는 교과서적 명당이다. 남한의 풍수 전문가가 답사한다면 누구라도 천하명당으로 꼽을 것이다. 하지만 느낌은 다르다. 단적인 예 한 가지. 북한에서의 일정은 틀에 박힌 것이었다. 그런데 공민왕릉 답사를 끝낸 것이 12시 조금 넘어서였다. 당연히 거기서 곽밥〈도시락〉을 먹어야 하는데 굳이 왕건릉으로 가자는 것이다. 그곳을 보고 나니 오후 2시. 그때 점심을 먹었다. 왜 그랬느냐고 물으니 그냥 그랬다는 대답이다.

내 생각은 그게 아니다. 공민왕릉은 너무 빼어나게 아름다움 자태라 보기에는 좋을지 몰라도 편히 쉬기에는 부적당하다. 왕건릉은 마음을 편안하게 해준다. 북한 안내원들은 느낌으로 그것을 알고는 있었지만 말로 표현하지 못한 것이다. 이런 내 의견을 듣고 모두들 수긍했다. 거기서 "봉건도배들의 터 잡기 잡술"로 정의되던 풍수가 돌연 "민족 지형학"으로 둔갑을 해버렸다. 북한 고고학자 리정남의 표현이다.

3) 비보(裨補) 사례의 풍성함

이에 관한 연구는 충분하다. 더 이상 언급이 필요 없을 것이다. 중국 풍수 이론서에는 잘 나오지 않는 부분이다. 그 의도하는바 역시 땅으로부터 득을 보자기보다는, 땅을 고치고 다듬어 우리가 의지하기 편안한 곳으로 바꾸자는 것이다. 땅으로부터 빼앗기만 하는 것이 아니라 서로 돕자는 공생(共生) 관계를 의도한 방법이다.

우리가 어머니인 땅이라고 했을 때, 그 어머니는 마냥 인자하기만한 분인가? 부모에게 자식은 축복이자 동시에 고난(苦難)이다. 당연히 땅은 부모이고 자식은 인간이다. 인간이 있음으로 해서 땅은 의미를 갖게 되었다. 축복이다. 자식을 키워본 부모들은 잘 알겠지만 출산의 기쁨은 잠깐이고 그 뒤는 간간이 끼어드는 행복을 빼고는 고난의 연속이다. 양육, 교육, 독립 보조, 이어지는 근심은 모두 견디기 힘든 고난이다.

그러니 우리가 땅에서 그 이상의 더 무엇을 바란다는 것은 마치 중환자실에 누워계신 부모에게 손을 벌리는 파렴치한 짓이다. 이제는 늙고 병든 부모를 모셔야 할 때이다. 그저 방치하는 것은 효도가 아니다. 많은 환경 보호의 주장 속에는 은연중 그런 함의(含意)가 있다. 제한적이고 계획적이며 자생풍수적인 개발 주장은 적극적 효도 관념이 담겨지게 된다. 무조건적인 개발 반대는 현실적이지도 않고 자생풍수적이지도 않다.

위의 세 가지 사례는 남한에도 부지기수이다. 그저 편의상 뽑은 예일 뿐이다.

4. 어떻게 해야 하나

자생풍수에 대한 비판에는 여러 갈래가 있다. 내가 제안한 "자생풍수, 자연과의 조화, 대동적 공동체라는 매력적인 표현들 속에 자리 잡고 있는 땅에 대한 중심 논리는 결국 본능, 직관, 사랑이라는 것밖에는 없다." "지금 우리들이 알아들을 수 있는 합리적인 언어로 재정립해야 한다." "최대 약점은 땅의 질서와 논리에 대한 천착을 생략하고 풍수를 형이상학적인 마음의 차원으로 가져갔다." "신념의 대상으로서는 어찌 되었든 간에 학설로서의 논증이 결여되어 있다." 이런 것이 대표적인 비판의 골자일 것이다.

옳은 지적이다. 나도 그런 점들을 극복하기 위해 노력하고 있지만 결실은 아직 신통치 못하다. 그래서 지금까지 침묵으로 대응해왔다. 그러나 오늘은 변명 겸 반론을 얘기해야겠다.

그 지적 중에는 나의 변화된 생각에 무관심해서 나온 것도 있다. 나는 형이상학을 모른다. 그러니 그런 주장을 펼 계제도 못되는 사람이다. 게다가 현장 답사 위주의 글로 거의 일관해왔고 이론적인 논문은 대학을 나온 후 발표한 것이 거의 없다. 신념 문제는 더욱 그렇다. 나는 과학자가 아니다. 굳이 말하자면 인문학자 정도로 불러주면 고마운 정도이다. 이 점은 20세기 지성의 거인이라 일컬어지는 자크 바전(Jacques Barzun)의 인문학에 대한 오해를 소개하는 것으로 충분하리라 본다.

"인문학의 위기는 인문학자가 초래했다. 과학(science)과 겨루면서 자신도 과학의 반열에 오르고 말겠다는 의욕을 앞세우다가 인문학은 자기 무덤을 파고 말았다. 대학생에게 지엽말단적 사실을 추구하는 방법을 주입시키는 과정에서 인문학은 교양학문 본연의 미덕과 내용을 크게 잃어버렸다. 대학에서 인문학이 설 자리를 잃으면서 더욱 '연구'라는 말에 현혹되어 인문학자는 자신이 선택한 주제 안으로 파고들지 않고 주제에 대한 사실들만을 캐내는데 주력했다."

말하자면 과학이 아니면서 과학의 흉내를 내다가 인문학의 특성인, 균형 갖춘 시각과 총괄적인 입장 정리의 자세를 잃게 되었다는 것이다. 풍수는 당대에는 과학이었지만 지금은 진정한 사이언스가 아니게 된 점을 사람들은 잊고 있다. 풍수는 인문학이다. 여기에 본능, 직관, 사랑이 들어가지 않는다면 그게 오히려 비정상이다. 에릭 프롬이 "the art of loving"이라 했을 때 아트를 기술로 번역한 것은 잘못이다. 예술도 아니지만 "사랑을 하기 위한 그 무엇" 정도가 저자의 의도에 근접한 것이 아닐까. '그 무엇'이란 것은 논리적 사고나 정연한 학적 체계를 갖추기에는 어려운 부분이 많다. 당연히 자생풍수는 그런 의미에서 사이언스가 아니라 아트에 가깝다. 명증(明證)한 언어로 당신의 주장을 내놓으라는 요구는 지나치다.

하지만 자생풍수의 인문적(人文的)인 방법론 제시는 가능하다.

인문적 방법론이란 경험과 자기 성찰, 그리고 직관을 비롯하여 동원 가능한 모든 인간적 본능들을 밑바탕으로 구체적이지는 않으나 각 부문에 방향과 아이디어, 혹은 영감을 줄 수 있는 것을 뜻한다.

그 골자는 "땅을 사람 대하듯 하라는 것"이다. 사람이란 무엇인가? 이 질문은 인류 출현 때부터 지금까지 모든 분야에서 관심을 기울이며 추구해 온, 일종의 만국(萬國), 인류의 온 역사를 통하여 공동 관심사이다. 수많은 주장이 제기 되었으나 아직 그에 대한 모두를 만족시킬 만한 답안은 나오지 않았다. 그 답을 가장 근접하게 제시할 수 있는 가능성은 인문학에 달려 있다고 본다. 우리는 인간이란 무엇인가에 대해서 느낌으로는 알고 있다. 그에 의지하여 땅과 사람의 관계에서 사람을 평안케 하고 인간적으로 살게 하는 '삶터잡기'가 가능해 질 것이다.

우리가 사람을 대할 때 어떤 기준으로 그를 평가할까? 예컨대 맞선 볼 때를 생각해보자. 우선 당사자는 상대방을 소위 객관적 기준으로 선택할 근거를 마련할 수 있다. 가족관계, 학벌, 장래성, 건강, 성품, 외모 같은 것들이 고려 대상의 예이다. 이런 것은 판단하기 어렵지 않다. 어려운 점은 이러한 조건들이 만족스러운데도 불구하고 "왜 그런지는 모르겠지만 그 사람에게는 끌리지 않는다."는 문제가 발생한다는 것이다. "왜?"라는 주위의 질문에 당사자는 조리 있게 알아들을 수 있는 말로 표현하지 못하는 경우가 많다 이 왜가 바로 자생풍수에서 터를 고르는 요체가 된다. 말로 표현하지는 못하지만 분명한 느낌은 있다. 우리는 살아가면서 그런 경우를 수없이 만난다. 표현이 안 되면 엄연히 있는 것이 없는 것으로 되지는 않는다. 자생풍수의 구체적 방법론을 얘기해달라는 사람들에게는 답답한 노릇이겠지만, 사실이 그런 걸 어쩌겠는가?

자생풍수는 매우 주관적이고 직관적으로 판단할 수밖에 없다. 그러니 객관성이나 논리적 체계화는 애초에 불가능에 가까운 일이다. 하지만 그렇기 때문에 자생풍수의 풍토 적응성이나 인간에의 천착은 탁월하다고 할 수 있다. 만약 논리체계를 갖추려 한다면 결국 자생풍수를 포기하고 잘 알려진 풍수의 기본논리 체계로 돌아가면 된다. 수없이 많은 풍수 서적들이 그 문제에 해답을 내놓고 있다. 나 역시 그 책을 통하여 이론을 배웠다. 그것들은 매우 중요하다. 책상에 앉아 공부할 때에는. 하지만 현장에 나가보면 그것이 얼마나 허망한 것인지를 금방 알 수 있다. "책이란 그저 먼지로 돌아갈 뿐이지만, 인생은 그렇지 않다." 파우스트의 독백이다.

나는 답사를 통하여 도시의 재래시장이나 시골의 정기시장에 관하여 잘 알고 있었다고 믿었다. 대학을 사직하고 구경꾼으로서가 아니라 거기서 장사를 하여 생계 수단으로 삼으려고 시장을 돌아다니며, 나는 내가 얼마나 시장의 가장 중요한 것들과 거기서 살아가는 사람들에 대하여 무지했던가를 뼈저리게 느꼈다. 구경꾼은 본질을 모른다. 답사를 해서 현장을 본다고 해결되지도 않는다. 오직 실전 경험만이 그 문제를 풀어줄 유일한 방법이다.

나는 학문의 가치와 책의 가치를 극히 존중한다. 그 까닭은 그런 유한(有閑) 분위기 속에서 중요한 전기(轉機)를 마련할 수 있는 근거들이 나오고 있기 때문이다. 그렇다 해도 공허감이 없어지는 것은 아니다. 오직 책임과 의무를 짊어지고 현실 속으로 들어갔을 때 비로소 '그 무엇' 인가를 알 수 있게 된다. '그 무엇' 을 알았을 때 자생풍수를 어떻게 해야 할지는 자명(自明)해진다.

5. 마무리

내가 제안한 자생풍수는 아직 학문이 아니다. 나 스스로 자생풍수를 학문으로 인정해달라고 한 적도 없다. 그러나 과학이 아닌 인문학, 이제는 대학에서도 사실상 버림받은, 으로서는 자격을 갖추고 있는 것이라 믿는다. 인문학의 존재 이유는 이미 앞에서 언급했다.

사실 풍수는 역사 속에서 우려먹을 대로 우려먹은 지리학이다. 한번 써먹은 것을 재탕, 삼탕 하는 것은 아무런 의미가 없다. 현실에 적응해야 하고 현재를 사는 사람에 부합해야 한다. 그 점에서 풍수의 한 갈래로 자생풍수를 무리가 가는 줄 알면서 주장한 것이다.

땅은 관람석에 앉아 편안히 전문 해설가의 멘트나 들으면서 즐길 대상이 아니다. 여기서 해설가란 물론 풍수 전문가를 지칭한다. 그런데 많은 사람들은 이 해설자가 객관적인 입장에서 불편부당(不偏不黨)하게 경기를 풀어내기 위하여 선수 출신이 아닐 것을 요구한다. 실전 경험은 독선과 편협을 낳는다고 지레 짐작한다. 그래서 전문 해설가가 등장한다. 그들은 실제 뛰어본 경험이 없기 때문에, 우리가 보면 그냥 알 수 있는 것을 어려운 이론과 난해한 용어를 사용하여 진부화 시키기 때문에 듣는 사람을 짜증나게 한다. 먼저 뛰어보고 남을 평가해야 현실 감각이 살아있는 재미있고 유익한 해설이 나올 수 있는 것이다.

실제로 우리나라의 축구, 농구, 야구 해설자 대부분은 비록 유명하지는 않았지만 선수 출신들이다. 심지어 현역 유명 프로 선수가 해설자가 되어 인기를 끌기도 한다. 배움의 세계에서 인기나 재미는 거의 금기시되고 있다. 과연 그럴 필요가 있을까? 이론이 어려우면 어려울수록, 용어가 난해하면 난해할수록, 그 저변을 살펴보면 바로 그런 이론이나 용어를 사용하고 있는 사람 자신이 경기를 이해하지 못하기 때문에 동원되는 지적 사기일 가능성이 높다.

나는 자생풍수를 이해하려면 현장에 나가서, 이해관계가 얽힌 입장에서 직접 경험해보기를 권한다. 현장에는 자생풍수의 이론들이 무수히 널려있다. 마을 답사에서 흔히 느끼는 일이지만 주민들이 자신의 거주지를 명당으로 주장하는데도 풍수 이론상 도저히 그럴 수 없는 곳이 많다. 자생풍수의 입장에서 해석하면 그들이 그런 입지조건을 왜 풍수라고 했는지를 금방 알 수 있다.

게다가 자생풍수는 필시 도선 국사 혼자 천재성을 발휘하여 어느 날 갑자기 만들어 낸 독창적 지리 이론이 아닐 것이다. 그것은 이 땅을 살아가는 사람들이 쌓은 경험의 집적이 만든 지혜의 산물을 도선 국사란 상징 인물을 특칭(特稱)하여 내세운 것임에 틀림없다고 생각한다.

인류문명, 자연과 공존하다

자연과 합일하는 한국건축의 미학

이상해 성균관대학교 건축학과 교수

▲ 병산서원 만루대

자연과 합일하는 한국건축의 미학

Ⅰ. 이끄는 글

이 글은 조선 왕조의 치국 이념으로 채택된 유교 성리학이 조선 사회에 정착하면서 형성된 건축 중에서 서원 건축을 중심으로 자연과 합일하는 한국건축의 미학을 살펴 본 것이다.[1]

서원은 성리학이 사회 이념을 지배하던 조선시대에 향촌 사회에 근거를 둔 재지사족인 사림 세력이 건립한 사립교육기구이다. 서원 건립의 근간은 존현(尊賢)에 있으며, 존현의 길은 사당을 세워 선현(先賢)의 덕을 기리고 선현의 학을 두텁게 하는 데에 있다. 상덕(尙德)과 돈학(敦學)은 서원의 기능을 받치는 양대 기둥이다. 상덕과 돈학의 기능을 수행하기 위해 서원은 본받을 만한 유학자, 충절을 지킨 인물 등 학문적으로나 정신적으로 추앙의 대상이 되는 선현의 위패를 모시고 제사를 지내기 위한 제향공간과, 성리학이 궁구하는 학문과 교육을 위한 강학공간을 반드시 갖추어야 했다.

우리나라의 서원은 신유학인 성리학이 조선사회에 정착해 가면서 사림 계층이 조선중기에 만들어 낸 시대적 산물이다. 서원이 성립되기 이전에도 강학을 하는 정사(精舍), 서당 등이 있었고, 제

---

1) 이 글에서는 주변 지형조건을 살피고 해석하여 터를 잡아 건물을 배치함으로써 자연과 합일함을 최고의 목표로 삼는 풍수와 관련된 내용은 제외하였다.

향을 위한 사우 등이 있었다. 서원의 발생은 정사와 사우가 역사적 필연성에 의하여 하나로 통합되는 데서 비롯되었다.

조선시대의 서원은 풍기군수 주세붕(周世鵬, 1495~1554)이 고려말 성리학자였던 회헌(晦軒) 안향(安珦, 1243~1306)의 고향인 경상도 순흥에 그를 기리기 위한 사우와 학문을 할 백운동서원을 1543년(중종 38)에 세운 것을 효시로 삼는다. 백운동서원은 1548년(명종 3) 풍기군수로 부임한 이황(李滉, 1501~1570)의 노력으로 1550년(명종 5) 조정으로부터 '소수서원(紹修書院)'으로 사액을 받음으로써 공인된 교육기관이 되는 기틀이 마련되었다.

Ⅱ. 성리학적 세계관을 구현한 서원건축

서원건축은 산이 많은 우리나라에 적합한 건축형식을 성리학적 세계관에 용융시켜 얽어낸 건축으로서, 한국건축공간의 새로운 패러다임을 제공한 건축형식이다.

서원은 군현 소재지에서 벗어나 산수가 수려한 곳에, 뒤로는 나지막한 산이 있고 앞으로는 내가 흐르거나 넓은 들판이 펼쳐져 있으며, 들판 건너편에는 서원에서 마주보는 안산이 멀리 앞에서 받치고 있는 경사면에 주로 자리 잡았다. 이러한 곳에 자리 잡은 서원의 건물들은 서원 주변의 자연 경관과 조화를 이루도록 배치되었다. 남향만을 중요하게 고려해서 배치하지는 않았다.

경주시 안강읍에 있는 옥산서원은 서쪽을 향하도록 중요한 건물들을 배치하여 서원 앞으로 흐르는 계류를 건너 자옥산을 바라보며 주변 경관과 조화를 이루고 있다. 대구시 달성군에 있는 도동서원은 서원 앞으로 흐르는 낙동강을 바라보며 동북향을 하고 자리 잡음으로서 주변 자연 지세에 잘 어울리도록 하였다. 안동 병산서원은 서원 앞으로 흐르는 낙동강과 그 건너 병산을 바라보며 서원과 자연을 하나의 공간으로 엮어내었다.

이와 같이 서원은 산수가 빼어나 은거하여 수양하며 독서하기에 좋은 곳이면서 봉향하고자 하는 선현의 일정한 연고지가 되는 곳에 많이 건립되었다. 이러한 연고지는 선현의 출생지거나 고향, 성장지, 은거하여 후학을 지도했던 곳, 관리로 있던 곳, 유배지, 충절과 연관된 곳, 묘소가 있는 곳 등이 된다.

서원의 입지(立地)에 대해 이황은 "서원은 존경받을 만한 선현의 일정한 연고지여야 하고, 그와 동시에 사림들이 은거하여 수양하며 독서하기에 좋은 조건을 갖추어야 한다."[2] 라고 하였다. 서원 입지에 관한 이황의 이와 같은 생각은 백운동서원의 사액을 청하며 보낸 "상심방백서(上沈方伯書)"에 잘 나타나 있다. 선현의 연고지는 서원이 그곳에 건립될 명분을 가진 '인문조건' 을, 산수가 뛰어난 곳은 서원이 들어설 합당한 '지리조건' 을 말한 것으로서, 실제로 조선 최초의 서원인 백운동서원을 포함하여 그 이후에 세워진 거의 모든 서원들은 그러한 조건을 갖춘 곳에 건립되었다.[3]

서원이 주변 산수가 좋은 곳에 자리를 잡게 되는 요인으로는 유가들이 자연 속에 은둔하여 심신을 수양하며 천인합일(天人合一) 할 수 있는 곳을 찾았던 것이 중요한 이유였다. 유가들에게 천인합일사상은 가장 중요한 유가적 정신 관념으로서, 자연과 인간은 하나가 되어 우주의 생명 전체를 융화하고 교섭할 수 있는 최고 이상으로 작용하였다. 이런 이유로 유가들은 골짜기가 있어 물이 흐르고 산이 있어 풍월을 가까이 할 수 있는 자연에 서원을 건립하

---

2) 이황의 상소문(이범직, 「조선전기 서원의 교육기능」, 『한국사론』 8, 1981, p.95.)
3) 이상해, 『서원』, p.361.

여 학문을 연마하고 후학을 양성하였다.

예를 들어, 소수서원은 서원 앞으로 소백산 아래에서 발원한 죽계가 흐르고, 산천은 그윽하고 깊숙하며 골짜기가 아늑한 곳이다.[4] 주세붕이 이곳에 서원 터를 잡고 서원 이름을 '백운동'이라고 한 것은 중국 송나라 때 주희가 재흥시킨 백록동서원이 있는 "여산(廬山)에 못지않게 구름이며 산이며 언덕이며 강물이며, 그리고 하얀 구름이 항상 서원을 세운 골짜기에 가득하였기" 때문이라고 한다.[5]

이황을 주향으로 모신 도산서원 역시 이러한 입지조건을 갖추었다. 도산서원 남쪽 바로 아래는 이황이 도산서당을 짓고 강학한 곳이다. 도산서당은 이황이 쉰일곱 살 되던 해에 도산 남쪽에 터를 잡아 짓기 시작하여 1561년에 낙성한 건물이다. 이황은 서당을 짓고 난 다음 『도산잡영(陶山雜詠)』을 썼는데, 이 시에 붙인 도산잡영병기(陶山雜詠幷記)에는 서당의 입지, 서당 주변의 경개를 비롯하여 이황 자신이 도산잡영을 읊은 동기 등이 서술되어 있다.[6]

이외에도 도동서원 · 옥산서원 · 병산서원 등은 서원이 들어설 자연조건이 잘 구비된 곳에 건축적으로 승화시켜 건물을 세운 대

---

4) 백두대간이 남행을 하다가 강원도 두타산, 죽령을 지나면서 서남으로 향을 바꾸어 태백산을 만나고 계속하여 동에서 서로 가는데, 여기에 수다산, 백병산, 마아산, 관적산, 소백산, 죽령으로 이어지는 산줄기가 흘러들어와 만든 영구봉의 남쪽 양지바른 곳이 만들어진다. 바로 이곳에 소수서원이 죽계를 끼고 위치하고 있다. 죽계는 소백산 국망봉과 비로봉 사이에서 발원한 계류인데, 소수서원은 이 계류를 따라 형성된 竹溪九曲 끝에 위치하여 "산높고 물맑은 광경"을 완상할 수 있는 곳이다.

5) 『晦軒先生實記』권4,「祠院」,'紹修書院'.

6) 「도산서당영건기사」,「도산잡영」 등의 내용은 「도산서원영건기사」,『惺齋선생문집』 : 정순목,『한국서원교육제도사연구』, 영남대학교 출판부, 1979, pp.117~122. : 정순목,『퇴계평전』, 지식산업사, 1989, pp.78~87. :『국역퇴계집』I, 민족문화추진회, 1968, pp.34~40에 있다. 이황은 도산서당 마당에 담을 끊어 쌓음으로써 건축과 자연이 통하게 하였다.

표적인 서원들에 속한다.

　서원은 유생들이 함께 기숙하며 생활하는 곳이었기 때문에 강당 앞마당을 중심으로 그 좌우에 이들이 기거하는 재사인 동재와 서재를 배치하였다. 서원은 재사 건물들이 외부에 대해 등을 돌리고 서 있어 폐쇄적인 듯하지만, 내부 뜰에서는 항상 밖으로 시선이 열리도록 건축 공간 처리가 되어 있다. 서원의 중심이 되는 강당에 앉으면 앞으로 멀리 안산이 보이도록 건물배치와 공간처리를 하여 유생들이 자연과 계절의 흐름을 알 수 있게 한 것이다.

Ⅲ. 서원 건축에 반영된 유가 사상

　서원이 들어선 곳, 건물배치, 공간구성, 건축형식 등에는 유가들이 중요하게 여긴 사상이 크게 반영되어 있다.

　유가들의 인간관과 자연관의 근간을 이루는 사상 중의 하나는 천인합일사상이다. 유가들에게 천(天)은 자연 사물이 존재하게 되는 원리이자 종교적 근원으로 파악되어, 하늘의 섭리는 최선의 도덕이다. 이러한 세계관에 의해 천도(天道)는 하늘이 인간사회를 포함한 우주의 운행을 조절, 변화시키는 원리를 가리키고, 인도(人道)는 인간의 본성에 갖추어진 도리를 다 하는 것을 가리킨다. 천도는 인간을 통해 이해, 실현되는 존재로 규정한 유학에서는 하늘의 근본적인 덕성이 인간의 심성 속에 내재한다고 보고, 인간 도덕의 근원을 하늘에 둔다. 인간과 우주의 도덕적 근본을 동일시하는 관념이 바로 천인합일사상이며, 이의 체득은 유가들의 최고 목표이다. 천인합일사상은 도덕적 의지의 실천을 통해 주체와 객체, 인간과 자연의 조화를 지향하는 것이다.

천일합일사상은 자연과 천명에 순응하려는 사상으로 집약된다. 성리학의 하늘(天)은 가시적인 실체로서의 하늘이나, 모든 자연 현상을 내포하는 상징적인 개념 등의 물리적 의미에서부터 자연 법칙, 운명, 도덕의 근원이나 우주의 주재자 등의 관념적이고 추상적인 의미의 하늘에 이르기까지 다양한 뜻을 담고 있다. 주희(朱熹)에 의해 집대성된 성리학의 인식론은 하늘이 가지고 있는 원리와 만물의 원리가 궁극적으로 서로 다르지 않다는 전제 속에서 이루어졌으며, 인간의 삶은 그 원리에 따르는 것을 이상으로 삼았다. 때문에 성리학자들이 보는 자연은 '하늘의 원리[天理]'를 가지고 질서 지어진 것이었지만 그들이 언급하는 우주론은 우주의 생성 이론이 아니라 현실과의 관계 속에서 이해되는 것이었으며, 그 속에 가치의 문제를 함축하고 있는 것이었다.

성리학자들에게 천인합일은 단순한 지식이 아니라 깨달음[覺悟]을 통하여 감통하는 것이어야 한다. 그러한 단계에 이를 때, 그것은 곧 정신적으로 최대의 자유의 경지에 오르는 것이기도 하였다. 천인합일을 가능케 하는 것은 곧 자연과 인간은 둘이면서 하나가 되는 경지일 때 가능하다. 이것은 바로 성리학이 추구하는 천인합일사상을 서로가 관계를 맺는 '유기적 사고 체계'라고 해석하는 관건이 되며,[7] 인간이 만든 건축 역시 자연과 분리해서 생각할 수 없는 이유를 밝혀주는 기본 사상체계가 된다.

인간을 하늘[天], 곧 자연과 합일적(合一的)으로 파악하려는 천인합일사상은 유교건축에서는 건축과 자연이 하나가 되게 하는 건축형식을 형성케 하였다. 이러한 사상은 조선시대 성리학이 꽃을 피우면서 형성된 서원 건축에 잘 나타나 있다.

---

7) '유기적 사고 체계'라는 용어는 조셉 니덤(Needham, Joseph) 저 · 이석호 번역, 『중국의 과학과 문명』, 을유문화사, 1985에서 인용한 것이다.

이외에도, 조선시대 사대부 선비들은 주희가 중국 복건성 숭안 현에 무이구곡을 경영하며 무이정사를 짓고 세상의 질곡에서 벗어 나 자신의 학문을 발양하고 자연과 함께 한 삶을 이상으로 여기기 시작하고, 주희가 지향한 이상향을 실현하기 위해 점차 적극적으 로 구곡을 경영하며 자연에 은거하는 정사(精舍)[8]를 경영하였다.

성리학자들은 자연 속에서 자연을 흠상하고 인격을 수양하기 위해 아름다운 산수가 있는 곳을 배움의 터전으로 삼았다. 성리학 자들은 산수를 매개로 하여 그들의 인격과 우주를 연결시킬 천일 합일사상의 근간이 되는 천지, 자연의 조화와 질서를 구체화시키 기 위한 서원을 건축한 것이다.

서원이 주변 산수가 좋은 곳에 자리를 잡게 되는 데에는 유가 들이 자연 속에 은둔하여 심신을 수양하며 천인합일 할 수 있는 곳 을 찾았던 것이 중요한 요인으로 작용하였다. 유가들에게 천인합 일사상은 가장 중요한 유가적 정신 관념으로서 자연과 인간은 하 나가 되어 우주의 생명 전체는 융화하고 교섭할 수 있는 최고 이상 으로 작용하였다. 따라서 자각적으로 천인합일의 경지에 이르는

---

8) 성리학자들이 조영했던 정사의 건축공간은 간단한 방과 마루만으로 단촐한 구성을 한다. 그러나 정사의 공간은 건축물만으로 한정되지 않고 건물 외부로 확대되어 자 연을 건물 속으로 받아들이고 있다. 정사의 공간이 단촐한 구성을 하며 자연과 전체 를 이루는 것은 '경건한 마음으로 이치를 구하는 것(居敬窮理)', '사물의 이치를 통 해 깨달음을 얻는 것(格物致知)'을 이상적으로 생각한 성리학자들의 학문수양의 방 법과 연관된다. 정사가 들어서는 곳은 궁극적으로 어떤 자연 속에서 학문을 닦고 인 격을 수양할 것인가와 연관되며, 정사의 공간은 자연과 건축공간이 어떤 관계에 의 해 만날 것인가와 밀접한 관계를 이룬다. 이와 같이 학문을 닦고 인격을 수양할 자연 을 선택하고, 그 자연과의 관계를 설정하는 것은 정사를 조영한 성리학자의 자연에 부여한 관념과 연관되는 천인합일사상을 반영한다. 정사에서 학문을 하며 문인들로 부터 추앙을 받던 주인공이 사망하면, 그 정사는 훗날 문인들에 의해 강학과 제향 기 능을 갖는 서원이 되는 경우도 있다. 도산서당이 이황 사후, 그의 제자들에 의해 서당 뒤에 도산서원을 조영하는 것이나, 이이가 은거하며 학문을 한 고산 석담구곡의 은 병정사가 소현서원이 되는 것도 같은 맥락이다.

것은 중요하였다. 이런 이유로 유가들은 골짜기가 있어 물이 흐르고, 산이 있어 풍월을 가까이 할 수 있는 자연에 서원을 건립하여 학문을 연마하고 후학을 양성하였다.

Ⅳ. 주변경관과 합일하는 서원건축

서원을 구성하는 건축공간은 선현을 배향하고 제사를 지내기 위한 제향공간, 유생들의 장수(藏修)를 위한 강학공간, 유식(遊息)을 위한 누문공간, 제향과 강학 기능을 지원하고 관리하는 부속공간, 그리고 서원의 주변공간으로 구분된다.

장수, 유식은『예기』「학기」편에 나오는 말이다. 이에 대해 정현은 "장(藏)은 마음속에 품는 것을 말함이요. 수(修)는 익히는 것이다. 식(息)은 일삼다가 열심히 하다가 멈춰서 휴식하는 것을 말함이요. 유(遊)는 한가하게 일삼는 바 없이 노니는 것을 말한 것이다"라고 하였고, 공영달도 이에 대해 좀 더 자세히 풀이하였다. 이들 해석에서 '장수'란 학문하는 과정에서 유생들이 마음을 집중해서 학문에 힘쓰며 수양을 하는 것을, '유식'이란 학문하는 긴장에서 벗어나 정신과 마음을 풀어내는 것을 뜻하며, 모두 학문을 하는 올바른 자세를 설명한다.

성리학자들은 또한 주변 자연경관을 이루는 나무·돌·물·지형·산 등에도 성리학적 사고로 전환케 하는 이름을 붙여 그 존재가치를 부여해 사람들이 다양하게 자연과 조우하도록 하였다. 이와 같이 자연을 의인화, 인간화함으로써 세계 속에서 개체의 가치를 확인하며 천인동구(天人同構)하는 차원의 공간을 만들었다.[9]

서원은 유가의 관점에서 보면 예(禮)를 실천하기 위해 형성된 건축으로 해석될 수 있다. 서원은 강학과 장수를 통해 유가들이 지향하는 예를 구현할 사람을 배출한 곳이다.

서원은 강학과 장수를 위해 시정에서 떨어져 시끄럽지 않은 곳에 자리를 잡았으며, 유생들이 기거하며 수학하는 건물들인 동재와 서재는 외부로는 등을 돌리고 서 있어 폐쇄적인 배치를 하였다. 하지만, 서원은 학문하는 긴장에서 벗어나 유식하며 자연과 함께할 수 있도록 서원 영역 내부에서는 앞으로 시선이 열리도록 건축 공간 처리를 하였다. 서원의 중심이 되는 강당이나 강당 앞마당에서 멀리 안산이 보이도록 건물배치와 공간처리를 한 것이다.[10] 서원이 자리 잡은 터는 유생들이 장수와 유식을 하는 건축 공간을 조성하기에 좋은 조건을 갖춘 곳이다.

서원을 구성하는 건물들은 기본적으로 대칭이 되는 배치를 하고 있지만, 엄격하게 기하학적인 대칭을 이루는 것이 아니라 거기에서 벗어난 배치를 하여, 원칙적으로 인위적이되 그 속에서 자연스러움을 구사하고 있다. 이러한 공간체계에는 원칙에 입각한 절제되고 단아한 건축형식과 질서, 그리고 주변 자연과 인공을 합일하려는 성리학적 세계관이 극명하게 반영되어 있다. 그것은 조선시대 사대부 선비들이 예(禮)를 올곧게 실천하려고 추구한 절제와 맑음의 미학에 기초한다.

서원이 주변 풍광이 좋은 곳에 자리를 잡고 자연과 함께 하기에 가장 적합한 건축은 외부로 공간이 트인 누(樓) 형식의 건물이

---

9) 사대부 선비들은 사물의 근원을 알기 위해 산수를 관찰하였으며, 산수의 덕성을 따라 덕을 기르고, 그 이치를 깊이 체득하였다. 공자의 말처럼 지혜로운 자가 사랑하는 물을 즐긴다면, 하늘에 솔개가 날고 연못에 붕어가 뛰노는 우주 생명의 이치와, 빛과 그늘이 배회하는 묘리를 산수에서 터득하려고 한 것이다.
10) 남계서원이 건립된 이후, 조선시대 서원의 건물 배치는 사당이 있는 제향공간이 서원 영역 가장 후면에, 제향공간 앞에 강학공간이 위치하는 형식으로 정착한다.

다. 누에서 선비들은 격렬한 논쟁도 하고 시회(詩會)도 열며 풍류를 즐겼다. 누는 선비들이 긴장된 학문의 길에서 벗어나 자연을 바라보며 휴식을 취하고 심신을 고양하는 유식공간으로 사용되었다. 이러한 누는 서원이 자연과 접하는 위치인 서원 진입부에 배치되었다. 서원에 따라서는 외문을 설치하지 않고 누를 세워 외문을 겸하도록 한 서원도 있고, 외문 안에 별도의 누 건물을 세운 서원도 있고, 누가 없는 서원도 있다. 남계서원의 풍영루, 도동서원의 수월루, 필암서원의 확연루, 무성서원의 현가루 등은 모두 외문 대신에 세운 누문이고, 옥산서원의 무변루, 병산서원의 만대루 등은 외문을 지난 다음 그 안에 세운 누다.

V. 주변경관과 합일하는 서원건축의 사례

서원과 주변경관의 관계를 소수서원 · 남계서원 · 옥산서원 · 도산서원 · 필암서원 · 도동서원 · 병산서원 등에서 살펴보도록 한다.

경상북도 영주시 순흥면 내죽리에 있는 소수서원은 주향으로 모신 안향이 어린 시절 노닐며 공부를 하던 곳이다. 소수서원은 풍기 순흥면 동북쪽 영구봉(靈龜峰) 아래, 죽계수(竹溪水) 위에 있다. 조징(趙澄)은 '소수'라는 이름을 얻은 연유를 이곳의 경관으로 찬양하며 "우뚝 한 소백산, 높이 우러를 만하고, 죽계의 물결, 맑고 아름다워라, 그름 깊고 골짜기 그윽한 곳, 찾으려 해도 자취가 없네, 맑은 바람, 솔솔 불어오는데, 선현의 향기 적막하니, 뒤따라 이어야 하리라, 우리 소자들이, 어찌 길이 사모하지 않으랴"는 사(辭)를 지어 표현하였다.[11]

주세붕은 『회헌선생실기(晦軒先生實記)』에서 "왼쪽으로는 죽계수가 휘감아 흐르고, 오른쪽으로는 소백산이 높이 솟아 구름과 산과 언덕과 물줄기가 실로 여산(廬山)에 못지 않다,” “구름이며, 산이며, 언덕이며, 강물 그리고 하얀 구름이 항상 골짜기에 가득하므로 감히 이곳을 이름하여 ‘백운동’이라 하였고 감회에 젖어 배회하다가 비로소 사당 건립의 뜻을 갖게 되었다”고 적고 있다. 유생들이 노닐고 강독하는 장소로 삼을 만한 곳이다.

서원 입구 계류를 낀 곳에는 주세붕이 세운 경렴정(景濂亭)이 있다. 물 건너 취한대(翠寒臺)를 마주 보는 곳이다. 경렴정은 주렴계(周濂溪)의 뜻을 경모(景慕)하기 위해 지은 이름이다.[12] 경렴정 천장과 들보에 걸린 시판은 서원 주변경관을 파악하는데 도움을 준다. 이황은 “소백산 남쪽 옛날 순흥 고을, 죽계 찬 냇물 위에 흰 구름 떠다니네, 인재 기르고 도(道) 보위한 공 더 없이 우뚝하고, 사당 세워 현인 높인 일 일찍이 없었지 … ”라고 하였고, 황섬은 “산은 맥을 이어 우뚝 솟아 있고, 물결은 끊임없이 흘러가네, 냇가에서 성인이 느낀 뜻, 이제 보니 경렴정에 있음을 알겠네.”라고 하였다.

경렴정에서 동남쪽으로 죽계 건너에는 물가로 튀어나온 커다란 바위가 있는데, 주세붕은 거기에 ‘경(敬)’자를 음각하였다. 경은 송대 신유학에서 마음가짐을 바르게 하는 수양론의 핵심이 되는 화두이다. 주세붕은 ‘경’자를 음각하고, “오, 회헌 선생을 선사로 경모(景慕)하여 서원을 세우고 후학들에게 선사의 학리를 수계(受繼)하고자 하나, 세월이 흐르게 되면 건물이 허물어져 없어지더라도 ‘경’자만은 후세에 길이 전하여 회헌 선생을 선사로 경모하였음을 전하게 되리라”라고 하였다. 주세붕이 백운동 석벽에 경자를 새겨 후에 사람들이 ‘경석(敬石)’으로 부르게 한 것은 원래

---

11) 조징(趙澄) : 소수서원 기문(영남문헌연구소 편, 『소수서원지』, 소수서원, 2007, p.71.)
12) 『열읍원우사적(列邑院宇事蹟)』2, 「경상도」편.

숙수사 터였던 이곳에 서원을 지어 불가(佛家)의 공간을 유가(儒家)의 공간으로 전환케 한 것으로 해석할 수 있다. 이는 김철수가 경자석(敬字石) 시에서 "당시에 불교 숭상 실로 비통한 일, 유언비어 일으켜 세상을 속였는데, 경 자 한 글자 씀에 만고를 깨우치니, 푸른 하늘 밝은 태양 아래 돌은 의심할 것은 없네."라고 노래한 것에서 알 수 있다. '경석'은 직방재의 '직방', 경렴정의 '경렴' 등과 함께 소수서원이 주희에 의해 집대성된 송대 신유학 정신을 함축하고 있음을 보여준다.

이황은 죽계 남쪽 물가에 우뚝 서 있는 바위 위를 평평하게 하여 대를 만들고 잣나무, 소나무, 대나무를 심고 취한대라 이름 짓고 시 한 수를 지었다. "냇가에 깎아지른 절벽 우뚝 서 있는 곳, 경관 찾다가 얻고 나서 다 같이 기뻐하였네, 가시덩굴 제거하고 푸른 벽을 열고, 평평한 대를 만들고 푸른 연기 감돌게 하였네, 늦은 봄 관동(冠童) 모여 시 읊기에 딱 좋고, 엄동설한에도 늘 푸른 송백 잊지 못하네, 이 몸은 노쇠하여 보잘 것 없는 몸인데, 그래도 대에 올라 훌륭한 이들 사이에 끼었네."

이황은 이외에도, 서편 동편 죽계 건너편에 있는 절벽 위 평지의 대를 광풍대라 이름을 지었는데, 이는 이황이 서원 주변경관을 유학자가 추구한 경관으로 가꾸었음을 말해준다.

남계서원은 경상남도 함양군 수동면 원평리에 있다. 서원 이름은 서원 곁의 시내 이름을 따서 '남계(灆溪)'라는 이름으로 1566년(명종 21)에 사액되었다.

서원은 구릉을 등지고 남쪽으로 약간 틀어 앉은 서향을 하고 있는데, 지형은 뒤가 높고 앞이 낮다. 주변 형국을 보면 연화산을 주산으로 하여 그 좌우로 뻗어 나온 산줄기가 에워싸고 있고, 서원 앞으로는 덕유산에서 발원한 남계천이 북에서 남으로 흘러가는 화림구곡(花林九曲)이 있는 곳이며, 그 앞 넓은 들판 너머로 안산인 백암산이 서원을 마주 보고 있다.

　서원은 강당영역이 앞에 있고, 사당영역이 뒤에 있는 조선시대 서원 배치의 전형을 처음으로 보인다. 서원의 강학공간을 보면, 서원의 문루인 풍영루(風咏樓)가 가장 앞에 자리 하였고, 이 누문과 마주보는 곳에 강당인 명성당(明誠堂)이 있다.[13] 강당과 누문 사이에는 동재인 양정재(養正齋)와 서재인 보인재(輔仁齋)가 마당을 사이에 두고 서로 마주 보고 있으며, 보인재 서남쪽에 묘정비각이 있다. 동재와 서재는 각각 두 칸 규모의 건물인데, 강당 쪽 각 한 칸은 온돌방이고, 풍영루 쪽의 나머지 한 칸은 각각 애련헌(愛蓮軒), 영매헌(咏梅軒)이라고 이름 붙인 누마루로 되어 있다. 누마루 아래 누문 쪽으로는 서원을 건립하면서 조성한 연당이 각각 하나씩 있다. 누마루인 애련헌과 영매헌에서 관상하기 위해 연당을 조성한 것이다. 서원에 주향으로 모신 정여창은 송나라 때의 유학자 주돈이(周敦頤, 1017~1073)의 『애련설(愛蓮說)』에 영향을 받아 매화와 연꽃을 사랑했다고 한다.[14] 누 이름을 애련헌, 영매헌으로 한 것과 연당 주변에 매화를 심고 연당 안에 연꽃을 심은 것은 이를 반영한다.

　서원은 장수와 유식 공간이 어떻게 조성되는지를 잘 보여준다.

---

13) 명성당은 정면 네 칸 규모의 건물로 중앙의 두 칸 마루와 양쪽 협실 각 한 칸으로 되어 있는데, 왼쪽 협실은 거경재(居敬齋), 오른쪽 협실은 집의재(集義齋) 이다.

14) 『애련설』에서 염계는 "나는 유독 연(蓮)을 사랑하노니, 진흙에서 자라나도 더러움에 물들지 않으니, 군자가 속세에 처신하여도 악에 물들지 않은 것과 같으며, 맑은 물결에 씻기어 요염하지 않으니, 그것은 품위있는 청결한 사람과 같다. 속은 비어서 통해 있고, 밖은 곧으니, 마음은 도리에 통하고 품행이 꼿꼿한 선비와 같다. 향기는 멀리 풍기고, 빛깔은 더욱 맑으니, 군자의 덕행이 멀리까지 영향함과 다르지 않다. 물 가운데 우뚝 조촐히 섰으니, 가히 멀리서 바라볼 수는 있어도 가까이서 매만질 수는 없으니, 위엄이 군자와 같은 데가 있다. 이렇기 때문에 나는 연을 좋아한다"라고 했다.

창건 당시 남계서원은 사당과 강당은 장수 공간, 동서재의 애련헌과 영매헌은 유식 공간으로 조성되었음을 보여준다. 대지의 경사를 이용하여 동재와 서재를 조성하여, 지면이 높은 강당 쪽에는 온돌방인 실(室)을, 낮은 쪽에는 누마루 헌(軒)을 조성하여 외부 자연을 조망하도록한 것이다. 시위를 팽팽하게 당기는 강당의 장수 공간에 대응하여 긴장에서 풀어나는 유식 공간을 동재와 서재의 헌으로 조성한 것이다. 동재와 서재는 서원의 장수와 유식 공간이 경계를 이루는 곳에 세워진 구조물로서 다른 서원에서는 그 사례를 보기 힘들다.

풍영루의 기문은 장수와 유식이 어떻게 서원건축과 관련되어 있는지를 보여준다. 학문의 대체는 '안자가 누추한 거리에 살면서 어리석은 사람같이 보이는 것' 으로 대표되는 거경, 집의와 '증점이 기수가에서 풍영하는 것' 으로 대표되는 발서, 휴양으로 대별되나 배우는 자들은 어느 하나라도 폐해서 강론하지 않아서는 안 된다는 것이다. 여기서 거경, 집의는 장수와, 그리고 발서, 휴양은 유식과 대응한다. 거경, 집의의 공간은 서원의 강당에, 발서, 휴양의 공간은 풍영루에 구비되었음을 기문은 말하고 있다. 서원의 장수 공간인 강당 명성당의 왼쪽 협실은 거경재이고, 오른쪽 협실은 집의재이다. 유식 공간은 동재와 서재 남쪽으로 각각 마련한 애련헌, 영매헌으로 마련되었다.

장수공간에 헌(軒)의 형식으로 나타난 남계서원의 유식공간은 1841년(헌종 7) 건립된 풍영루에서 그 지향하는 바가 더욱 공고하게 확보된다.[15] 풍영루는 평지에 자리 잡아 낮은 산과 들이 평온하고 생기 있는 경관을 형성함을 풍영루 기문은 말하고 있다.

----

15) 남계서원의 풍영루는 1847년(헌종 13) 일어난 화재로 인해 1849년 중건되었다.

다락집의 제도가 매우 굉걸하지는 않지만 빛나고 날듯 함이 잠시 동안 다시
보게 되었다. 높이가 백자도 되지 못하나, 멀리 임해서 사방으로 바라보이는
경치가 들판이 평평하게 넓고, 냇물이 감돌아 얽히듯 했는데, 먼 숲은 푸르
고 저녁노을이 아름답도다. 백암산의 두어 집이 저문 빗속에 들어 반쯤이나
숨었고, 석뢰계(石雷溪)의 한쪽은 아침 햇볕에 온전히 드러났도다. 대나무
와 잣나무 우거진 앞마을에는 우는 새들이 봄을 재촉하고, 논에서는 늙은 농
부가 가을 농사를 점치도다. 풍월(風月)이 아름다움을 드러내고, 구름과 아
지랑이가 재주를 드리우는데, 한번 슬쩍 보아도 천 가지 기이함이 황홀하여
형상하기 어렵도다. 이 다락에 오르면 넓어지는 마음과 편안한 정신이 자연
속에 자맥질하여서 유연히 스스로 얻은 것이 있는 듯 뜻이 있도다. 두류산
(頭流山)의 만첩 봉우리와 화림천(花林川) 아홉 구비의 흐름에서 거의 선생
의 풍표(風標)를 보고 선생의 기상(氣像)을 우러러 볼 수 있음이니, 흡사 선
생이 계신 자리에 뫼시고 서서 증점(曾點)이 젱그렁하고 비파를 밀쳐놓던 뜻
이 있는 듯하여 풍영루라 이름 하였다.[16]

옥산서원은 경상북도 경주시 안강읍 옥산리에 있는 서원으로,
1573년(선조 6)에 회재(晦齋) 이언적(李彦迪, 1491~1553)의 덕행
과 학문을 기리기 위해 건립되었다. 서원은 서향인데, 동 · 서 · 북
쪽은 산으로 둘러싸여 있고 남쪽은 트여 있다. 옥산리로 가다가
남쪽에서 북쪽으로 자계천(紫溪川)을 끼고 올라가다 보면 동네 어
귀가 열리는 곳에 서원이 자리하고 있다.[17]

옥산서원에서 자계천을 따라 북쪽으로 700미터쯤 떨어진 곳에
는 독락당이 있다. 이 집은 이언적이 관직에서 물러나 낙향한 후

---

16) 남계서원 '風詠樓 記文', 이해준 · 김덕현 · 이왕기, 「서원 보존 · 정비 관리방안 연
   구보고서」, 문화재청, 2010.
17) 옥산서원이 있는 자계천은 주희의 무이구곡과 다름없이 합치하는 바가 있어 이언적
   의 8대손인 이정엄(李鼎儼, 1755~1831)은 옥산구곡(玉山九曲)이라 이름 붙이기도
   했다.(南廬遺稿, 玉山九曲歌, 玉山同行記). 옥산구곡의 제1곡은 송단(松壇), 제2곡
   은 용추(龍湫), 제3곡은 세심대(洗心臺), 제4곡은 공간(孔澗), 제5곡은 계정이 있는
   관어대(觀魚臺), 제6곡은 계정 북쪽의 폭포, 제7곡은 징심대(澄心臺), 제8곡은 탁영
   대(濯纓臺), 제9곡은 사자암 앞 골짜기 이다.

16세기 중엽에 옥산리에 지은 살림집이자 정사(精舍)다. 옥산서원의 주변경관의 특성은 이언적이 독락당을 지으면서 주변 산과 계곡에 '사산오대(四山五臺)'로 붙인 이름에 남아 있다.

이언적은 독락당 북쪽의 산은 도덕산, 남쪽으로 멀리 보이는 산은 무학산, 동쪽의 산봉우리는 화개산, 서쪽 봉우리는 자옥산이라고 이름을 붙였다. 독락당의 동, 서, 남, 북쪽에 있는 4곳의 산에 이름을 지어 독락당이 유가의 세계관을 가진 산들로 에워싸이게 한 것이다. 옥산서원은 서쪽으로 마주 보이는 자옥산을 향하고 있다. 독락당과 마찬가지로 서원 뒤 동북쪽에는 화개산이 있고, 북쪽에는 도덕산이 자리하며, 남쪽으로는 무학산이 있다. 오대는 계정 아래 있는 관어대(觀魚臺), 맞은편의 영귀대(詠歸臺), 관어대 북쪽에 자리한 탁영대(濯纓臺), 더 북쪽에 있는 징심대(澄心臺), 그리고 옥산서원 앞의 세심대(洗心臺)를 말한다.

옥산서원은 화개산을 주산으로 앞으로 흐르는 깨끗하고 맑은 자계천과 주변의 울창한 수목이 빼어난 경관을 이룬 곳에 자리 잡고 있다. 서원 앞으로 흐르는 자계천 계곡물은 북쪽에서 남쪽으로 흘러 용추(龍湫)라는 소(沼)를 이루며 상·중·하 폭포를 형성한다. 서원은 용추 일대의 너럭바위인 세심대와 마주 보는 곳에 있다. '세심대'는 용추에서 떨어지는 물로 마음을 씻고 자연을 벗삼아 학문을 구하는 곳이라는 뜻을 가지고 있다.

서원의 정문인 역락문(亦樂門)을 들어서면 무변루(無邊樓)가 위치한다. 무변루의 본래 이름은 납청루(納淸樓)였다.[18] '납청'의 청(淸)은 기(氣)를 뜻하고, 기(氣)는 곧 양(陽)이다. 이 누에 오르면

---

18) 옥산서원의 납청루는 훗날 노수신(盧守愼)이 주렴계(周廉溪)가 찬(贊)한 '풍월무변(風月無邊)'에서 뜻을 취해 '무변루'로 이름을 고쳤다. 玉山書院記

기를 받아 양(陽)을 양생해서 도(道)를 맺게 할 수 있다는 것이다. 무변루는 누 앞으로 펼쳐진 자연 풍광으로 인해 무한한 천리(天理)를 체득하는 장(場)이 될 만한 곳이라는 의미를 가졌다. 성리학자들이 추구하는 천인합일의 경지를 갖게 하는 곳이다. 무변루 양 끝의 누마루에 서면 서원 쪽으로는 강당 앞마당이 처마 사이로 보이고, 서원 밖으로는 계곡과 산이 한눈에 들어온다.

경상북도 안동시 도산면 토계리에 있는 도산서원은 이황이 세상을 떠난 후 그의 제자들에 의하여 1574년(선조 7) 7월 본래 있던 도산서당 뒤편 언덕에 창건되어, 그 이듬해인 1575년 8월에 건물이 낙성됨과 함께 '도산(陶山)'이라는 사액을 받았다. 도산서당의 영건 경위는 이황이 1561년 11월에 쓴 『도산잡영(陶山雜詠)』에 적혀있다. 그 중에서 경관과 관련되는 내용을 요약하면 다음과 같다.

『도산잡영』은 도산서당에서 부용봉에 이르기까지 7언 18절,[19] 몽천에서 교동에 이르기까지 5언 26절, 농암에서 병암에 이르는 5언 4절로 되었다. 7언 18절 가운데 도산서당 암서헌, 완락재에서 유정문, 정우당, 절우사에 이르는 공간은 기거하며 강학하던 곳을, 농운정사와 관란헌 시습재는 학생들의 기거하던 곳을, 곡구암, 천연대, 천광운영대에서 탁영담, 반타석까지는 자연의 묘경을, 동취병산 등은 주변 형세를 읊은 내용이다. 5언 26절은 7언 18절에서 언급하지 않은 몽천, 열정 등 서당 주변 스물여섯 개의 경물을 서술하였고, 5언 4절은 천연대에서 바라보이는 농암, 분천, 하연, 병암 등을 읊은 것으로 이들은 도산서당의 차경(借景)이 된다.

이황은 서당의 동쪽으로 치우친 곳에 작고 네모난 못을 파고,

---

19) 7언 18절은 1. 도산서당, 2. 암서헌, 3. 완락재, 4. 유정문, 5. 정우당, 6. 절우사, 7. 농운정사, 8. 관란헌, 9. 시습재, 10. 지숙료, 11. 곡구암, 12. 천연대, 13. 천광운영대, 14. 탁영담, 15. 반타석, 16. 동취병산, 17. 서취병산, 18. 부용봉으로 구성되어 있다.

거기에 연(蓮)을 심어 정우당(淨友塘)이라고 했으며, 또 그 동쪽에 몽천(蒙泉)이란 샘을 만들었다. 1561년 3월에는 샘 위의 산기슭을 파서 암서헌과 마주보게 평평한 단(壇)을 쌓아, 그 위에 매화·대나무·소나무·국화를 심어 절우사라고 불렀다. 그는 또한 서당 앞을 출입하는 곳을 막아 싸리문을 만들고 유정문(幽貞門)이라고 이름하였다. 완락재에서 남쪽으로 난 방문을 열면 바로 보이는 문이다. 현재의 도산서원 입구 넓은 마당에는 우물 '열정(冽井)'이 있다.[20]

열정 남쪽에는 원래 도산서당 입구인 곡구암으로 통하는 길이 있었다. 안동댐이 건설되기 전 도산서원에 가려면 안동에서 예안을 거쳐 지금은 수몰된 분천 마을을 지나 낙동강 서쪽 강변에 난 길을 따라 거슬러 올라가다가 서원 앞의 곡구암에 난 오솔길을 올라가야 했다. 곡구암 언덕을 오르면 눈앞에 전개되는 서원 주변의 경관은 극적이었다. 그런데, 1976년 준공된 안동댐으로 인하여 진입로가 수몰되고 새 진입로가 나면서 옛 풍광은 사라졌다. 지금 도산서원으로 들어가는 주차장, 넓은 길, 주변의 축대는 1970년 도산서원을 대대적으로 정화하면서 새로 만든 것이다. 옛 진입공간의 아름다운 경관을 이황은 『도산잡영』에서 다음과 같이 묘사하였다.

> 문 밖의 오솔길은 시내를 따라 내려가 마을 어귀에 이르면, 양쪽 산기슭이 마주 대하여 있다. 그 동쪽 기슭 옆에 바위를 부수고 터를 쌓으면 조그만 정자를 지을 만한데, 힘이 모자라서 만들지 못하고 다만 그 자리만 남겨 두었다. 마치 산문(山門)과 같아 이름을 곡구암(谷口巖)이라 하였다. 여기서 동으로 몇 걸음 나가면 산기슭이 끊어지고 탁영담(濯纓潭)에 이르는데 그 위에는 큰 돌이 마치 깎아 세운 듯 서서 여러 층으로 포개진 것이 10여 길은 될 것

---

20) 지금의 돌우물은 1969년 도산서원 성역화 사업 때 고친 것이다.

이다. 그 위를 쌓아 대(臺)를 만들고, 우거진 소나무는 해를 가리며, 위로 하늘과 밑으로 들에는 새와 고기가 날고 뛰며, 좌우 취병산의 물에 비친 그림자가 흔들거려, 강산의 훌륭한 경치를 한눈에 다 볼 수 있으니, 이름을 천연대(天淵臺)라 한다. 그 서쪽 기슭 역시 이것을 본떠서 대를 쌓고 이름을 천광운영(天光雲影)이라 하였으니, 그 훌륭한 경치는 천연대에 못지 않았다. 반타석(盤陀石)은 탁영담 가운데 있다. 그 모양이 반타(盤陀 : 편편한 것)하여 배를 매어두고 술잔을 서로 전할 만하며, 큰 홍수를 만날 때면 물속에 들어갔다가 물이 빠지고 물결이 맑은 뒤에야 비로소 드러난다.

천운대로 불리는 천광운영대는 지금도 서원 밖 서편에 자리하고 있다. 강 쪽으로 돌출한 이곳에 서면 눈앞이 확 트이며 주변 풍광이 한눈에 들어온다. 천연대는 서당을 사이에 두고 천운대와 대칭이 되게 동쪽에서 강으로 돌출한 언덕이다. 그 아래로 낙동강 물이 굽이 흐르던 경치가 빼어난 곳이었으나 지금은 그 풍광이 사라졌다. 이황은 1558년 3월 이곳에 창랑대(滄浪臺)를 쌓고 조경을 하는 일로 도산서당 조영을 시작하였으며, 나중에 이 창랑대라는 이름을 천연대로 바꾸었다. 이황이 조영한 도산서당은 암서헌, 절우사, 유정문을 거쳐 천연대로 이어지는 자연과 함께 하는 공간이었다.

도산서당은 세 칸인데(三間堂), 서쪽 한 칸은 골방이 딸린 부엌이고, 중앙의 방 한 칸은 완락재(玩樂齋), 동쪽의 대청 한 칸은 암서헌(巖棲軒)이다. 이 도산서당은 주변 산수와 하나가 되게 한 이황의 조영의지를 알게 한다.

이황은 완락재는 장수의 공간, 암서헌은 장수와 유식의 공간이 되도록 조영하여 서당 건물이 자연과 하나가 되도록 하였다. 유가가 지향하는 천인합일사상을 서당 건축에 반영되게 한 것이다. 그는 도산서당 앞과 왼쪽의 담을 완전히 막지 않고 끊어 쌓음으로써 반(半) 개방, 반 차단된 구조로 하였다. 암서헌 마루에서 앞을 내

다볼 때 멀리 낙동강으로 펼쳐지는 전경이 시선에 들어오도록 해서 건축과 자연이 함께 하도록 한 것이다. 이는 서당 대청 암서헌의 장수하는 공간이 유식하는 공간으로 전환되어 절우사, 천연대로 이어져 궁극적으로 자연(自然)과 합일(合一)하려는 의지를 보인 것임을 읽게 한다. 도산서당에서 건축을 자연의 한 부분으로 만든 이황의 의도는 그의 사후에 지은 도산서원에 이어진다. 서원으로 출입하는 정문은 진도문이다. 진도문에 이르러 서원 앞을 내려다보면, 남쪽으로 낙동강 물줄기를 가둔 안동호 일대로 시야가 넓게 펼쳐진다.[21]

필암서원은 전라남도 장성군 황룡면 필암리에 있다. 김인후(金麟厚, 1510~1560)의 학덕을 추모하기 위해 1590년(선조 23) 장성읍에서 서쪽으로 십 리 떨어진 기산리(岐山里)의 기산 아래에 창건되었다가 1672년(헌종 13) 현재 위치에 건립한 서원이다. 필암서원은 경사지가 아닌 평지에 세워진 서원인데도 누(樓) 아래로 출입하게 되어 있다. 이는 서원 자리를 이곳으로 옮기면서, 원래 경사지인 증산에 있던 누문 형식을 그대로 답습했을 가능성이 큼을 보여준다.

기산의 주변 경관은 필암서원의 창건 정신을 이해하는데 도움을 준다. 1662년(현종 3) '필암(筆巖)' 으로 사액을 받은 것은 필암서원이 창건된 곳에서 두어마장도 채 못 되는 곳에 있는 기산 동구(洞口)의 바위가 깎은 듯이 서 있는 것이 마치 붓처럼 예리한 형상을 하였기 때문이다.[22] 김인후가 출생한 맥동에는 그의 생가 유허

---

21) 도산서원에서 마주 보이는 호수에 위치한 시사단(試士壇)은 정조가 이황의 학문을 기려 1792년(정조 16) 3월 낙동강변 도산서원에서 별과를 보게 했는데, 이 과거를 보았던 것을 기념하기 위해 1796년 채제공(蔡濟恭)이 지은 글을 비에 새겨 세운 장소다. 원래 도산서원과 마주 보이는 강변에 있었는데, 안동댐 건설로 이 장소가 수몰되어 원위치에 돌축대를 쌓아 올려 지었다.

와 그가 학문하며 제자 교육에 힘쓴 정사인 백화정(百花亭)이 있다.[23] 백화정은 김인후가 매년 인종의 기일(忌日)에 북망 통곡을 한 난산(卵山)을 향하고 있다. 난산 정상에는 망곡단과 난산비가 있다.

현재 서원의 누문 이름을 '확연루' 라고 한 것은 정자(程子)의 말에 "군자의 학(學)은 확연(廓然)하여 크게 공정하고, 사물이 다가오면 의리에 맞게 순응한다."고 하였는데, 하서 선생은 가슴이 맑고 깨끗하여 확연(廓然)히 크게 공정하므로 이에 송시열이 특별히 '확연' 이란 두 글자를 발휘(發揮)하였다고 한다.[24] 사람의 마음이 담박하여 텅 비고 밝아서 사사로운 생각에 얽매이지 않고, 저울대처럼 평평하여 지나치거나 모자라지 않는 뜻을 드러낸 것이다.

'확연' 이라는 명칭에 어울리듯 문루인 확연루 이층은 외부 쪽으로 판문을 달아 시선을 차단하고 있는 반면, 서원 경내인 강당 쪽으로는 트여 있다. 안과 밖을 향한 공간에 균형을 취하도록 배려한 건축 수법을 보인다. 확연루에서 바깥쪽으로 난 판문을 열면 서원 앞으로 넓게 펼쳐진 들판이 한 눈에 들어온다.

도동서원은 대구광역시 달성군 구지면 도동리에 있다. 김굉필(金宏弼, 1454~1504)의 학덕을 추모하기 위해 건립된 서원이다. 서원은 현풍에서 구지면사무소를 지나 낙동강을 오른편에 끼고 약 4km정도 가면 닿는 곳에, 낙동강을 향하여 돌출한 작은 구릉 위에 동북향을 하여 자리 잡고 있다. 서원 앞으로는 수심이 깊은 낙동강이 흐르고 있고, 뒤로는 대니산(戴尼山)이 솟아 있다. 서원

---

22) 연재(淵齋) 송병선(宋秉璿, 1836~1905)이 1872년(고종 9)에 쓴 필암서원 묘정비문에 의함.
23) 현재의 백화정은 6.25전쟁 때 소실된 것을 1961년 다시 지은 것이다.
24) 1760년(영조 36)에 초천(苕泉) 김시찬(金時粲)이 쓴 「확연루기」에 의함.

앞에는 수령이 오래 된 은행나무가 있고, 그 뒤로 비교적 경사가 급한 지형을 따라 자연 지세에 어우러지며 서원이 조성되어 있다.

서원은 문루, 강당, 사당을 잇는 중심축에 중요 건물들을 배치했는데, 전체적인 건축구성과 배치형식이 서원건축으로서 가장 규범적이고 전형적이며, 건축물들의 건축적 완성도와 공간구성도 우수하다. 이러한 공간구성을 한 서원의 강당인 중정당(中正堂)에서 앞으로 바라보면 서원 정문인 환주문(喚主門)과 그 너머 수월루(水月樓)가 중심축 선상에 서 있고 그 너머로 서원 전경이 다가온다. 문루인 수월루는 공부하던 유생들이 자연을 바라보며 답답한 마음을 후련하게 풀던[消暢] 곳이다.[25] 서원의 유식 공간에 속한다. 수월루 이층 누마루에 오르면 더욱더 극적으로 한눈에 들어온다. 누의 이름을 '수월루'라고 한 것도 "삼가 천년을 전해 온 군자의 마음, 가을 달 찬물 위에 비추네(恭惟千載心, 秋月照寒水)", "가을 달 찬 강물에 비추는 군자의 마음(秋月照寒水)"을 느끼는 경관을 접하는 곳임을 나타낸다.

도동서원의 주변경관에는 서원에서 서남쪽으로 7킬로미터 정도 떨어졌으나 김굉필이 정여창과 거닌 낙동강변에 세운 제일강산이로정(第一江山二老亭) 일대도 포함된다. 고령평야가 한눈에 내려다 보이는 절경에 위치한 정자인데, '이로(二老)'란 김굉필과 정여창을 가리킨다. 이 일대의 경관은 서원의 사당 내부 양측면 중앙칸 벽체 상부에 그린 벽화와도 관계가 있다. 왼편인 북벽에 그린 '설로장송(雪路長松)', 오른편인 남벽의 '강심월일주(江心月一舟)' 벽화는 김굉필이 남긴 시[遺詩]의 내용을 담고 있지만,

---

25) 수월루는 1888년(고종 25) 화재로 소실되었다가 1973년 중건되었다. 수월루의 건축적 품격은 서원 내 다른 건물들에 비해 많이 떨어지는 편이지만, 난간을 두른 이층 누마루에 오르면 서원 주변의 경관이 한눈에 들어오는 공간을 형성한다.

이 일대의 경관과 무관하지 않다.

경상북도 안동시 풍천면 병산리에 있는 병산서원은 서애 류성룡(柳成龍, 1542~1607)을 모신 서원이다. 서원은 화산을 주산으로 하여 그 산자락에 남향을 하며 자리 잡았다. 서원 앞으로는 낙동강 물이 흐르고 강 건너에는 병풍처럼 펼쳐진 병산이 있다. 병산은 산의 형상을 따라 붙인 이름이다. 서원에서 앞을 바라보면 강변에는 넓은 모래사장이 펼쳐지며 그 옆 언덕에는 노송들이 꿈틀거리며 서 있고, 강물 속에는 병산이 깊게 그림자를 띄우고 있다. 병산서원은 바로 이러한 강물과 병산을 마주 보는 산자락에 자리 잡고 있다.

서원의 정문을 들어서면 정면 일곱 칸 규모의 만대루(晩對樓)가 가로로 길게 서있다. 만대루 이름은 두보(杜甫)의 시 '푸른 절벽은 해질녘에 마주하니 좋고(翠屛宜晩對)' 와 주희의 시 '만대봉 저녁놀은 푸르고 높아 차가운 하늘과 가지런한데, 푸른 절벽을 선명하게 비추네(蒼峭矗寒空, 落日明影翠)' 에서 취한 것이라고 한다. 서원 앞으로 펼쳐진 생기 충만한 병산의 푸른 산색(山色)을 마주하며 성리학자가 천인합일하기 위해 생의(生意)를 체득할 경관임을 알게 하는 곳이다.

만대루는 유생들이 유식도 하고, 풍광을 보며 시회(詩會)를 가졌던 곳이다. 이 누 건물의 위층 다락에 오르면 한쪽으로는 병산과 낙동강을 낀 자연이 펼쳐지는 주변 풍광을 다 끌어안을 수 있고, 다른 한쪽으로는 서원 일곽을 한눈에 살필 수 있다. 서원의 자리로 번잡한 거리의 우마(牛馬) 소리와 멀리하여 뛰어난 경치를 지닌 곳을 택하는 까닭은 영기(靈氣)를 지니고 있는 곳이어야 걸출한 인재를 배출할 수 있다고 믿었기 때문인데, 만대루 누마루에 서면 그것이 뜻하는 바를 알 수 있다.

만대루와 복례문 사이에 조성된 공간 서쪽으로는 물길을 끌어 만든 작은 연당 광영지(光影池)가 있는데, 방형의 연당 속에는 원형의 작은 섬이 조성되어 있다. 이 방지원도(方池圓島)의 주변에는 봄부터 붉게 피는 배롱나무와 사철 청청한 대나무가 식재되어 있다.

강당인 입교당(立敎堂) 대청 한가운데에 앉아 만대루가 들어선 앞쪽을 바라보면, 서원 일대의 경관이 또 다른 모습으로 얽혀 들어온다. 만대루 이층 일곱 칸 기둥 사이로 강물과 병산과 하늘이 일곱 폭 병풍이 되어 얽히며 펼쳐지는 풍경은 한 폭의 그림이다. 그것은 안도 아니고 바깥도 아닌 극적인 공간 분위기를 만들어 바로 나 자신이 자연 가운데에 묻혀 있는 느낌을 갖게 한다. 병산서원은 서원의 주변경관을 건축과 하나가 되도록 한 대표적인 서원에 속한다.

이상 살펴본 한국의 서원과 주변경관의 특성을 다음과 같이 요약 정리할 수 있다.

- 한국의 서원은 시내에서 떨어진 산수가 수려하고, 앞으로 시내가 흐르거나 들판이 펼쳐진 곳에 조성되었다.
- 한국 서원의 주변경관은 조선시대 유학자들의 사상과 한국의 전통자연관을 반영한다.
- 한국의 서원이 들어선 장소는 유가들이 최고의 덕목으로 여긴 천인합일을 체득하는 경관, 풍수적 위요공간으로 형성되었다.
- 조선시대 유가들은 서원 주변 자연경관을 이루는 나무·돌·물·지형·산 등에 성리학적 사고로 전환케 하는 이름을 붙여 사람들이 유가들의 세계관으로 자연과 조우하도록 하였다.
- 한국 서원의 주변경관은 서원이 들어서는 터, 앞이 낮고 뒤로 갈수록 높아지는 지형, 앞으로 산이나 들판 혹은 냇물을 조망되는 산수 경관, 건물 주변의 간략한 식재, 서원 주변의 지물(地物), 지당(池塘)의 조성 등으로 형성되었다.
- 한국의 서원 주변은 산수가 빼어나 유가가 강학과 장수를 하기에 좋은 곳이다.
- 한국 서원건축에는 주변경관과 관계를 맺기 위한 수단으로 누(樓), 건물로

둘러싸인 안마당 등이 조성되어 있고, 강당은 앞으로 트인 건축 형식을 하였다.

VI. 맺는 글

서원과 같은 유교건축은 유가들이 이상으로 생각한 세계관의 중심을 이루는 천인합일사상을 구현하는 수단이 되었다. 주변 산수가 좋은 곳에 서원을 조영한 요인으로는 유가들이 자연 속에 은둔하여 심신을 수양하며 천인합일 할 수 있는 곳이라고 인식한 것이 중요한 이유였다. 그들은 사람을 하늘과 합일적으로 파악하려는 수단으로 이러한 유교건축을 조영하여 주변 자연 속에 자신을 투영함으로써 세계를 관조하게 하는 공간을 만든 것이다.

유가들이 추구한 천인합일사상은 우주와 만물의 근원을 내가 체득하고 실현하는데 기반을 둔 것임을 의미하지만, 건축과 주변 산수의 관계에서는 내가 자연의 본래 그러한 천연스러움을 함께 호흡하고자 하는, 즉 정경(情景)과 사람을 합일하고자 하는 것으로 나타나게 된다. 유가에게 정경합일은 심미 주체인 정(情)이 심미 객체인 경(景)과 혼연일체가 되는 것을 뜻한다. 조선시대의 성리학자들은 자연을 관조하는 심미 주체인 자신의 도덕성을 심미 객체로서의 자연에 실재하는 물상에 투사하여, 그 투사된 물상에 빗대어 인간의 도덕성을 비유적으로 표현하였다. 자신을 통해서 사물을 해석하는 이아관물(以我觀物)을 통해 이물비덕(以物比德)하고자 한 것이다. 이러한 비덕(比德)이 곧 천일합일로써 정경합일에 이르는 것이라고 파악한 것이다.[26] 서원건축에 반영된 천인합일사상은 주변 자연으로 공간이 확대되어 자연 대상이 건축과 일체가 되게, 궁극적으로 인간과 일체가 되게 하였다. 이러한 사상에 바탕을 둔 서원건축에는 그 건물을 지은 유가들의 가치관이 소박·절제의 형식으로 나타났다.

유교건축의 절제되고 질박함은『논어』「태백」편의 '비궁실(卑宮室)'로 집약된다. 그 중에서도, 특히 유가들이 조영한 서원의 누 건축은 그들이 추구한 우주론적 인식 및 인성론과 밀접하게 연관되어 있다. 이러한 누 건축에는 그들이 궁극적으로 자연과 천명에 순응하려는 천일합일사상이 반영되어 있다. 성리학자들이 하늘과 사람이 상통한다고 한 것은 하늘의 근본적인 덕성이 인간의 심성 속에 내재되어 있다는 인식구조로서, 천도와 인도가 일관되어 있다고 본 것이다. 성리학자들은 인간은 인간다운 본질을 가지고 태어나는데 그것은 바로 덕(德)이라고 한다. 덕의 본체는 항상 빛나고 있으며, 배우는 사람들은 늘 그것을 밝게 닦아 천부의 상태로 유지해야 한다고 강조한다. 특히, 그들은 인간의 도덕적 요구에 의해 하늘 자체에 인간의 도덕성을 부여하는 천인합덕(天人合德)이라는 개념을 중시하였으며, 자연의 대덕(大德)은 반드시 인간의 삶 속에서 인간의 문화적 창조와 창조적 잠재력으로 표현되어 인간을 자연의 완성으로까지 고양시킬 수 있다고 하였다.

서원건축의 '누' 공간은 배치 차원에서 볼 때, 건축을 주변 자연의 한 부분이 되도록 다양한 방식을 구사함으로써 한국건축 특유의 공간형식을 만들어 내고 있다. 이러한 건축적 특성은 같은 동양문화권인 중국이나 일본의 건축에서는 찾아보기 어려운 내용과 형식이다. 특히 사방으로 트인 누마루는 자연에 자신을 투영해서 세계를 관조하게 하는 공간을 만든다. 반면에 건물과 담으로 둘

---

26) 임태승,『소나무와 나비 : 동아시아 미학의 두 흐름』, 심산, 2004.

러싸인 뜰은 늘 고요가 배어 있는 그 자체 여백의 공간으로 있는 그 대로 머물면서 하나의 작은 세계를 형성한다. 그것은 주변에 들어서는 건축물들과 함께 하나의 소우주를 형성한다. 이러한 세계관에 바탕을 둔 건물들 그 자체는 장대하거나 화려하지 않다. 절제되고 단아한 모습으로 건물 배치와 공간의 차원으로 승화되어 있다.[27)

| 참고문헌 |

경기대학교 소성학술연구원, 『한국의 서원과 학맥 연구』, 국학자료원, 2002.

권오봉, 『退溪의 燕居와 思想形成』, 포항공과대학, 1989.

권오영, 「퇴계의 「도산잡영」의 이학적(理學的) 함의와 그 전승」, 『한국한문학연구』, Vol.46, 한국한문학회, 2010.

김광순, 「퇴계문학에 나타난 자연관과 인간관」, 『퇴계학 연구논총』, 제4권, 문학사상(上), 경북대학교 퇴계학연구소, 1997, pp.429~450.

김동욱, 『조선시대 건축의 이해』, 서울대학교출판부, 1999.

안동대학교 안동문화연구소, 『서원, 한국 사상의 숨결을 찾아서』, 예문서원, 2000.

영남문헌연구소 편, 『소수서원지』, 소수서원, 2007.

이상해, 「도산서당과 도산서원에 반영된 퇴계의 서원 건축관」, 『퇴계학보』 통권110호, 2001. 10, 퇴계학연구원, pp.509~565.

이상해, 『서원』, 열화당, 2002.

이해준 · 김덕현 · 이왕기, 「서원 보존 · 정비 관리방안 연구보고서」, 문화재청, 2010.

정기철, 「남계서원의 건축사적 의미」, 『동양예술』, 동양예술학회, 2000.

정만조, 『조선시대 서원연구』, 집문당, 1997.

조상순, 「필암서원의 건축적 특성에 관한 연구」, 성균관대학교 대학원 석사학위 논문, 1997.

---

27) 이 글은 필자가 여러 곳에서 발표한 원고들을 바탕으로 재정리한 것이다.

조셉 니덤(Needham, Joseph) 저 · 이석호 번역, 『중국의 과학과 문명』, 을유문화사, 1985.
최완기, 『한국의 서원』, 대원사, 1991.
한국국학진흥원 연구원, 『국역 조선시대 서원일기』, 한국국학진흥원, 2007.
한국국학진흥원, 『한국유학사상대계 V, 교육사상편』, 한국국학진흥원, 2006.

국립제주박물관 문화총서 11

인류문명, 자연과 공존하다

초판 인쇄일   2012년 4월 17일
초판 발행일   2012년 4월 24일

편   자 국립제주박물관

발 행 인 김 선 경
책임편집 김윤희, 김소라
발 행 처 **서경문화사**
　서울특별시 종로구 동숭동 199 − 15(105호)
　TEL : 743 − 8203
　FAX : 743 − 8210
　E-mail : sk8203@chollian.net

등록번호   1-1664호
ISBN 987-89-6062-091-9   04380
ⓒ국립제주박물관, 2012

값 16,000원

＊잘못된 책은 교환해 드립니다.
＊저자와의 협의하에 인지는 생략합니다.